Differentielle Psychologie – Persönlichkeitstheorien

Bachelorstudium Psychologie

Differentielle Psychologie – Persönlichkeitstheorien

von Prof. Dr. Thomas Rammsayer und Prof. Dr. Hannelore Weber

Differentielle Psychologie – Persönlichkeitstheorien

von

Thomas Rammsayer

und Hannelore Weber

HOGREFE

GÖTTINGEN · BERN · WIEN · PARIS · OXFORD · PRAG · TORONTO
CAMBRIDGE, MA · AMSTERDAM · KOPENHAGEN · STOCKHOLM

Prof. Dr. Thomas Rammsayer, geb. 1953. 1977–1982 Studium der Psychologie in Tübingen. 1987 Promotion. 1992 Habilitation. 1997–2006 Leiter der Abteilung Differentielle und Diagnostische Psychologie an der Universität Göttingen. Seit 2007 Ordinarius und Leiter der Abteilung Persönlichkeitspsychologie, Differentielle Psychologie und Diagnostik am Institut für Psychologie der Universität Bern.

Prof. Dr. Hannelore Weber, geb. 1955. 1975–1981 Studium der Psychologie und Publizistik in Mainz. 1987 Promotion. 1992 Habilitation. Seit 1994 Inhaberin des Lehrstuhls für Differentielle Psychologie und Persönlichkeitspsychologie/Psychologische Diagnostik an der Universität Greifswald.

Informationen und Zusatzmaterialien zu diesem Buch finden Sie unter www.hogrefe.de/buecher/lehrbuecher/psychlehrbuchplus

Bibliografische Information der Deutschen Nationalbibliothek
Die Deutsche Nationalbibliothek verzeichnet diese Publikation in der Deutschen Nationalbibliografie; detaillierte bibliografische Daten sind im Internet über http://dnb.d-nb.de abrufbar.

Göttingen • Bern • Wien • Paris • Oxford • Prag • Toronto
Cambridge, MA • Amsterdam • Kopenhagen • Stockholm

http://www.hogrefe.de
Aktuelle Informationen • Weitere Titel zum Thema • Ergänzende Materialien

---

Umschlagabbildung: © VLIET – istockphoto.com
Satz: ARThür Grafik-Design & Kunst, Weimar
Druck: AZ Druck und Datentechnik GmbH, Kempten
Printed in Germany
Auf säurefreiem Papier gedruckt

ISBN 978-3-8017-2171-8

Inhaltsverzeichnis

Kapitel 1
Einführung

Thomas Rammsayer

Inhaltsübersicht

Das grundsätzliche Ziel von Persönlichkeitstheorien besteht in einer umfassenden Beschreibung und Erklärung der menschlichen Natur auf der einen Seite sowie der Einzigartigkeit des Individuums auf der anderen Seite. Die in diesem Band dargestellten Persönlichkeitstheorien unterscheiden sich zum einen im Hinblick auf ihre grundlegenden Konzepte und ihrem Menschenbild. Ein weiteres Unterscheidungsmerkmal stellt darüber hinaus die unterschiedliche Gewichtung dar, die die verschiedenen Theorien der Bedeutung von *allgemeingültigen Aspekten der menschlichen Natur* im Vergleich zur *Einzigartigkeit des Individuums* für das Verständnis von Persönlichkeit beimessen.

In diesem Buch stellen wir zentrale theoretische Ansätze zur Beschreibung und Erklärung der menschlichen Persönlichkeit und ihrer Einzigartigkeit vor. Der Schwerpunkt liegt auf den Theorien, die gegenwärtig in der Persönlichkeitspsychologie dominieren. Aber wir greifen auch auf ältere, historische Ansätze zurück, sofern sie zum Verständnis der aktuellen Theorien beitragen und einen nachhaltigen Einfluss auf die aktuelle Persönlichkeitspsychologie ausüben. Wir beginnen zunächst mit einer Klärung der zentralen Begriffe und einem kurzen Abriss historischer Vorläufer der Persönlichkeitspsychologie.

1.1 Persönlichkeit, Charakter, Temperament

Wenn wir einen Menschen in seinem Verhalten und Erleben mehr oder weniger umfassend beschreiben, so erschließt sich aus einer solchen Beschreibung – zumindest umgangssprachlich – seine *Persönlichkeit*, sein *Charakter* oder sein *Temperament*. Diese drei Begriffe werden nicht nur im Alltag, sondern auch in der Persönlichkeitspsychologie teils sehr unterschiedlich verwendet und interpretiert. Deshalb soll zunächst kurz auf ihre Bedeutung eingegangen werden.

Persönlichkeit

Der Begriff *Persönlichkeit* leitet sich vom lateinischen Wort *persona* ab. Mit *persona* wurden ursprünglich die Masken bezeichnet, die im antiken griechischen Theater von den Schauspielern getragen wurden, um ihre jeweilige Rolle zu typisieren. Darüber hinaus diente diese Maske auch als Schallverstärker (lateinisch *personare* = hindurchtönen, widerhallen). Indem man *Persönlichkeit* als Maske bezeichnet, wird ausgedrückt, dass die Persönlichkeit das öffentliche, der Außenwelt dargebotene Bild eines Menschen darstellt. Damit repräsentiert die Persönlichkeit bestimmte Eigenschaften eines Menschen, die von anderen wahrgenommen werden können (oder sollen), und auf die sie reagieren. Bei dieser Sichtweise wäre die Persönlichkeit eines Menschen jedoch auf solche Aspekte beschränkt, die wir an ihm wahrnehmen können bzw. von denen er will, dass andere sie wahrnehmen. Dies würde bedeuten, dass zusätzlich weitere Eigenschaften und Merkmale dieses Menschen existieren, die für uns nicht ohne weiteres erkennbar sind oder die vor uns verborgen gehalten werden sollen. Auch solche verborgenen Facetten gehören zu jedem Individuum und sind damit Gegenstand der Persönlichkeitspsychologie.

Charakter

Das Wort *Charakter* kommt ursprünglich aus dem Griechischen, wo es einen Prägestempel für Münzen sowie die Prägung selbst bezeichnete. Übertragen auf den Menschen, kann Charakter als ein individuelles Erkennungsmerkmal einer Person betrachtet werden. Eine weitere wichtige Bedeutung des Begriffes *Charakter* betont den moralischen Aspekt, z. B. in welchem Umfang jemand moralische Grundsätze hat *(„Jemand hat (keinen) Charakter“)*. In Erweiterung dieser Sichtweise sieht Kant (1798) *Charakter* als etwas an, was ein Mensch dann hat, wenn er sich nicht von Instinkten, sondern von seinem Willen leiten lässt.

Temperament

Mit *Temperament* werden häufig Persönlichkeitsmerkmale bezeichnet, die bereits in der frühen Kindheit vorhanden sind, deren individuelle Ausprägung während Kindheit und Jugend relativ konstant bleibt und eine genetische Verankerung aufweist (Strelau, 2008). Oft wird Temperament auch im Zusammenhang mit einer Disposition zu bestimmten Emotionen oder Stimmungen verwendet.

Fähigkeiten und physische Merkmale

Fähigkeiten bzw. leistungsbezogene Persönlichkeitsmerkmale (z. B. Intelligenz, Aufmerksamkeit, motorische Geschicklichkeit) sowie körperliche (physische) Merkmale werden häufig nicht dem Persönlichkeitsbereich zugerechnet. Dies hat zur Folge, dass in zahlreichen Theorien der Persönlichkeit leistungsbezogene Fähigkeiten und körperliche Merkmale keine Berücksichtigung finden.

Zur Definition von *Persönlichkeit*

In einem der ersten umfassenden Lehrbücher der Persönlichkeitspsychologie, zeigt Allport (1937) die zahlreichen Bedeutungen auf, die *Persönlichkeit* in unterschiedlichsten Kontexten annehmen kann. Einige Autoren sprechen sich dafür aus, den Begriff Persönlichkeit so zu verwenden, wie er in der Umgangssprache verstanden wird (Meili, 1965) oder ihn so zu definieren, wie er im Bereich der Persönlichkeitspsychologie auf weitgehende Zustimmung trifft (Eysenck & Eysenck, 1987). Eine Definition, die den letztgenannten Punkt erfüllen soll, lautet nach Eysenck und Eysenck (1987):

Persönlichkeit ist „die mehr oder weniger stabile und dauerhafte Organisation des Charakters, Temperaments, Intellekts und Körperbaus eines Menschen, die seine einzigartige Anpassung an die Umwelt bestimmt. Der *Charakter* eines Menschen bezeichnet das mehr oder weniger stabile und dauerhafte System seines konativen Verhaltens (des *Willens*); sein *Temperament* das mehr oder weniger stabile und dauerhafte System seines affektiven Verhaltens (der *Emotion* oder des *Gefühls*); sein Intellekt das mehr oder weniger stabile und dauerhafte System seines kognitiven Verhaltens (der *Intelligenz*); sein Körperbau das mehr oder weniger stabile und dauerhafte System seiner physischen Gestalt und neuroendokrinen (hormonalen) Ausstattung" (S. 10).

Eine einfachere Arbeitsdefinition verwenden Pervin, Cervone und John (2005):

„Bei der Persönlichkeit geht es um jene Charakteristika oder Merkmale des Menschen, die konsistente Muster des Fühlens, Denkens und Verhaltens ausmachen" (S. 31).

1.2 Sieben Bereiche zur Beschreibung von Persönlichkeit

Persönlichkeit kann sich auf psychische und physische Merkmale beziehen

Guilford (1970) unterscheidet sieben allgemeine Bereiche denen sich Persönlichkeitsmerkmale zuordnen lassen. Diese sieben Bereiche umfassen sowohl körperliche als auch psychische Aspekte der Persönlichkeit:

1. *Morphologie:* die Gestalt des Menschen betreffende Merkmale (z. B. Körpergröße, Körpergewicht, Hautfarbe),
2. *Physiologie:* Merkmale der „inneren" Lebensvorgänge (z. B. Blutdruck, Körpertemperatur, Stoffwechselvorgänge),
3. *Bedürfnisse:* konstante Präferenzen für bestimmte Zustände (z. B. Anerkennung durch andere, Harmoniebedürfnis),
4. *Interessen:* konstante Präferenzen für Tätigkeiten (z. B. Basteln, Lesen),

5. *Einstellungen:* konstante Haltungen und Meinungen im Zusammenhang mit sozialen Sachverhalten (z. B. Asylrecht, Geburtenkontrolle, Gleichberechtigung von Mann und Frau),
6. *Eignung:* Fähigkeiten, die für bestimmte Tätigkeiten notwendig sind (z. B. intellektuelle oder motorische Fähigkeiten),
7. *Temperament:* dispositionelle, d. h. veranlagungsbezogene, Persönlichkeitsmerkmale (z. B. Freundlichkeit, Durchsetzungsfähigkeit, Impulsivität).

Die Persönlichkeitspsychologie befasst sich in erster Linie mit den psychischen Aspekten der Persönlichkeit. Dennoch kommt den morphologischen und physiologischen Aspekten im Rahmen von konstitutionspsychologischen Ansätzen (vgl. Kapitel 10) sowie der biologischen Persönlichkeitsforschung (vgl. Weber & Rammsayer, in Vorb., Kapitel 12) eine ganz zentrale Bedeutung zu.

1.3 Persönlichkeit und Individualität

Bei ihrer Bewertung des menschlichen Verhaltens gelangen Kluckhohn und Murray (1953) zu dem Schluss, dass in gewisser Hinsicht ein jeder Mensch ist
- wie jeder andere,
- wie mancher andere,
- wie kein anderer.

Alle Menschen teilen bestimmte Merkmale

Auf diese Weise betonen diese Autoren, dass es eine allgemeine menschliche Natur gibt, die allen Menschen gemein ist. Dies wird beispielsweise daran erkennbar, dass jeder Mensch bereits bei seiner Geburt über bestimmte angeborene Verhaltensweisen und Fähigkeiten verfügt, oder dass im höheren Lebensalter bestimmte Veränderungen auftreten, wie beispielsweise eine generelle altersbedingte kognitive Verlangsamung (z. B. Salthouse, 1996).

Kulturelle Einflüsse führen zu gruppenbezogenen Gemeinsamkeiten

Daneben gibt es Merkmale, die wir nicht mit allen Menschen, sondern lediglich mit einer bestimmten Gruppe von Menschen teilen. Solche gruppenbezogenen Gemeinsamkeiten lassen sich beispielsweise innerhalb bzw. zwischen verschiedenen Kulturen beobachten. So weisen westliche Kulturen sehr ähnliche Vorstellungen auf, wenn es um die Definition von intelligentem Verhalten geht. Diese Definitionen unterscheiden sich allerdings sehr stark von jenen anderer Kulturkreise (vgl. Weber & Rammsayer, in Vorb., Kapitel 3).

Ist Persönlichkeit kulturabhängig?

Viele Persönlichkeitsforscher gehen davon aus, dass grundlegende Persönlichkeitsdimensionen (vgl. Kapitel 12) kulturübergreifend zur Beschreibung von Persönlichkeit bzw. der Persönlichkeitsstruktur eingesetzt werden können (z. B. McCrae & Costa, 1997). Diese Universalitätsannahme wird insbesondere durch die Beobachtung gestützt, dass bestimmte Persönlichkeitsmerkmale über die verschiedensten Kulturen hinweg nachweisbar sind sowie eine biologische (genetische) Grundlage haben und dadurch weniger stark Umwelteinflüssen zu unterliegen scheinen. Kritiker weisen jedoch darauf hin, dass viele Untersuchungen zur Kulturabhängigkeit von Persönlichkeitsmerkmalen an studentischen Stichproben gewonnen wurden, wodurch die Ähnlichkeit der identifizierten Persönlichkeitsdimensionen künstlich erhöht worden sein könnte. Weiterhin ist die Variationsbreite von Persönlichkeitsmerkmalen innerhalb einer Kultur sehr hoch, was die Frage aufwirft, inwieweit nicht eine zu starke Vereinfachung vorliegt, wenn man eine Kultur mit Hilfe eines universellen, kulturübergreifenden Persönlichkeitsmodells zu charakterisieren versucht (vgl. Bock, 2000).

Doch selbst wenn ein Persönlichkeitsmodell als universelles Beschreibungssystem Gültigkeit hätte, bedeutet dies keineswegs, dass alle Individuen dieselbe Persönlichkeit besitzen. Wie bereits Wundt (1874) festgestellt hat, „zeigen die Menschenrassen, die einzelnen Völker und unter diesen wieder die provinziellen Abzweigungen charakteristische Temperamentsunterschiede" (S. 817). Auch Hermann Rorschach (1948/1921), der Erfinder des Rorschach-Tests, bei dem aus der Interpretation von Tintenklecksen Rückschlüsse auf die Persönlichkeit gezogen werden, berichtet von auffälligen Unterschieden zwischen Bewohnern des Kantons Bern und des Kantons Appenzell bei der Interpretation der sogenannten Rorschach-Tafeln.

Persönlichkeit als ein organisiertes System ist Gegenstand der Persönlichkeitspsychologie

Schließlich kann jeder Mensch als ein einzigartiges Individuum betrachtet werden, das sich von allen anderen Menschen unterscheidet. Diese Einzigartigkeit kann sowohl mit der individuellen genetischen Ausstattung als auch mit den individuellen Erfahrungen, die jeder Mensch im Laufe seines Lebens macht, in Verbindung gebracht werden (vgl. Weber & Rammsayer, in Vorb., Kapitel 5). Es ist insbesondere dieser Aspekt des menschlichen Verhaltens und Erlebens, mit dem sich die Persönlichkeitstheorien und die Persönlichkeitsforschung befassen. Dabei werden nicht – wie beispielsweise in der Allgemeinen Psychologie – Teilfunktionen wie die visuelle Wahrnehmung, das Arbeitsgedächtnis oder das Problemlösen isoliert betrachtet, sondern der Mensch als „Ganzes“ steht im Mittelpunkt des Forschungsinteresses. Im Gegensatz zur Klinischen Psychologie, wo es um psychologische Fehlanpassungen und psychopathologische Veränderungen geht, bezieht sich die Persönlichkeitspsychologie auf die psychologischen Prozesse, die dem Verhalten und Erleben des psychisch gesunden Menschen zugrunde liegen, und darauf wie diese Prozesse sich gegenseitig beeinflussen und ein organisiertes System bilden, das wir als Persönlichkeit bezeichnen. Die Grenzen zur Klinischen Psychologie sind jedoch fließend. Das wird allein schon dadurch deutlich, dass eine Reihe von grundlegenden Theorien der Persönlichkeit von Autoren entwickelt wurde, die Erfahrung als Klinische Psychologen hatten und in ihren Theorien diejenigen Bedingungen spezifizieren, unter denen die Persönlichkeitsentwicklung einen (un)gestörten Verlauf nimmt.

1.4 Vorläufer der Persönlichkeitspsychologie

Der Wunsch, die Natur des Menschen zu verstehen und zu erklären, bestand schon lange bevor sich die Psychologie – und speziell die Differentielle und Persönlichkeitspsychologie – Ende des 19. Jahrhunderts als eigenständige Wissenschaft zu etablieren begann.

1.4.1 Die Temperamentslehre von Hippokrates

Die klassische Temperamentslehre stellt einen kausal-erklärenden Ansatz dar

Bereits in der Antike war die Sichtweise verbreitet, dass das Universum ebenso wie der Mensch auf einige wenige Elemente zurückgeführt werden können. Beeinflusst von Empedokles (um 494–434 v. Chr.), der von den Elementen Erde, Wasser, Luft und Feuer ausging, entwickelte Hippokrates (um 460–370 v. Chr.), der wohl berühmteste Arzt des Altertums, seine sogenannte Humoralpathologie. Er ging von der Annahme aus, dass die vier Körpersäfte gelbe Galle, schwarze Galle, Schleim und Blut körperliche Manifestationen der Elemente Feuer, Erde, Wasser und Luft sind. Den vier Körpersäften ordnete er jeweils ein bestimmtes Temperament zu. Diese Temperamentslehre von Hippokrates wurde vom griechischen Arzt Galen (um 129–216 n. Chr.) übernommen und weiterentwickelt.

Humoralpathologie und Temperament nach Hippokrates

In seiner Humoralpathologie bzw. Viersäftelehre ging Hippokrates davon aus, dass ein Überfluss bzw. Mangel bei den vier Körpersäften an der Entstehung verschiedener Krankheiten beteiligt sind. Diese vier Körpersäfte und ihre Kombination sollten nicht nur für den Gesundheitszustand eines Individuums entscheidend sein, sondern vielmehr auch Einfluss auf die Lebensgeschichte, das Verhalten und die Persönlichkeit eines Menschen haben:

- **Gelbe Galle:** wurde anhand des Auftretens von gelb gefärbten Ausscheidungen (z. B. Kot oder Erbrochenes) diagnostiziert. Ein Übermaß an gelber Galle wurde als Ursache für Gelbsucht und gelblich erscheinende Entzündungen der Haut angenommen; beim daraus resultierenden Temperamentstyp handelt es sich um den *Choleriker,* der als jähzornig beschrieben werden kann.
- **Schwarze Galle:** wurde anhand von Ablagerungen im Blut oder entsprechenden Farbveränderungen der Haut diagnostiziert und mit Cholera, Ruhr und Darmerkrankungen in Verbindung gebracht. Ein Überwiegen von schwarzer Galle deutet auf den *Melancholiker* hin, der durch seine Traurigkeit gekennzeichnet ist.
- **Schleim:** Ausgehusteter Schleim wurde als Ursache für Erkrankungen der Atemwege, wie beispielsweise Lungenentzündung, betrachtet. Das Überwiegen von Schleim charakterisiert den *Phlegmatiker,* der als teilnahmslos beschrieben werden kann.
- **Blut:** Ein Mangel an Blut wurde als Ursache der Blutarmut (Anämie) betrachtet. Durch ein Übermaß an Blut ist der *Sanguiniker* gekennzeichnet, der insbesondere durch sein hoffnungsvolles und sorgloses Wesen imponiert.

1.4.2 Die Temperamentslehre von Immanuel Kant

Im 18. Jahrhundert griff Immanuel Kant (1724–1804), der wohl wichtigste Denker der deutschen Aufklärung, das Konzept der vier antiken Temperamentstypen auf und legte sie seiner eigenen Temperamentslehre zugrunde. Im Gegensatz zur traditionellen Sichtweise bezog sich Kant allerdings explizit auf das *psychologische Temperament*, das er vom *physiologischen Temperament*, also der körperlichen Konstitution und Komplexion, abgrenzte.

Kant (2000/1798) unterteilte das psychologische Temperament in *Temperamente des Gefühls* und *Temperamente der Tätigkeit.* Diese beiden Temperamentsarten wurden weiterhin danach unterteilt, ob sie mit *Erregbarkeit der Lebenskraft* oder *Abspannung der Lebenskraft* verbunden werden können. So gelangte er zu einem Schema mit vier Temperamentstypen: Der Sanguiniker (starke, aber nur kurzanhaltende Gefühle), der Melancholiker (schwache, aber lang anhaltende Gefühle), der Choleriker (intensive, aber nur kurzfristige Aktivität) und der Phlegmatiker (wird nicht leicht oder rasch, aber doch anhaltend aktiv). Auf diese Weise postulierte Kant, in Anlehnung an Hippokrates, vier voneinander unabhängige Temperamentstypen, wobei er die Möglichkeit von zusammengesetzten Temperamenten bzw. Mischtypen ausschloss.

Kants Beschreibung der vier klassischen Temperamentstypen

- Der **Sanguiniker** „ist sorglos und von guter Hoffnung; gibt jedem Dinge für den Augenblick eine große Wichtigkeit, und den folgenden mag er daran nicht weiter denken. Er verspricht ehrlicherweise, aber hält nicht Wort: weil er nicht vorher tief genug nachgedacht hat, ob er es auch zu halten vermögend sein werde".
- Der **Melancholiker** „gibt allen Dingen, die ihn selbst angehen, eine große Wichtigkeit, findet allerwärts Ursache zu Besorgnissen und richtet seine Aufmerksamkeit zuerst auf die Schwierigkeiten ...".
- Der **Choleriker** „ist hitzig, brennt schnell auf wie Strohfeuer, lässt sich durch Nachgeben des anderen bald besänftigen, zürnt alsdann, ohne zu hassen, und liebt wohl gar den noch desto mehr, der ihm bald nachgegeben hat".
- Der **Phlegmatiker** „gerät nicht leicht in Zorn, sondern bedenkt sich erst, ob er nicht zürnen solle ... Phlegma bedeutet Affektlosigkeit, nicht Trägheit (Leblosigkeit), und man darf den Mann, der viel Phlegma hat, darum nicht sofort ... phlegmatisch nennen". (Kant, 2000/1798, S. 214–217)

Indem Kant den psychologischen Aspekt des Temperaments hervor hob, wies er auch darauf hin, dass sich seine Temperamentslehre von dem aus der Humoralpathologie abgeleiteten Ansatz von Hippokrates grundlegend unterscheidet.

Kants Temperamentslehre basiert auf einer deskriptiven Vorgehensweise

Während der traditionelle Ansatz die vier Körpersäfte als biologische Ursache der individuellen Temperamentsausprägung betrachtete und sie damit auch der Zuordnung eines Menschen zu einem Temperamentstyp zugrunde lagen, basierte für Kant die Zuweisung eines Individuums zu einem bestimmten Temperament ausschließlich auf dessen beobachtbarem Verhalten. Damit ersetzte Kant die kausal-erklärende Temperamentslehre von Hippokrates bzw. Galen durch eine deskriptiv-beschreibende Vorgehensweise, wie sie auch in aktuellen psychometrischen Ansätzen der Persönlichkeitspsychologie zur Anwendung kommt (vgl. Kapitel 11).

1.4.3 Die Temperamentslehre von Wilhelm Wundt

Wundt führte ein zweidimensionales Beschreibungssystem des Temperaments ein

Schließlich war es Wilhelm Wundt (1832–1920), der Begründer der Psychologie als eigenständige Wissenschaft, der den Schritt weg von den vier unabhängigen Temperamenten, hin zu einem zweidimensionalen Beschreibungssystem des Temperaments vollzog. Wundt (1874) ging hierbei von den Dimensionen *Stärke des Affekts* und *Schnelligkeit des Wechsels des Affekts* aus. Diesen beiden kontinuierlichen Beschreibungsdimensionen ordnete er die klassischen Temperamente zu, indem er davon ausging, dass der Choleriker und der Melancholiker zu starken, der Sanguiniker und der Phlegmatiker zu schwachen Affekten („Gemüthsbewegungen“) neigen. Im Hinblick auf die zweite Dimension sollten der Sanguiniker und der Choleriker zu schnellen, der Melancholiker und der Phlegmatiker zu einem langsamen Wechsel des Affekts prädisponiert sein. Damit konnten die vier klassischen Temperamente aus zwei Beschreibungsdimensionen abgeleitet werden (vgl. Tab. 1).

Tabelle 1: Die vier klassischen Temperamente im zweidimensionalen Beschreibungssystem nach Wundt (1874)

Stärke des Affekts	Schnelligkeit des Wechsels des Affekts	
	Niedrig	Hoch
Niedrig	Phlegmatiker	Sanguiniker
Hoch	Melancholiker	Choleriker

Sowohl die beiden Beschreibungsdimensionen von Kant (1798), *Temperamente des Gefühls* und *Temperamente der Tätigkeit*, als auch die von Wundt (1874), *Stärke des Affekts* und *Schnelligkeit des Wechsels des Affekts*, weisen bereits weitgehende inhaltliche Ähnlichkeiten mit den grundlegenden Persönlichkeitsdimensionen *Neurotizismus* (Emotionalität) und *Extraversion* (vgl. Kapitel 12) auf, wie sie in aktuellen Persönlichkeitsmodellen zu finden sind (vgl. Eysenck & Eysenck, 1987; Stelmack & Stalikas, 1992). Allerdings sollte auch darauf hingewiesen werden, dass mit den deskriptiven Ansätzen von Kant (1798) und Wundt (1874) die Frage nach den biologischen Verursachungsfaktoren von Persönlichkeitsunterschieden, die bei den Temperamentslehren von Hippokrates und Galen noch von zentraler Bedeutung waren, zunehmend in den Hintergrund trat. Erst in der zweiten Hälfte des vergangenen Jahrhunderts, initiiert insbesondere durch die Arbeiten von Eysenck (z. B. 1967), rückten Fragen nach den biologischen Grundlagen der Persönlichkeit wieder verstärkt ins Zentrum des Forschungsinteresses.

Gibt es das optimale Temperament?

Nach Galen ist das ideale Temperament durch ein ausgeglichenes Verhältnis aller vier Körpersäfte gekennzeichnet, weil unter diesen Umständen eine perfekte Symmetrie aller körperlichen und psychischen Merkmale gewährleistet sei (vgl. Stelmack & Stalikas, 1992). Damit stellt das ideale Temperament eine humorale Konstellation dar, die keinem der vier Temperamentstypen entspricht, sondern einer „gesunden" Mischung der vier Körpersäfte. Diese Vorstellung von Galen kommt der ursprünglichen Bedeutung des Begriffs Temperament (vom lateinischen *temperare* = ins richtige Verhältnis setzen, das rechte Maß halten) sehr nahe.

Eine ganz andere Sichtweise vertritt dagegen Wundt (1874), wenn er davon ausgeht, dass es sehr stark von der jeweiligen Situation abhängt, welches Temperament optimal ist: „Da jedes Temperament seine Vorzüge und Nachtheile hat, so besteht für den Menschen die wahre Kunst des Lebens darin, seine Affecte und Triebe so zu beherrschen, dass er nicht ein Temperament besitze sondern alle in sich vereinige. Sanguiniker soll er sein bei den kleinen Leiden und Freuden des täglichen Lebens, Melancholiker in den ernsten Stunden bedeutender Lebensereignisse, Choleriker gegenüber den Eindrücken, die sein tieferes Interesse fesseln, Phlegmatiker in der Ausführung gefasster Entschlüsse." (Wundt, 1874, S. 818).

1.5 Psychognostische Verfahren als vorwissenschaftliche Methoden der Persönlichkeitsforschung

Psychognostik als Methode zur Erlangung von Menschenkenntnis

Etwa zeitgleich mit der antiken Temperamentslehre entwickelten sich die ersten Anfänge der Psychognostik. Unter Psychognostik wird dabei generell eine Vorgehensweise zur Erlangung von Menschenkenntnis mit Hilfe von im weitesten Sinne „psychologischer" Untersuchungen verstanden. Speziell werden hierbei Zusammenhänge zwischen bestimmten wahrnehmbaren körperlichen Merkmalen oder motorischen Bewegungen eines Menschen und seiner individuellen Eigenart untersucht und zur Erfassung seiner Persönlichkeit verwendet. Die drei wichtigsten Ansätze der Psychognostik sind die Physiognomik, die Phrenologie und die Grafologie.

1.5.1 Physiognomik

Die Physiognomik leitet Aussagen über die Persönlichkeit aus dem Gesichtsschnitt ab

Die Physiognomik verfolgt das Ziel, Aussagen über die Persönlichkeit eines Menschen aus seinem Gesichtsschnitt herzuleiten. Bereits Aristoteles (384–322 v. Chr.) setzte sich mit diesem Ansatz auseinander. Allerdings mehren sich die Hinweise, dass die erste schriftliche Abhandlung zu diesem Thema, die sogenannte „Physiognomika" nicht – wie lange Zeit angenommen – von Aristoteles, sondern von einem seiner Schüler verfasst wurde. Auch im Mittelalter wurde diese Art der Persönlichkeitsdiagnose „als eine Art okkulter Kunst betrieben" (Stern, 1911, S. 13). Sehr große, jedoch nur kurzfristige Popularität erlangte die Physiognomik durch den Schweizer Pastor Johann Caspar Lavater (1741–1801), der unter Mitwirkung von Johann Wolfgang von Goethe in den Jahren 1775 bis 1778 eine vierbändige Anleitung zur physiognomischen Charakterdeutung veröffentlichte. Die überraschende Popularität der Physiognomik wurde bereits im Jahre 1778 durch die öffentliche Kritik von Georg Christoph Lichtenberg, dem Inhaber des ersten Lehrstuhls für Experimentalphysik in Deutschland, abrupt beendet. Lichtenberg wies in seiner Kritik auf die starke Subjektivität und Anfälligkeit für Vorurteile der physiognomischen Methode hin.

1.5.2 Phrenologie

Ende des 18. Jahrhunderts entwickelte der deutsche Arzt Franz Joseph Gall (1758–1828) seine später als Phrenologie bezeichnete Lehre, dass aus dem Bau des Schädels auf die charakterlichen und geistigen Eigenschaften eines Individuums geschlossen werden könne. Ausgehend von der Annahme, dass Fähigkeiten und Neigungen eines Menschen ihren Sitz im Gehirn haben und diese individuellen Eigenschaften ebenso wie die sie repräsentierenden Hirnareale voneinander unabhängig sind, sollte die besonders starke Ausprägung einer Persönlichkeitseigenschaft von einer besonders starken volumenmäßigen Ausprägung des entsprechenden Hirnareals begleitet sein. Solch eine stärkere Ausprägung eines Gehirnareals müsste sich dann als Ausbuchtung oder Vorwölbung der Schädeldecke identifizieren lassen. Der gleichen Logik folgend, sollten schwächere Ausprägungen eines Persönlichkeitsmerkmals mit entsprechenden Eindellungen oder Vertiefungen der Schädeldecke einher gehen. Auf diese Weise sollten mit Hilfe einer phrenologischen Vermessung der Schädeldecke Rückschlüsse auf die individuelle Ausprägung verschiedener Persönlichkeitsmerkmale möglich sein.

Die Phrenologie leitet Aussagen über die Persönlichkeit aus der Form der Schädeldecke ab

Ursprünglich ging Gall von 27 sogenannten Hirnorganen und in ihnen lokalisierten geistigen Fakultäten aus (z. B. Scharfsinn, Witz, Farbensinn, Ortssinn, Schlauheit, Hang zur sinnlichen Liebe oder Erziehungsfähigkeit, die Aspekte wie Sachgedächtnis, Wissbegierde und Gelehrigkeit umfasst). Sein Schüler Johann Caspar Spurzheim, der die Phrenologie insbesondere im angelsächsischen Raum bekannt machte, fügte zehn weitere Hirnorgane hinzu. Spätere Phrenologen, vor allem in den USA, erhöhten die Anzahl der Fakultäten des Gehirns auf über 100, was zu einer Art von Inflationierung führte. In diesem Zusammenhang wurde beispielsweise auch ein Hirnorgan für Republikanismus postuliert. Obwohl die Belege für die Gültigkeit der phrenologischen Lehre stets sehr dürftig waren, blieb sie doch bis ins 20. Jahrhundert hinein populär.

Bezüge zum aktuellen Menschenbild

Auch wenn die Phrenologie sich für die Persönlichkeitsforschung als Sackgasse erwiesen hat, stellte Galls Suche nach funktional unabhängigen Fakultäten als elementare Bausteine der Persönlichkeit einen Fortschritt dar gegenüber der bis dahin weitverbreiteten Annahme von sehr groben, universellen geistigen Funktionen, wie Wahrnehmung, Wille oder Verstehen, die als „Vermögen“ bezeichnet wurden und für eine differenzierte Beschreibung der Persönlichkeit wenig geeignet waren (vgl. Allport, 1970). Durch die Betonung der Bedeutung der Hirnrinde für das menschliche Verhalten, beeinflussten Galls Ideen auch die Hirnforschung des 19. und 20. Jahrhunderts durchaus positiv. Schließlich ergaben sich aus der Lehre von Franz Joseph Gall auch Konsequenzen für das Bild vom Menschen, indem er darauf hinwies, dass der Mensch von seinen 27 Hirnorganen und den damit korrespondierenden geistigen Fakultäten insgesamt 19 mit den Tieren gemeinsam hat. Gleichzeitig führte er grundlegende Unterschiede zwischen Mensch und Tier an, die auch heute noch für die aktuelle Diskussion um die Einzigartigkeit des Menschen (Pervin, 1981) sowie für die Frage nach dem freien Willen des Menschen relevant sind (z. B. Heinze, Fuchs & Reischies, 2006; Roth & Grün, 2006).

Zur Unterscheidung von Mensch und Tier aus phrenologischer Sicht

„Der Mensch aber hat ausser den thierischen Eigenschaften Sprachfähigkeit und die ausgedehnteste Erziehungsfähigkeit; zwey Quellen von unerschöpflichen Kenntnissen und Beweggründen. Er hat Sinn für Wahrheit und Irrthum, für Recht und Unrecht, für Vorstellungen eines unabhängigen Wesens; das Vergangene und die Zukunft könne seine Handlung leiten; er ist mit dem Gefühl von Sittlichkeit und mit deutlichem Bewußtseyn begabt usw." (Gall, 1798, zitiert nach Lesky, 1978, S. 49).

1.5.3 Grafologie

Die Grafologie leitet Aussagen über die Persönlichkeit aus dem Schriftbild ab

Der Grundgedanke der Grafologie besteht in der Annahme, dass die Persönlichkeit und die Fähigkeiten eines Menschen zumindest teilweise auch in seinen Bewegungen, also seiner Motorik, zum Ausdruck kommen. Somit sollten auch die Schreibbewegungen, wie sie sich im individuellen Schriftbild manifestieren, als psychodiagnostisches Deutungsmittel verwendbar sein. Die moderne Grafologie ist eine Erfindung des 19. Jahrhunderts und geht auf den französischen Priester, Gelehrten und Schriftsteller Jean Hippolyte Michon (1806–1881) zurück, der zahlreiche seiner häufig sehr kirchenkritischen Werke unter dem Pseudonym Abbé Michon (Abt Michon) bzw. Abbé *** verfasste.

Die Grafologie fand sehr schnell weite Verbreitung und wird auch heutzutage noch (wenn auch immer seltener) zur Persönlichkeitsbeurteilung eingesetzt. Ein Vorteil der grafologischen Diagnostik besteht zweifellos darin, dass Schriftproben einer Person ohne großen Aufwand zu erhalten sind, und diese dann für persönlichkeitsdiagnostische Zwecke dauerhaft zu Verfügung stehen. Zudem muss der

Grafologe für seine Analyse die zu beurteilende Person nicht einmal persönlich treffen. Angesichts der großen Popularität von grafologischen Gutachten fällt die vergleichweise geringe Anzahl von Validierungsstudien auf, in denen die Richtigkeit der grafologischen Interpretationen und Schlussfolgerungen objektiv bestätigt werden konnte.

Zum Nutzen grafologischer Aussagen bei der Personalauswahl

Wenn bei einer Stellenausschreibung ein handschriftlich verfasster Lebenslauf verlangt wird, ist meist damit zu rechnen, dass über die Bewerberin oder den Bewerber ein grafologisches Gutachten angefertigt wird. In einer Metaanalyse überprüften Neter und Ben-Shakhar (1989) die Vorhersage der beruflichen Eignung anhand von Schriftproben. Dabei wurden die Interpretationen von 63 Grafologen mit denen von insgesamt 51 nicht grafologisch ausgebildeten psychologischen Fachpersonen und psychologischen Laien verglichen, die als Kontrollgruppe dienten. Es ergaben sich keine Unterschiede zwischen den beiden Vergleichgruppen in Hinblick auf die Güte ihrer Eignungsprognosen. Weiterhin legen die Ergebnisse nahe, dass zur Güte der Eignungsvorhersagen eher der biografische *Inhalt* der Schriftproben als grafologische Schriftmerkmale beigetragen haben. Ebensowenig finden sich Belege für eine Verbesserung von Eignungsprognosen, wenn zusätzlich zu allgemeinen kognitiven Fähigkeitstests grafologische Verfahren eingesetzt werden (Schmidt & Hunter, 1998).

1.5.4 Bewertung der Psychognostik

Methodische Unzulänglichkeiten lassen die Psychognostik wissenschaftlich unzulänglich erscheinen

Bereits William Stern (1911) kritisierte zwei Hauptmängel der drei beschriebenen psychognostischen Ansätze. Zum einen weist er auf die methodischen Mängel hin, die sich in erster Linie auf die mangelhafte Elaboration, Standardisierung und Überprüfung der Verfahren beziehen. Darüber hinaus wendet er sich gegen das willkürliche Herausgreifen einer einzigen Symptomgruppe (Physiognomie: Gesichtsschnitt, Phrenologie: Ausformung der Schädeldecke, Grafologie: Schriftbild) als alleiniges Erkenntnismittel. Angesichts dieser Schwächen und ihrer aus heutiger Sicht wenig überzeugenden theoretischen Fundierung müssen die Verfahren der Psychognostik als vorwissenschaftlich eingestuft werden und finden deshalb in der modernen Persönlichkeitsforschung keine Verwendung.

Zusammenfassung

Das grundsätzliche Ziel von Persönlichkeitstheorien besteht in einer umfassenden Beschreibung und Erklärung der menschlichen Natur sowie der Einzigartigkeit des Individuums. Diese Einzigartigkeit kann sowohl mit der individuellen genetischen Ausstattung als auch mit den individuellen Erfahrungen, die jeder Mensch im Laufe seines Lebens macht, in Verbindung gebracht werden. Als Vorläufer der heutigen Persönlichkeitspsychologie kann die Temperamentslehre von Hippokrates sowie deren Weiterentwicklung, z. B. durch Immanuel Kant und Wilhelm Wundt, betrachtet werden. Vorwissenschaftliche Methoden zur Persönlichkeitsdiagnostik stellen sogenannte psychognostische Verfahren wie die Physiognomik, die Phrenologie und die Grafologie dar, die aufgrund ihrer methodischen Mängel in der modernen Persönlichkeitsforschung keine Verwendung mehr finden.

Fragen

1. Was versteht man unter *Persönlichkeit*?
2. Welchen sieben allgemeinen Bereichen können nach Guilford (1970) Persönlichkeitsmerkmale zugeordnet werden?
3. Vergleichen Sie die Temperamentslehren von Hippokrates und Wilhelm Wundt.
4. Beschreiben Sie die drei bekanntesten Verfahren der Psychognostik.

Kapitel 2

Freuds psychoanalytische Theorie der Persönlichkeit

Thomas Rammsayer

Inhaltsübersicht

Sigmund Freud

Fotograf: Max Halberstadt

Der von Sigmund Freud (1856–1939) entwickelte psychoanalytische Ansatz kann als erste umfassende psychologische Persönlichkeitstheorie betrachtet werden. Von Darwins biologischer Evolutionstheorie und zeitgenössischen Konzepten der physikalischen Energie beeinflusst, entwarf Freud eine Theorie des menschlichen Verhaltens und Erlebens, die in erster Linie dazu beitragen sollte, psychopathologische Störungen zu verstehen und erfolgreich zu behandeln.

In zahlreichen Veröffentlichungen hat Freud seinen psychoanalytischen Ansatz beschrieben. Als seine beiden wichtigsten zusammenhängenden theoretischen Werke können die *„Vorlesungen zur Einführung in die Psychoanalyse"* und die *„Neue Folge der Vorlesungen zur Einführung in die Psychoanalyse"* betrachtet werden, die in den Jahren 1916/1917 und 1933 erstmalig und als Neuauflage im Jahr 2003 erschienen sind.

2.1 Entstehungsgeschichte der Psychoanalyse

Seine medizinische Laufbahn begann Freud als Neuroanatom. Um den Lebensunterhalt für seine Familie bestreiten zu können, praktizierte er allerdings schon relativ früh als Nervenarzt. Hierbei sah sich Freud mit der Situation konfrontiert, dass es zu dieser Zeit keine rational bzw. ätiologisch begründete Therapie für psychiatrische Störungen gab. Bei Jean-Martin Charcot in Paris lernte Freud die Hypnose als psychotherapeutische Behandlungsmethode kennen, sah sich aber in seiner eigenen therapeutischen Arbeit schon bald mit dem Problem konfrontiert, dass hypnotische Zustände nicht bei allen Menschen herbeigeführt werden können. Deshalb suchte er nach alternativen Behandlungsmöglichkeiten.

Dem Bewusstsein nicht zugängliche Inhalte können durch freie Assoziationen identifiziert werden

Entscheidend für die Entwicklung der Psychoanalyse war für Freud eine Demonstration von Hippolyte Bernheim, einem Arzt aus Nancy, der auch mit Hypnose arbeitete. Bernheim hypnotisierte Personen, die dann unter Hypnose bestimmte Handlungen ausführen mussten. Anschließend, immer noch in Hypnose, bekamen sie den Befehl, sich nicht mehr daran zu erinnern, was sie gerade getan hatten. Diese posthypnotische Amnesie konnte Bernheim aufheben, ohne die Person erneut zu hypnotisieren, indem er sie intensiv befragte und drängte, sich an die Ereignisse während der Hypnose zu erinnern. Für Freud belegte dies, dass es durch intensives Befragen möglich sein müsse, sich an Dinge zu erinnern, die einem nicht bewusst sind. Daraus entwickelte Freud die Technik der freien Assoziation, deren Hauptmerkmal darin besteht, dass der Patient sich verpflichtet, dem Analytiker alle Gedanken, die ihm spontan in den Sinn kommen mitzuteilen. Solche Assoziationen, die keiner bewussten Kontrolle unterliegen, spiegeln nach Freuds Auffassung unbewusste Gedanken und Motive wider bzw. weisen den Weg zu den unbewussten Inhalten.

Ein Hinweis auf die Existenz des Unbewussten

Eine zweite wichtige Erkenntnis, die Freud den hypnotischen Demonstrationen Bernheims verdankte, betrifft das Phänomen der posthypnotischen Suggestion. Hierbei wurde einer Person in Hypnose beispielsweise der Auftrag erteilt, nach dem Erwachen aus der Hypnose in eine Ecke des Raums zu gehen und einen Regenschirm aufzuspannen, der sich dort befand. Nach dem Erwachen aus der Hypnose tat die Person wie ihr befohlen. Auf Bernheims Frage, warum sie den Regenschirm aufgespannt habe, antwortete sie, dass sie sehen wollte, ob der Schirm ihr gehöre. Freud interpretierte diese Aussage als klares Indiz dafür, dass manifestes Verhalten durch Motive bestimmt sein kann, die der betreffenden Person völlig unbewusst sind. Somit stellte diese Demonstration für Freud einen ersten entscheidenden Beleg für die Existenz des Unbewussten dar.

Identifizierung und Bearbeitung der ursprünglichen Konfliktsituation als Behandlungsmethode

Ein drittes wichtiges Ereignis für die Entstehung der Psychoanalyse war Freuds Begegnung und spätere Zusammenarbeit mit dem Wiener Physiologen und Internisten Josef Breuer. Besondere Bedeutung kam dabei Breuers Behandlung der 21-jährigen Bertha Pappenheim (in den ursprünglichen Berichten mit dem Pseudonym „Fräulein Anna O." bezeichnet) zu, die an nervösem Husten und einer Vielzahl hysterischer Symptome litt, wie z. B. temporäre Lähmungserscheinungen, Wahrnehmungs- und Sprachprobleme. Im Rahmen dieser Behandlung konnte Freud beobachten, dass die Symptome verschwanden, wenn die Patientin über die Entstehungssituation der Symptome sprechen konnte und die damit verbundenen Emotionen von ihr noch einmal erlebt wurden (vgl. Freud & Breuer, 1895). Auch in der von Freud später entwickelten psychoanalytischen Methode zur Behandlung nervöser Erkrankungen, kommt der Identifizierung und Bearbeitung der ursprünglichen traumatischen (Konflikt-)Situation ganz besondere Bedeutung zu. Freud war von Breuers Behandlungsmethode so beeindruckt, dass er später Breuer als den eigentlichen Schöpfer der Psychoanalyse bezeichnete (Freud, 1910).

Drei Bedeutungen des Begriffs „Psychoanalyse"

Aus den Berichten Breuers und weiteren Erfahrungen aus seiner eigenen psychotherapeutischen Arbeit mit Patienten entwickelte Freud die grundlegenden Konzepte der *Psychoanalyse*. Der Begriff *Psychoanalyse* bezeichnet nach Freud nicht nur die Wissenschaft vom Unbewussten, sondern die Psychoanalyse stellt für ihn gleichzeitig auch eine diagnostische Methode zur Erforschung der tieferen Schichten der Seele sowie eine psychologische Behandlungsmethode zur Heilung nervöser Erkrankungen dar.

Zwei grundlegende Hypothesen der Psychoanalyse

- **Prinzip der psychischen Determiniertheit.** Dieses Prinzip besagt, dass menschliches Verhalten und Erleben nie zufällig entsteht, sondern immer eine psychische Ursache hat. Dementsprechend ist es kein Zufall, wenn man beispielsweise den Namen einer Person vergisst, etwas nicht wieder finden kann oder sich verspricht.
- **Bewusstheit von Motiven ist eher die Ausnahme als die Regel.** Die Annahme, dass psychische Prozesse, die das menschliche Verhalten bestimmen, meist unbewusst sind, hat zur Folge, dass uns die eigentlichen Ursachen unseres Verhaltens in der Regel verborgen bleiben.

2.2 Aufbau und Struktur der Persönlichkeit

Freud betrachtet den Menschen als ein energetisches System, das aus dem Sexualtrieb und dem Aggressionstrieb gespeist wird. Er schrieb den Trieben die Fähigkeit zu, das Individuum zum aktiven Verhalten und Handeln zu veranlassen, und bediente sich dabei einer Analogie zum Konzept der physikalischen Energie. Freud nahm an, dass es eine psychische Energie gibt, die sich aus den Trieben herleiten lässt. Die Triebenergie des Sexualtriebs bezeichnete er als *Libido*, die des Aggressionstriebs als *Destrudo* oder *Thanatos*. Diese beiden Triebe stellen nach Freud die einzige Energiequelle des menschlichen Verhaltens dar.

Weiterhin unterscheidet Freud zwei Gruppen *nicht bewusster* psychischer Phänomene, die er als *vorbewusst* und *unbewusst* bezeichnet. *Vorbewusst* sind psychische Inhalte, die momentan nicht bewusst sind, die aber beispielsweise durch Nachdenken oder verstärkte Aufmerksamkeit und Konzentration bewusst gemacht werden können. Als *unbewusst* bezeichnet Freud psychische Inhalte, die der Person selbst nicht zugänglich sind, aber durch den Einsatz psychoanalytischer Methoden, beispielsweise der freien Assoziation, bewusst gemacht werden können.

Vorbewusste und unbewusste psychische Inhalte

Der *psychische Apparat*, der nach Freud die Struktur der Persönlichkeit bildet, besteht aus drei Instanzen: dem *Es*, dem *Ich* und dem *Über-Ich*.

Das *Es* als Ursprung der Triebe

Im *Es* liegt der Ursprung der Triebe und folglich stellt es das Reservoir der psychischen Energie dar. Das *Es* folgt dem Lustprinzip, strebt sofortige Triebbefriedigung an, hat aber keinen Kontakt mit der Außenwelt. Die Prozesse im *Es* sind unbewusst, also dem Bewusstsein nicht zugänglich, was Freud zu der Annahme veranlasste, dass das menschliche Verhalten überwiegend durch unbewusste Triebimpulse kontrolliert werde.

Das *Ich* als Vollstrecker der Triebe

Das *Ich* wird auch als Vollstrecker der Triebe bezeichnet, da es zwischen den Triebbedürfnissen aus dem *Es* und der Außenwelt vermitteln muss. Dabei folgt das *Ich* dem Realitätsprinzip und setzt sogenannte *Ich*-Funktionen ein, wie beispielsweise Wahrnehmung, Denken, Gedächtnis und Willkürmotorik, die es dem Individuum ermöglichen, mit der Umwelt zu interagieren und sie zu beeinflussen.

Das *Über-Ich* als moralische Instanz

Das *Über-Ich* repräsentiert die traditionellen Werte und Ideale der Gesellschaft und versucht nicht nur inakzeptable Impulse aus dem *Es* zu hemmen, sondern auch das *Ich* zu „überreden“, *realistische* durch *ethische* Ziele zu ersetzen und nach Vollkommenheit zu streben. So wäre es beispielsweise *realistisch*, dass eine Person ein Portemonnaie mit zwei 50-Euro-Scheinen, das sie auf einem einsamen Spaziergang findet, einfach einsteckt und behält. *Ethisch* wünschenswert wäre aber, dass sie das Portemonnaie mit seinem Inhalt zum Fundbüro bringt.

Um ein Individuum zu veranlassen, ethische Ziele und Vollkommenheit anzustreben, verfügt das *Über-Ich* über zwei wirksame Sanktionsmöglichkeiten. Wenn eine Person etwas getan hat, was die Normen des *Über-Ichs* verletzt, wird dies durch Schuldgefühle geahndet. Hat die Person sich jedoch entsprechend den Erwartungen des *Über-Ichs* verhalten, wird sie durch das Gefühl von Stolz über ihr eigenes Handeln dafür belohnt.

Im Gegensatz zum *Es* verfügen *Ich* und *Über-Ich* auch über eine vorbewusste und bewusste Bewusstseinsebene, d. h. bestimmte Inhalte können durch den Einsatz von Konzentration und Aufmerksamkeit aktualisiert und damit bewusst gemacht werden bzw. diese Inhalte sind bereits bewusst. Die Beziehung von *Es*, *Ich* und *Über-Ich* zu den drei von Freud postulierten Bewusstseinsebenen ist in Abbildung 1 dargestellt.

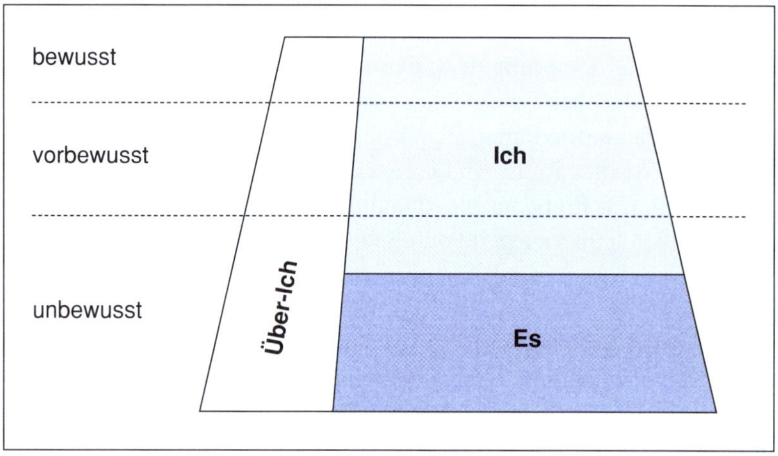

Abbildung 1: Die Bewusstseinsebenen der drei Instanzen *Es, Ich* und *Über-Ich*. Während die Prozesse im *Es* ausschließlich unbewusst sind, stehen dem *Ich* und dem *Über-Ich* auch vorbewusste und bewusste Inhalte zur Verfügung (nach Bourne & Ekstrand, 1992).

2.3 Entstehung von Angst

In seiner ersten Angsttheorie ging Freud (1971a) davon aus, dass Angst als Folge unterdrückter bzw. aufgestauter sexueller Triebenergie (Libido) entsteht. Später, in seiner zweiten Angsttheorie (Freud, 1971b), revidierte er seine Sichtweise indem er annahm, dass Angst immer dann entsteht, wenn das *Ich* durch einen starken Ansturm von Reizen überwältigt zu werden droht. Diese bedrohlichen Reize können sowohl äußeren als auch inneren Ursprungs sein. Auf diese Weise unterscheidet Freud zwischen drei Arten von Angst, die er als Realangst, neurotische Angst und moralische Angst bezeichnet.

Freud unterscheidet drei Arten von Angst

- **Realangst** entsteht, wenn sich das Individuum bzw. das *Ich* einer Gefahrensituation gegenüber sieht, die eine tatsächliche oder vermeintliche Bedrohung darstellt. Die bedrohlichen Reize entstammen hier der realen Umwelt.
- **Neurotische Angst** tritt auf, wenn ein Triebimpuls aus dem *Es* außer Kontrolle zu geraten droht und vom Ich nicht mehr beherrscht werden kann. Es handelt sich hier um einen innerpsychischen Konflikt zwischen *Es* und *Ich.*
- **Moralische Angst** äußert sich in Schuld- oder Schamgefühlen, die entstehen, wenn man etwas tut, was gegen die moralischen Normen des *Über-Ichs* verstößt (innerpsychischer Konflikt zwischen *Über-Ich* und *Ich*).

Das *Ich* ist an allen drei Arten der Angst beteiligt, weil es nicht nur einen Weg finden muss, reale Gefahrensituationen zu vermeiden, sondern sich auch mit den ungestümen Triebimpulsen aus dem *Es* konfrontiert sieht sowie die perfektionistischen Forderungen aus dem *Über-Ich* mit den Erfordernissen der Umwelt und den Wünschen des *Es* in Einklang bringen muss.

Solche Angst auslösenden innerpsychischen Konflikte zwischen *Es*, *Ich* und *Über-Ich* entstehen immer wieder, können also vom *Ich* nicht vermieden werden. Die daraus resultierende Angst stellt einen für das *Ich* bedrohlichen und schmerzhaften Zustand dar, den es nicht über längere Zeit ertragen kann. Um mit einer solchen Situation besser umgehen zu können, wehrt sich das *Ich* gegen diese Angst mit Hilfe von Abwehrmechanismen.

2.4 Abwehrmechanismen und Sublimierung

Angst ist für das *Ich* eine sehr traumatische Erfahrung, die es dazu zwingen kann, sogenannte *Abwehrmechanismen* anzuwenden, um sich auf diese Weise Erleichterung zu verschaffen. Wenn das *Ich* befürchten muss, von einem mächtigen Triebimpuls überflutet und in seiner Organisation zerstört zu werden, kann es diesen Triebimpuls abwehren, indem ihm der Zugang ins Bewusstsein verwehrt wird. Abwehrmechanismen können aber auch die Realität leugnen oder verfälschen, um auf diese Weise das *Ich* zu entlasten. Alle Abwehrmechanismen weisen zwei typische Merkmale auf. Einerseits leugnen, verfälschen oder verzerren sie die Realität, andererseits laufen sie unbewusst ab, und somit ist sich die betroffene Person nicht darüber bewusst, dass sie sich eines Abwehrmechanismus bedient. Bei den wichtigsten Abwehrmechanismen handelt es sich um folgende:

- *Verdrängung:* Unerwünschten Triebimpulsen wird der Zugang zum Bewusstsein versperrt.
- *Projektion:* Verlegung eines Triebimpulses, der das *Ich* bedroht und an der eigenen Person nicht wahrgenommen wird, auf eine andere Person.
- *Reaktionsbildung:* Das Individuum handelt genau entgegengesetzt zu seinen unbewussten Impulsen.
- *Verschiebung:* Entladung von aufgestauten Triebimpulsen an Personen oder Objekten, die weniger gefährlich sind als diejenigen, auf die diese Impulse ursprünglich gerichtet waren.
- *Verleugnung:* Unangenehme Tatsachen werden nicht wahrgenommen und durch wunscherfüllende Phantasien ersetzt.
- *Fixierung:* Das Individuum bleibt auf einer frühen Stufe der psychosexuellen Entwicklung stehen.
- *Regression:* Um traumatischen Erfahrungen zu entgehen, zieht sich das Individuum auf eine frühere Stufe der psychosexuellen Entwicklung zurück.
- *Identifizierung:* Es findet eine Identifikation mit einer anderen Person statt, um auf diese Weise die Bedrohung, die von dieser Person ausgeht, zu reduzieren (vgl. *Identifikation mit dem Aggressor* im Rahmen des Ödipuskomplexes).
- *Rationalisierung:* Um ein bestimmtes Verhalten zu rechtfertigen, redet das Individuum sich ein, dass sein Verhalten rational begründet sei.

Beispiele für einige ausgewählte Abwehrmechanismen

- **Verdrängung:** Eine Person mit einem starken unbewussten sexuellen Triebimpuls erlebt sich als vollständig asexuell.
- **Projektion:** Eine Person mit einem starken unbewussten aggressiven Triebimpuls ist überzeugt davon, dass ihr Nachbar ihr Schaden zufügen will.
- **Reaktionsbildung:** Ein Kind mit einem starken unbewussten aggressiven Triebimpuls gegenüber seiner kleinen Schwester zeigt ihr gegenüber ein übermäßig beschützendes Verhalten.

- **Verschiebung:** Eine Angestellte, die von ihrem Chef gerügt wurde, beschimpft zu Hause wütend ihre Kinder.
- **Verleugnung:** Ein kleiner Junge, der Angst vor seinem großen Bruder hat, erklärt, er sei der stärkste Mann der Welt, der sich vor nichts fürchten müsse.
- **Fixierung:** Ein Jugendlicher ist immer noch Bettnässer, weil er unbewusst fürchtet, im Laufe des Älterwerdens die Liebe seiner Mutter zu verlieren.
- **Regression:** Nach der Geburt eines Geschwisterchens wird ein älteres Kind wieder zum Bettnässer aus Angst, die Zuwendung seiner Mutter zu verlieren.
- **Identifizierung:** Eine entführte Geisel sympathisiert mit ihren Entführern, um ihre unbewusste Todesangst zu beherrschen.
- **Rationalisierung:** Eine Mutter mit einem starken unbewussten aggressiven Triebimpuls gegenüber ihren Kindern bestraft diese sehr oft und sehr streng mit der Begründung, dass sie aus ihnen rechtschaffene Menschen machen möchte.

Sublimierung als normales Gegenstück zu den Abwehrmechanismen

Eng verbunden mit den Abwehrmechanismen, oftmals auch fälschlicherweise als Abwehrmechanismus verstanden, ist ein psychischer Mechanismus, den Freud (1971c) als Sublimierung bezeichnete. Sublimierung stellt das normale Gegenstück zu den Abwehrmechanismen dar. Während Abwehrmechanismen primär als Anzeichen für eine psychische Dysfunktion interpretiert werden, drückt Sublimierung einen Aspekt der normalen *Ich*-Funktionen aus (Brenner, 1997). Als Beispiel nennt Brenner (1997) den infantilen Wunsch, mit Kot zu spielen, der offensichtlich ein Triebabkömmling ist, in unserer Kultur aber als nicht statthaft empfunden wird. Deshalb ersetzt das Kind das Spielen mit Kot beispielsweise durch das Kneten von Lehmkuchen, später dann vielleicht durch Töpfern oder Tonarbeiten, und wendet sich schließlich als Erwachsener möglicherweise der Bildhauerei zu. Jede dieser Ersatzhandlungen verschafft dem infantilen Impuls, mit Kot zu spielen, ein gewisses Maß an Befriedigung. Zugleich wird aber die ursprünglich begehrte Handlung in eine sozial akzeptierte Betätigung verwandelt, während der ursprüngliche Impuls unbewusst bleibt. Aus dieser Sicht stellt Sublimierung – auf den jeweils verschiedenen Altersstufen – eine Manifestation der normalen *Ich*-Funktion dar, die darauf abzielt, Impulse aus dem *Es* und Forderungen der Außenwelt möglichst vollständig in Einklang zu bringen und sie zu befriedigen.

2.5 Persönlichkeitsentwicklung: Phasenlehre und Ödipuskomplex

Die Phasenlehre stellt einen der wichtigsten Beiträge von Freuds psychoanalytischer Theorie für die Differentielle und Persönlichkeitspsychologie dar. Noch mehr Beachtung fand der sogenannte Ödipuskomplex, der nicht nur zu den meistverwendeten Begriffen innerhalb der Psychoanalyse zählt, sondern vermutlich eines der – zumindest vom Namen her – bekanntesten psychologischen Konzepte überhaupt darstellt. Der Ödipuskomplex repräsentiert nach Freud (1971d) nicht nur den bedeutsamsten Meilenstein im Rahmen der psychosexuellen Entwicklung des Individuums, sondern er betrachtete die Entdeckung des Ödipuskomplexes auch als eine seiner wichtigsten wissenschaftlichen Leistungen. Aus diesem Grund soll, nach einer kurzen Einführung in die Phasenlehre, etwas ausführlicher auf den Ödipuskomplex eingegangen werden.

2.5.1 Die Phasenlehre

Freud ging davon aus, dass der Mensch auf seinem Weg zu seiner späteren Persönlichkeit als Erwachsener verschiedene psychosexuelle Entwicklungsphasen durchläuft. Diese Phasen sind gekennzeichnet durch erogene Zonen, die während einer bestimmten Phase als maßgebliche Quelle der sexuellen Lust erlebt werden. Dementsprechend unterteilt Freud die psychosexuelle Entwicklung in eine orale, anale, phallische und genitale Phase.

Die orale Phase

Die *orale Phase* (von der Geburt bis zum Alter von ca 1,5 Jahren) kann unterteilt werden in eine *frühe oral-einnehmende Phase* (bis ca. 8 Monate), während der Saugen und Schlucken als lustvoll erlebt werden, und die nachfolgende *oral-aggressive Phase*, bei der Beißen und Kauen im Vordergrund stehen.

Die anale Phase

Die *anale Phase* umfasst das Alter von 1,5 bis 3 Jahren, in dem das Kind lernt, die Ausscheidung von Kot zu kontrollieren. Hier kann zwischen der *anal-expulsiven Phase* (Lustgewinn durch das Ausscheiden von Kot) und der *anal-retentiven Phase* (Lustgewinn durch das Zurückhalten von Kot) unterschieden werden.

Die phallische Phase

Vom 3. bis zum 5. Lebensjahr schließt sich die *phallische Phase* an, in der den Genitalien als primäre erogene Zone ganz zentrale Bedeutung zukommt. Freud (1971d) betrachtet diese Phase als die wichtigste für die Persönlichkeitsentwicklung, weil sich in dieser Phase das Kind mit dem Ödipuskomplex konfrontiert sieht. Freud geht davon aus, dass alle Kinder zunächst die Mutter als ursprüngliches Liebesobjekt erleben, weil sie die Bedürfnisbefriedigung des Kindes sicherstellt. Gleichzeitig wird der Vater als Rivale um die Mutter erlebt und deshalb abgelehnt. Diese Gefühle bleiben beim Jungen bestehen, während sie sich beim Mädchen ändern. Die teilweise für den Ödipuskomplex des Mädchens verwendete Bezeichnung „Elektrakomplex" lehnt Freud (1971c) jedoch ab, da er die Entwicklung beim Mädchen – wie später noch dargelegt werden soll – nicht in Analogie zur Entwicklung beim Jungen sieht.

Die Latenzphase

Vom 6. Lebensjahr bis zur Pubertät geht Freud von einer sogenannten *Latenzphase* aus, die durch das Fehlen sexueller Triebimpulse gekennzeichnet ist. Während dieser Phase findet nach Freud keine nennenswerte psychosexuelle Entwicklung statt.

Die genitale Phase

Nach der Latenzphase beginnt die *genitale Phase* und damit das Stadium des Erwachsenseins. In dieser Phase werden die libidinösen Triebmanifestationen der vorangegangenen Stadien, die durch Befriedigung aus der Stimulation des eigenen Körpers charakterisiert waren, abgelöst durch eine echte Objektwahl, aus der heraus sich heterosexuelle Beziehungen, Heirat und die Gründung einer eigenen Familie ergeben. Zugleich ist diese Phase durch eine zunehmende soziale Orientierung gekennzeichnet, die sich beispielsweise niederschlägt in einem Gefühl der Gruppenzugehörigkeit, aktiver Teilnahme am sozialen Leben, der Fähigkeit, aus altruistischen Motiven lieben zu können, sowie in Planungen für die berufliche und private Zukunft.

Um die genitale Phase als höchste Stufe der Persönlichkeitsentwicklung zu erreichen, müssen alle vorangegangenen Phasen erfolgreich durchlaufen werden. Allerdings kann es vorkommen, dass ein Individuum durch Fixierung auf einer früheren Entwicklungsstufe verharrt oder durch Regression auf eine frühere Stufe zurückfällt, was nach Freud zu jeweils typischen Charaktereigenschaften führt.

Ausgewählte Persönlichkeitsmerkmale verschiedener Charaktertypen nach Freud

Charaktertyp	Persönlichkeitsmerkmale
oral-einnehmend	wissbegierig, leichtgläubig, übermäßiger Nahrungsgenuss
oral-aggressiv	sarkastisch, streitlustig

anal-expulsiv	kreativ, produktiv, unordentlich, grausam, destruktiv, unkontrolliert, unzuverlässig
anal-retentiv	ordentlich, pedantisch, geizig, eigensinnig
phallisch, Frauen	naiv, kokett, verführerisch, exhibitionistisch
phallisch, Männer	übertriebene Männlichkeitsbedürfnisse, übertriebenes Erfolgsstreben, Impotenz, Erfolglosigkeit

2.5.2 Der Ödipuskomplex

Aufgrund seiner großen Bedeutung für die psychoanalytische Theorie und die daraus abgeleitete Entwicklung der Persönlichkeit, soll hier die Psychodynamik des Ödipuskomplexes und die daraus resultierenden Konsequenzen für das Individuum noch einmal näher betrachtet werden. Da Freud davon ausgeht, dass der Ödipuskomplex bei Jungen und Mädchen einen qualitativ unterschiedlichen Verlauf aufweist, soll der Ödipuskomplex für beide Geschlechter getrennt dargestellt werden.

2.5.2.1 Der Ödipuskomplex des Jungen

Ausgangspunkt für den Ödipuskomplex ist Freuds Annahme, dass der Junge seine Mutter sexuell begehrt. Gleichzeitig erlebt er den Vater als Rivalen, was zu dessen Ablehnung durch den Jungen führt. Der Junge bildet sich ein, dass der Vater als sein überlegener Rivale um die Gunst der Mutter ihm Schaden zufügen will. Dieser Eindruck wird durch einen drohenden oder bestrafenden Vater zusätzlich verstärkt. Insbesondere fürchtet der Junge, der Vater könnte ihn kastrieren – eine Befürchtung, die nach Freud durch den Anblick des vermeintlich verstümmelten weiblichen Genitals befördert wird. Als Reaktion auf diese Kastrationsangst verdrängt der Junge seine sexuellen Wünsche gegenüber der Mutter sowie seine feindseligen Gefühle gegenüber dem Vater. Zusätzlich setzt der Junge als einen weiteren Abwehrmechanismus die Identifikation mit dem Vater, dem vermeintlichen Aggressor, ein. Dadurch wird nicht nur die bestehende Angst vor dem Vater weiter reduziert, sondern dem Sohn wird auch eine – wenn auch nur mitempfundene – Befriedigung seiner auf die Mutter gerichteten sexuellen Triebimpulse ermöglicht. Gleichzeitig verwandelt sich das riskante sexuelle Interesse an der Mutter in Mutterliebe als eine Form der asexuellen zärtlichen Zuneigung.

Die Verdrängung des Ödipuskomplexes und die Identifikation mit dem Vater stellen entscheidende Schritte für die abschließende Entwicklung des *Über-Ichs* dar. Einerseits wird dadurch das *Über-Ich* seiner Funktion als eine Art Bollwerk gegen Inzest und Aggression besser gerecht, andererseits ermöglicht die Identifizierung mit dem Vater die Übernahme von dessen ethisch-moralischen Standards. Unter diesem Aspekt hat Freud das *Über-Ich* auch als Erbe des männlichen Ödipuskomplexes bezeichnet und die große Bedeutung betont, die dem Ödipuskomplex bei der Entwicklung des *Über-Ichs* für die spätere Integration des Individuums in die Kulturgemeinschaft zukommt.

Ödipus als Figur der griechischen Mythologie

Die Bezeichnung Ödipuskomplex geht auf eine Gestalt der griechischen Mythologie zurück, die unwissentlich sowohl Vatermord als auch Inzest beging. Ödipus, Sohn von Laios, des Königs von Theben, tötete ohne sein Wissen den eigenen Vater und erhielt später als Belohnung dafür, dass er Theben von der Sphinx befreite, Iokaste, die Witwe des Königs, und damit seine eigene Mutter, zur Ehefrau. Erst später erfuhr er, dass es sich bei Laios und Iokaste um seine leiblichen Eltern handelte.

2.5.2.2 Der Ödipuskomplex des Mädchens

Anders als beim Jungen ersetzt das Mädchen die Mutter als ursprüngliches Liebesobjekt durch den Vater. Dies geschieht aus Enttäuschung über die Entdeckung, dass Mädchen – im Gegensatz zu Jungen – keinen Penis haben. Für diesen Zustand einer vermeintlichen Kastration macht das Mädchen seine Mutter verantwortlich, was die libidinöse Beziehung zu ihr auflöst. Dieser Kastrationskomplex wird teilweise dadurch gelöst, dass das Mädchen seine Liebe auf den Vater überträgt, der einen Penis besitzt und somit aus der Sicht des Mädchens nicht kastriert ist. Weil jedoch der Vater etwas besitzt, was das Mädchen nicht hat, ist in der Beziehung zum Vater, wie auch später zu anderen Männern, immer auch ein Gefühl von Neid (Penisneid) enthalten. Anders als der männliche Ödipuskomplex, der als Folge der Kastrationsangst vollständig verdrängt wird, bleibt der weibliche Ödipuskomplex in mehr oder weniger starkem Maße bestehen. Diese unterschiedliche Manifestation des männlichen und weiblichen Ödipuskomplexes bildet nach Freuds Auffassung die Grundlage für zahlreiche psychologische Geschlechtsunterschiede (vgl. Weber & Rammsayer, in Vorb., Kapitel 10).

Freuds Annahmen zur Bedeutung des Ödipuskomplexes für die Persönlichkeitsentwicklung der Frau

„Das Weib anerkennt die Tatsache seiner Kastration und damit auch die Überlegenheit des Mannes und seine eigene Minderwertigkeit, aber es sträubt sich auch gegen diesen unliebsamen Sachverhalt. Aus dieser zwiespältigen Einstellung leiten sich drei Entwicklungsrichtungen ab. Die erste führt zur allgemeinen Abwendung von der Sexualität. Das kleine Weib, durch den Vergleich mit dem Knaben geschreckt, wird mit seiner Klitoris unzufrieden, verzichtet auf seine phallische Betätigung und damit auf die Sexualität überhaupt wie auch auf ein gutes Stück seiner Männlichkeit auf anderen Gebieten. Die zweite Richtung hält in trotziger Selbstbehauptung an der bedrohten Männlichkeit fest; die Hoffnung, noch einmal einen Penis zu bekommen, bleibt bis in unglaublich späte Zeiten aufrecht, wird zum Lebenszweck erhoben, und die Phantasie, trotz alledem ein Mann zu sein, bleibt oft gestaltend für lange Lebensperioden. ... Erst eine dritte, recht umwegige Entwicklung mündet in die normal weibliche Endgestaltung aus, die den Vater als Objekt nimmt und so die weibliche Form des Ödipuskomplexes findet“ (Freud, 1971c, S. 173).

In einer Fußnote ergänzte Freud:
„Man kann vorhersehen, dass die Feministen unter den Männern, aber auch unsere weiblichen Analytiker mit diesen Ausführungen nicht einverstanden sein werden. Sie dürften kaum die Einwendung zurückhalten, solche Lehren stammen aus dem „Männlichkeitskomplex“ des Mannes und sollen dazu dienen, seiner angeborenen Neigung zur Herabsetzung und Unterdrückung des Weibes eine theoretische Rechtfertigung zu schaffen ...“ (Freud, 1971c, S. 173/174).

2.6 Bewertung

Seit über 100 Jahren haben psychoanalytische Ansätze sowohl die Persönlichkeitstheorie als auch die Persönlichkeitsforschung nachhaltig beeinflusst. Hierzu trug mit Sicherheit bei, dass psychoanalytische Ansätze nicht nur zahlreiche psychische Phänomene erstmals explizit identifizierten, sondern auch eine Einbettung dieser Phänomene in einen umfassenden theoretischen Kontext ermöglichten.

Kritik an der Psychoanalyse

Obwohl Freuds psychoanalytische Theorie einen nachhaltigen Einfluss auf die Persönlichkeitspsychologie hatte, wurde schon sehr früh Kritik an seiner Lehre laut, die bis zum heutigen Tag anhält (z. B. Eysenck, 1985; Webster, 1995; Westen, 1998). Einerseits vertritt die traditionelle Psychoanalyse ein sehr pessimistisches Menschenbild, in dem das Individuum als von sexuellen und aggressiven Impulsen getriebenes Wesen betrachtet wird. Andererseits wurde die Subjektivität der Herleitung von grundlegenden psychoanalytischen Konzepten aus Freuds Arbeit mit Patienten ebenso kritisiert wie seine rigorose Ablehnung einer empirischen Überprüfung seiner Theorie. Auch die Sichtweise des Individuums als ein energetisches System, das durch Triebenergie am Laufen gehalten wird, ist mit aktuellen persönlichkeitspsychologischen Konzepten nicht vereinbar.

Interpretationen des individuellen Verhaltens, wie sie die Psychoanalyse liefert, ermöglichen zwar eine Erklärung fast aller Verhaltensweisen, aber immer erst im nachhinein. Solche Post-hoc-Erklärungen sind im wissenschaftlichen Sinne allerdings eher uninteressant, da sie keine überprüfbaren Vorhersagen und damit keine eindeutige Hypothesenprüfung erlauben.

Von Freud postulierte Konzepte, wie beispielsweise seine Instanzen- und Phasenlehre einschließlich des Ödipuskomplexes, hielten insgesamt betrachtet einer kritischen Überprüfung nicht stand (z. B. Fisher & Greenberg, 1996; Grewe & Roos, 1996). Gleichwohl kann man festhalten, dass Freud bestimmte, überzufällig häufig auftretende Kombinationen von Persönlichkeitsmerkmalen (wie beispielsweise die für den sogenannten „analen Charakter" typische Trias aus Ordentlichkeit, Sparsamkeit und Eigensinn) durchaus richtig erkannt und beschrieben hat (Hunt, 1979). Ähnliches scheint auch für einige Abwehrmechanismen zu gelten. So liefern kognitions- und persönlichkeitspsychologische Untersuchungen überzeugende Hinweise für die Existenz von kognitiven Mechanismen, die beispielsweise dem Freudschen Konzept der Verdrängung (Conway, 1997), der Projektion (Newman, Duff & Baumeister, 1997) oder der Verleugnung (Taylor & Armor, 1996) entsprechen (vgl. Kapitel 3). Damit ist allerdings noch nicht belegt, dass diese Mechanismen – wie von Freud postuliert – der Abwehr bedrohlicher Impulse aus dem *Es* dienen.

Hoher heuristischer Wert der Psychoanalyse

Trotz aller möglichen Einwände darf der ungeheure heuristische Wert der Psychoanalyse für die Persönlichkeitsforschung und die gesamte Psychologie nicht übersehen werden. Dadurch, dass Freud neue Ideen und Vorstellungen über die Psyche und das menschliche Verhalten entwickelt und sehr offensiv vertreten hat, wurde nicht nur eine kontroverse Diskussion über die Ursachen menschlichen Verhaltens ausgelöst, die weit über die wissenschaftliche Öffentlichkeit hinaus geführt wurde. Seine Ideen haben auch unzählige Forschungsaktivitäten initiiert und Eingang in Wissenschaftsbereiche gefunden, die zuvor von der Psychologie nicht erreicht wurden. Darüber hinaus liefert Freuds psychoanalytische Theorie wichtige Hinweise darauf, dass ähnliche Motive zu ganz unterschiedlichen Äußerungen auf der Verhaltensebene führen können; beispielsweise je nachdem, welche Art von Abwehrmechanismus auftritt, um einen für das *Ich* bedrohlichen Impuls aus dem *Es* zu kontrollieren.

Offensichtlich war sich Freud der Tatsache durchaus bewusst, dass die Psychoanalyse sowohl als wissenschaftliche Theorie als auch als Methode zur Behandlung psychopathologischer Störungen keine *ultima ratio* darstellte, sondern lediglich eine Möglichkeit bot, auf der Grundlage des zu seiner Zeit verfügbaren Wissens über psychologische und neurophysiologische Zusammenhänge ein ätiologisch begründetes Therapie- und Erklärungsmodell zur Verfügung zu stellen. Besonders deutlich bringt er dies in seinem letzten, unvollendeten Werk „Abriß der Psychoanalyse“ zum Ausdruck.

Freud war sich der Beschränktheit seiner psychoanalytischen Theorie und Behandlungsmethode durchaus bewusst

„Aber uns beschäftigt die Therapie hier nur, insoweit sie mit psychologischen Mitteln arbeitet, derzeit haben wir keine anderen. Die Zukunft mag uns lehren, mit besonderen chemischen Stoffen die Energiemengen und deren Verteilungen im seelischen Apparat direkt zu beeinflussen. Vielleicht ergeben sich noch ungeahnte andere Möglichkeiten der Therapie; vorläufig steht uns nichts Besseres zu Gebote als die psychoanalytische Technik, und darum sollte man sie trotz ihrer Beschränkungen nicht verachten.“ (Freud, 1994, S. 77)

Zusammenfassung

Psychoanalyse ist nicht nur die Wissenschaft vom Unbewussten, sondern stellt gleichzeitig eine Methode zur Erforschung der tieferen Schichten der Seele und eine Methode zur Behandlung nervöser Erkrankungen dar. Die grundlegenden Hypothesen der Psychoanalyse sind das Prinzip der psychischen Determiniertheit sowie die Annahme, dass uns die Motive unseres Verhaltens meist nicht bewusst sind. Die Struktur der Persönlichkeit wird von den drei Instanzen *Es*, *Ich* und *Über-Ich* gebildet, wobei dem *Ich* die Rolle des Vermittlers zwischen den Erfordernissen der Umwelt, den Triebimpulsen des *Es* sowie den Forderungen des *Über-Ichs* zukommt. Droht das *Ich* durch einen starken Ansturm von Reizen aus der Umwelt, dem *Es* oder dem *Über-Ich* überwältigt zu werden, entsteht Angst, die je nach Art des Konflikts als Realangst, neurotische Angst oder moralische Angst bezeichnet wird. Als eine Möglichkeit des *Ichs*, mit der Angst fertig zu werden, stehen ihm verschiedene Abwehrmechanismen zur Verfügung. Die psychosexuelle Entwicklung der Persönlichkeit verläuft in Stufen, wobei die Bewältigung des Ödipuskomplexes während der phallischen Phase zwischen dem 3. und 5. Lebensjahr von ganz besonderer Bedeutung ist. Durch Fixierung oder Regression kann es zur Manifestation von Persönlichkeitsmerkmalen kommen, die als symptomatisch für die jeweilige psychosexuelle Entwicklungsstufe betrachtet werden können. Obwohl die Psychoanalyse bis heute einen nachhaltigen Einfluss auch auf die Persönlichkeits- und Differentielle Psychologie hat, gibt es zahlreiche Vorbehalte und Kritikpunkte gegenüber Freuds Theorie.

Fragen

1. Was versteht man unter Psychoanalyse?
2. Welche Bewusstseinsebenen unterscheidet Freud?
3. Erläutern Sie die Entstehung von Angst aus psychoanalytischer Sicht.
4. Erläutern Sie anhand von Beispielen vier verschiedene Abwehrmechanismen.
5. Erläutern Sie die Bedeutung der phallischen Phase für die Persönlichkeitsentwicklung.
6. Bewerten Sie die psychoanalytische Theorie von Freud.

Kapitel 3

Psychoanalytische Ansätze in der Zeit nach Freud

Hannelore Weber

Inhaltsübersicht

Die überwiegend kritisch-ablehnende Haltung gegenüber der Psychoanalyse spätestens seit den 1960er-Jahren hat dazu geführt, dass die theoretische Entwicklung innerhalb der Psychoanalyse weitgehend ohne Berührung mit der *Mainstream* Psychologie verlief. Das gilt auch für die Persönlichkeitspsychologie, in der nur noch wenige Fachvertreter und Fachvertreterinnen dem psychoanalytischen Ansatz nahe standen.

Einige der Themen jedoch, die innerhalb der Psychoanalyse und in ihrem Umfeld in den Jahrzehnten nach Freud verfolgt wurden, haben auch außerhalb ihres engeren Kreises Beachtung gefunden (Westen, 1998; Westen, Gabbard & Ortigo, 2008; Shaver & Miculincer, 2005). Dazu gehören vor allem der Stellenwert der frühen Beziehungen für die Entwicklung der Persönlichkeit und interindividuelle Unterschiede in der Abwehr von Angst und Bedrohung. Beide Themen sind für die Persönlichkeitspsychologie von besonderer Bedeutung, da sie zentrale Merkmalsbereiche der Persönlichkeit zum Gegenstand haben. In neuerer Zeit sorgen zudem Befunde aus einer Vielzahl von Forschungsarbeiten, denen zufolge Motivation und Verhalten durch nicht bewusste Prozesse beeinflusst werden, für eine Neubewertung des Stellenwertes unbewusster Vorgänge – wenn auch nicht unbedingt in der Form, in der Freud das Unbewusste konzipiert hat.

3.1 Die Bedeutung der frühen Beziehungen

Nach Freud ist die kindliche Psyche primär durch intrapsychische Dynamik und Konflikte gekennzeichnet, die sich aus der von ihm postulierten Triebtheorie und der Abfolge der psychosexuellen Entwicklung ergeben (vgl. Kapitel 2). Der Stellenwert der Eltern blieb dabei begrenzt auf ihre Rolle als die ersten Sexualobjekte des Kindes, wie es insbesondere in der Freud'schen Konstellation des Ödipuskomplexes zu Tage tritt. Im Mittelpunkt der Psychoanalyse standen zudem die kindlichen Fantasien im Hinblick auf die Beziehung zu den Eltern (und ihre spätere Rekonstruktion in der Therapie), weniger die tatsächlichen Erfahrungen des Kindes (Ainsworth & Bowlby, 1991).

Die frühen Beziehungserfahrungen erhalten eine andere Bedeutung

Erst in den Theorien nach Freud erweiterte sich die Perspektive. Nun gerieten andere Aspekte der Beziehung zwischen Kind und seinen primären Bezugspersonen (die zunächst noch ganz in der Tradition der Freud'schen Terminologie als „Objektbeziehungen" bezeichnet wurden) in den Mittelpunkt der Betrachtung. Dazu gehören insbesondere die Folgen, die sich aus den frühen Beziehungserfahrungen für das Selbstkonzept einer Person, ihr Selbstwertgefühl und ihre Erwartungen an andere ergeben. Die nachfolgend dargestellten Ansätze beleuchten auf unterschiedliche Weise die neue Bedeutung der primären Bezugspersonen für die Entwicklung der Persönlichkeit. So unterschiedlich die Ansätze im Einzelnen sind, gemeinsam ist ihnen, dass sie in der Vermittlung von Sicherheit und Wertschätzung in der frühen Kindheit die entscheidende Voraussetzung für eine ungestörte Persönlichkeitsentwicklung sehen.

Der große Einfluss der frühen Beziehungen – und hier insbesondere zu den Eltern – zeigt sich bereits in den Arbeiten von Alfred Adler. Im Mittelpunkt der Theorie von Adler stehen die psychologische Situation des Kindes, das sich als minderwertig erlebt, und der Einfluss des elterlichen Erziehungsstils auf das Minderwertigkeitsgefühl des Kindes. Adler zählt jedoch nicht zu der Gruppe von Neopsychoanalytikern, die erst nach Freuds Tod im Jahre 1936 eine psychoanalytische Beziehungstheorie begründete (von einigen wird Adler im strengen Sinn gar nicht zur Psychoanalyse gerechnet, siehe z. B. Westen et al., 2008). Heinz Kohut – unbestritten ein Vertreter der neopsychoanalytischen Ansätze – greift in seiner Selbsttheorie das Konzept des Narzissmus auf und betont die Bedeutung der mütterlichen Wertschätzung für die Entwicklung eines stabilen und positiven Selbstgefühls. Im Mittelpunkt der Bindungstheorie von John Bowlby steht die Vermittlung von Sicherheit, die in früher Kindheit den Grundstein legt für ein dauerhaft sicheres Bindungsgefühl und die Erwartung in die eigene Fähigkeit, emotionale Belastungen zu bewältigen.

3.1.1 Die Individualpsychologie von Alfred Adler (1870–1937)

Alfred Adler und Sigmund Freud

Alfred Adler war Freud zunächst als Kollege und Mitstreiter für die Sache der Psychoanalyse freundschaftlich verbunden. Ab 1902 gehörte Adler der Gruppe der ersten Psychoanalytiker um Freud an, distanzierte sich aber zunehmend von der Freud'schen Triebtheorie und der starken Fixierung auf die Rolle der Sexualität, was zu Auseinandersetzungen mit Freud führte. Adler entwickelte in der Folge

Alfred Adler

Fotograf: Ullstein
© dpa – Bildarchiv

einen eigenen Ansatz – die Individualpsychologie, mit dem er sich in nahezu allen Punkten klar von Freud abgrenzte. Im Jahr 1911 besiegelte Adler mit der Gründung der „Gesellschaft für Individualpsychologie" den endgültigen Bruch mit Freud.

Zu den wichtigsten Werken Alfred Adlers gehören „Über den nervösen Charakter" (1912), „Praxis und Theorie der Individualpsychologie" (1920), ein Buch, in dem er seine Theorie detailliert darstellt, und „Der Sinn des Lebens" (1933).

Das Bedürfnis nach Sicherheit prägt den Lebensstil eines Menschen

Im Mittelpunkt der Individualpsychologie steht die Annahme, dass das Kind, bedingt durch seine völlige Abhängigkeit von anderen und seine Unfähigkeit, alleine zu überleben, ein Gefühl von Minderwertigkeit und Schwäche erlebt. Dieses Gefühl kann durch körperliche Erkrankungen oder psychische Störungen verstärkt werden.

Aus dem Gefühl der Minderwertigkeit heraus entwickelt das Kind das Bedürfnis nach Sicherheit, die es durch bestimmte Strategien zu erreichen sucht, die sich zu einem für einen Menschen charakteristischen „Lebensstil" verfestigen (daher der Name „Individualpsychologie") und seinen Charakter prägen. So kann sich beispielsweise das Bedürfnis nach Sicherheit im Streben nach einer Anhäufung von materiellem Besitz und in Geiz manifestieren. Wird das Sicherheitsbedürfnis überkompensiert, kann daraus der Wille nach Macht entstehen. Aus der Sicht von Adler ist dies jedoch eine Fehlentwicklung. Für ihn gibt es nur eine erstrebenswerte Form der Überwindung von Unsicherheit, und dies ist die Einbindung des Einzelnen in die Gemeinschaft, in der die Schwächen des Einzelnen aufgefangen werden. Adler ging davon aus, dass dem Menschen ein Gemeinschaftsgefühl angeboren ist, und die Einbindung in die Gemeinschaft daher die normative Bewältigung von Minderwertigkeit und Schwäche darstellt.

Der Krankheitsgewinn der Neurose

Das Bedürfnis nach Sicherheit kann sich auch in neurotischem Verhalten niederschlagen. In diesem Fall versucht eine Person, ihre subjektiv erlebte Minderwertigkeit zu überdecken, indem sie sich durch psychische oder körperliche Symptome wie z. B. Ängste oder Zwänge den Anforderungen der Umwelt entzieht und damit der Gefahr entgeht, Schwächen offenbaren zu müssen. Neurotische Personen bewahren nach Adler (1920, S. 40) den „Schein des Wollens", sehen sich jedoch durch die Symptome außerstande, die gewünschten oder geforderten Leistungen zu erbringen. Da kranken Menschen im Allgemeinen Schonung zugebilligt wird und ihnen zudem besondere Fürsorge zuteil wird, wird neurotisches Verhalten gleich mehrfach belohnt. Daraus resultiert der „Krankheitsgewinn" der Neurose, den Adler sehr plastisch beschreibt:

> „Der Wirklichkeit zum großen Teile abgewandt führt der Nervöse ein Leben in der Einbildung und Phantasie und bedient sich einer Anzahl von Kunstgriffen, die es ihm ermöglichen, realen Forderungen auszuweichen und eine ideale Situation anzustreben, die ihn von einer Leistung für die Gemeinschaft und der Verantwortlichkeit enthebt." (Adler, 1920, S. 40)

Im Unterschied zu Freud interpretierte Adler also psychische Störungen vor allem im Hinblick auf ihre Funktionalität, d. h. auf den Zweck, den sie als Bestandteil eines (neurotischen) Lebensstils für eine Person erfüllen. Er war der Auffassung, dass sich neurotische Personen der Funktionalität ihres Verhaltens bewusst werden können. Daher sah er in direkten, offenen therapeutischen Gesprächen mit den Patienten und Patientinnen die Möglichkeit, eine Änderung ihres neurotischen Lebensstils (und damit eine Auflösung der Symptome) mit dem Ziel ihrer Einbindung in die Gemeinschaft zu bewirken. Die Aufdeckung krankmachender unbewusster Inhalte war nicht länger Ziel der Therapie, wie es in der klassischen Psychoanalyse nach Freud der Fall ist, sondern Einsicht in ein vermeintlich funktionales Verhalten, das letztlich sowohl dem Einzelnen als auch der Gemeinschaft schadet. Auch in der Interpretation von Träumen wich Adler von Freud ab. Adler nahm an, dass sich in Träumen relativ offen die Themen und Inhalte zeigen, die auch den Lebensstil eines Menschen beherrschen.

Der Einfluss des elterlichen Erziehungsstils

Störungen in der Entwicklung werden nach Adler begünstigt durch eine unangemessene Erziehung. Zwei Formen der Erziehung erachtete er als besonders fatal, da sie keine Sicherheit vermitteln, sondern im Gegenteil das Gefühl von Schwäche und Unzulänglichkeit verstärken. Beide Erziehungsstile gelten auch aus heutiger Sicht noch als entscheidende Risikofaktoren für eine gestörte Entwicklung. Im Falle einer verwöhnenden Erziehung lernt das Kind nicht, sich mit Schwierigkeiten auseinanderzusetzen und auf diese Weise Bewältigungsfähigkeiten zu entwickeln, die ihm das Gefühl geben, Probleme eigenständig bewältigen zu können. Im Falle einer allzu strengen, versagenden Erziehung verstärkt sich das Gefühl der Minderwertigkeit. Angesichts des hohen Stellenwertes, den Adler der Erziehung im Hinblick auf eine störungsfreie Entwicklung beimaß, war es nur konsequent, dass er – erstmalig in dieser Form – in Wien eine Erziehungsberatung begründete.

3.1.2 Die Selbstpsychologie von Heinz Kohut (1913–1981)

Heinz Kohut gehört zu den Psychoanalytikern in den Jahrzehnten nach Freud, die das Freud'sche Strukturmodell der Persönlichkeit mit den drei Instanzen *Ich, Es* und *Über-Ich* durch die Konzeption eines von den Instanzen unabhängigen, eigenständigen *Selbst* ergänzten. Er grenzte sich damit von den Vertretern der *Ich-Psychologie* ab, die die Funktion eines stabilen, Kohärenz und Identität stiftenden Selbstgefühls dem *Ich* zusprachen und damit innerhalb des Freud'schen Strukturmodells verblieben. Die Vertreter der *Ich-Psychologie* erweiterten aber die Vorstellung des *Ich*, indem sie dem *Ich* über die ihm von Freud zugedachte Funktion des internen (Trieb)konfliktmanagements hinaus von der Triebentwicklung und von Triebkonflikten unabhängige Funktionen zusprachen.

Heinz Kohut und Sigmund Freud

Seine praktischen Erfahrungen bezog Heinz Kohut aus der Arbeit als Neurologe an der Universitätsklinik von Chicago und als Mitglied des Chicagoer Instituts für Psychoanalyse, dessen Präsident er 1963 wurde. Galt er zunächst noch als ein einflussreicher Vertreter der nur gemäßigt von Freud abweichenden Psychoanalyse, entfernte er sich mit seinen Arbeiten zum Narzissmus und zum Selbst sowie zu methodischen Fragen der Einsichtsgewinnung und der Rolle des Analytikers in der Therapie zunehmend von den ehemaligen Freunden. Die Gründung einer eigenständigen theoretischen Richtung in Form der Selbstpsychologie besiegelte den Bruch.

Zu den wichtigsten Schriften von Heinz Kohut zählen „Formen und Umformungen des Narzissmus" (Kohut, 1975; Original 1966), „Narzissmus" (Kohut, 1976; Original 1971 unter dem Titel „The analysis of the Self") und „Die Heilung des Selbst" (Kohut, 1979; Original 1977).

Die Einführung des Selbst

Mit Heinz Kohut vollzog sich die Wende hin zur Einführung eines von den drei Instanzen des Strukturmodells unabhängigen *Selbst*, das als ein innerpsychisches System verstanden wird, das einer Person das Gefühl der Einheit und Kohärenz verleiht. Kohut erachtete die Einführung des Konzepts eines Selbst als notwendig, da er sich in seiner praktischen Tätigkeit als Psychoanalytiker mit Patienten und Patientinnen konfrontiert sah, deren Leiden weniger mit der Freud'schen Triebtheorie zu erklären war, sondern offensichtlich mit einem fehlenden oder gestörten Selbstgefühl.

Kohuts Vorstellungen von der Entwicklung des Selbst verbanden sich mit einem gegenüber Freud veränderten Konzept des *Narzissmus*. Freud verstand unter Narzissmus eine Phase in der sexuellen Entwicklung des Kindes, in der nach einer ersten, autoerotischen Phase die eigene Person als Sexualobjekt gewählt wird (bevor die Eltern zu den ersten externen Sexualobjekten werden). Kohut hingegen ging davon aus, dass Narzissmus eine von der Triebentwicklung unabhängige, eigenständige Entwicklungslinie bildet. Er erachtete Narzissmus zudem nicht als eine Störung oder als negativ (wie es die allgemeine Bewertung „narzisstischen" Verhaltens impliziert), sondern als einen normalen Bestandteil der Entwicklung der Persönlichkeit, der für die Bildung eines gesunden und stabilen Selbst zentral ist.

Narzissmus

In der Alltagssprache beschreibt „narzisstisch" ein Verhalten, das sich durch Eitelkeit, Selbstverliebtheit und Selbstbezogenheit kennzeichnet. Der Begriff des Narzissmus nimmt Bezug auf die Figur des Narziss aus der griechischen Mythologie. Narziss war ein schöner Jüngling, der alle brüsk abwies, die sich in ihn verliebten (darunter die Nymphe Echo). Ein abgewiesener Liebender rief in seinem Zorn die Götter an, Narziss zu bestrafen, was sie auch taten. Er wurde dazu verdammt, sich in die einzige Person zu verlieben, die ihn nicht wiederlieben konnte – sich selbst. Dies geschah, als er sein Spiegelbild in einer Quelle sah. Sich nach dem eigenen Spiegelbild verzehrend, starb er (wobei es unterschiedliche Varianten gibt, woran genau). Nach seinem Tod verwandelte er sich in eine Narzisse.

In der Persönlichkeitspsychologie gilt Narzissmus als ein Merkmal, das sich durch Eitelkeit, Selbstbezogenheit und fehlende Empathie gegenüber anderen Menschen auszeichnet. In übersteigerter

Form sind diese Merkmale Kennzeichen der Narzisstischen Persönlichkeitsstörung, die in den gängigen Klassifikationssystemen der *WHO* (ICD-10) und der *American Psychiatric Association* (DSM-IV) als eine psychische Störung definiert ist. Kriterien für das Vorliegen einer narzisstischen Persönlichkeitsstörung sind unter anderem ein übersteigertes Gefühl der eigenen Wichtigkeit und Einzigartigkeit, das Verlangen nach übermäßiger Bewunderung und bevorzugter Behandlung durch andere, die Ausbeutung von anderen und ein Mangel an Empathie.

Der primäre Narzissmus

Nach Kohut (1975) sind die allerersten Erfahrungen des Säuglings, in denen noch keine klare Differenzierung zwischen selbst und anderen besteht, durch einen *primären Narzissmus* geprägt. Die in dieser frühen Phase erlebte Einheit mit der Mutter vermittelt das Gefühl der Allmacht und Größe (sofern sich die Mutter dem Säugling entsprechend sensibel zuwendet): Alles scheint so zu geschehen, wie es der Säugling wünscht. Mit der zunehmenden Fähigkeit, die Mutter als getrennte Einheit wahrzunehmen und der unvermeidbaren Erfahrung, dass Zuwendung und Pflege nicht immer vollkommen sind, endet die Phase des primären Narzissmus. Das Kind bewahrt ihn jedoch in Form von zwei narzisstischen Konfigurationen:

- In Form des *Größen-Selbst* oder des *grandiosen Selbst* sieht sich das Kind selbst weiterhin als großartig und mächtig an („Ich bin vollkommen").
- Ein idealisiertes Bild der Eltern *(idealisierte Elternimago)*, als deren Teil es sich ansieht („Du bist vollkommen, aber ich bin ein Teil von dir"), stellt die zweite narzisstische Konfiguration dar.

Die beiden narzisstischen Konstellationen sind die Quellen für Ehrgeiz auf der einen Seite und Ideale auf der anderen Seite, aus denen sich Kompetenzen und Talente entwickeln können.

Für die Entwicklung eines gesunden, stabilen Selbst ist es entscheidend, dass das Kind ein Gefühl von Selbstwert entwickelt, indem die primären Bezugspersonen (vor allem die Mutter) dem Kind vermitteln, dass es großartig ist. Es bedarf der Spiegelung seiner narzisstischen Größengefühle, wie es der „Glanz im Auge der Mutter" (Kohut, 1975, S. 149) im Idealfall gewährleistet. Im Laufe der weiteren Entwicklung führen zunehmende Erfahrungen von Frustrationen dazu, dass das Kind von seinen Allmachts- und Größengefühlen Abschied nehmen muss. Geschieht dies sukzessiv in Form von wohldosierten

Frustrationen, bewahrt das Kind ein stabiles und gesundes Selbstgefühl. Im Falle einer positiven Entwicklung kann es nach Kohut im Erwachsenenalter zu wünschenswerten und sozial hoch geachteten Transformationen des Narzissmus kommen. Dazu zählt er Empathie (die aus der ursprünglich erlebten Einheit mit der Mutter resultiert, d. h. der unterstellten Ähnlichkeit zwischen der eigenen Person und den anderen), Kreativität, Weisheit und Humor.

Narzisstische Störungen

Narzisstische Störungen (d. h. Störungen im Selbsterleben) entstehen hingegen, wenn die primären Bezugspersonen es an dem „Glanz im Auge" fehlen lassen, das Kind ablehnen oder selbst aufgrund von gestörten Selbstgefühlen unfähig sind, den narzisstischen Bedürfnissen des Kindes empathisch zu begegnen. Im Falle narzisstischer Störungen ist es nach Kohut Aufgabe des Therapeuten, die aus einer Störung des *Größenselbst* oder einer Störung der *idealisierten Elternimago* resultierenden Übertragungen des Patienten empathisch zum Aufbau eines stabilen Selbstgefühls zu nutzen.

3.1.3 Die Bindungstheorie von John Bowlby (1907–1990)

In der Theorie von John Bowlby verbinden sich Psychoanalyse, Verhaltensbiologie und evolutionsbiologische Perspektiven. Ausgehend von seiner klinischen Erfahrung mit verhaltensgestörten Kindern entwickelte Bowlby die Bindungstheorie, darin maßgeblich unterstützt von der kanadischen Psychologin Mary Ainsworth. Einflussreich für die Entwicklung seiner Vorstellungen über die Bedeutung der Mutter-Kind-Bindung war eine Studie (Bowlby, 1958) über das Schicksal heimatloser Kinder im Europa der Nachkriegszeit, die er im Auftrag der WHO durchführte. Im Jahr 1969 erschien der erste Band einer Triologie zu „Attachment and loss", in der wichtige Ergebnisse der Bindungsforschung zusammengefasst sind (Bowlby, 1969). Einen guten historischen Abriss über die Entwicklung der Bindungstheorie bietet ein Beitrag von Ainsworth und Bowlby (1991).

Ein angeborenes Bindungssystem aktiviert die Suche nach Schutz und Sicherheit

Bowlby zufolge ist Menschen ein Bindungssystem *(attachment behavioral system)* angeboren, das sie dazu motiviert, in kritischen Situationen die Nähe von für sie signifikanten Bezugspersonen (*attachment figures* oder Bindungspersonen) zu suchen und so Schutz und Sicherheit zu erhalten. Dieses System wird immer dann aktiviert, wenn eine Person ihre Sicherheit bedroht sieht. Unter solchen Bedingungen neigt sie automatisch dazu, Schutz und Trost von Bindungspersonen zu suchen. Das kann geschehen, indem sie entweder direkt die Nähe zu den Bindungspersonen aufsucht oder indem sie auf internalisierte Repräsentationen der Bindungspersonen zurückgreift. Auf diese Weise wird eine symbolische Nähe zu den Schutz und Sicherheit verleihenden Personen hergestellt. Mit steigendem Lebensalter übernehmen die internalisierten Repräsentationen zunehmend die Schutzfunktion, ohne dass jedoch die Bedeutung real vorhandener Bindungspersonen gänzlich verloren geht.

Interindividuelle Unterschiede in den Bindungserfahrungen

Interindividuelle Unterschiede in der Funktion des Bindungssystems entwickeln sich in Abhängigkeit davon, wie sich enge Bezugspersonen in kritischen Situationen verhalten. Sind sie präsent und reagieren sie sensibel auf die Bedürfnisse nach Sicherheit und Schutz, entsteht ein Gefühl sicherer Bindung. Dieses beinhaltet die subjektive Erwartung oder Gewissheit, dass die Welt ein sicherer Ort ist und Bindungspersonen zuverlässig zur Stelle sind und helfen, wenn es kritisch wird. Aus diesem Gefühl sicherer Bindung erwächst die Sicherheit, neue Umwelten frei explorieren und mit anderen Menschen positiv interagieren zu können. Im Falle eines Gefühls der sicheren Bindung hat eine Person erfahren, dass andere Unterstützung und Hilfe bieten, wenn sie Angst und Kummer zeigt, und dass sie im Wissen um die jederzeit verfügbare Unterstützung in der Lage ist, kritische Situationen auch alleine zu bewältigen. Das Gefühl sicherer Bindung geht damit sowohl mit Selbstvertrauen in die eigene Bewältigungskompetenz einher als auch mit der subjektiven Gewissheit, dass andere zu Unterstützung willens und fähig sind.

Sind jedoch enge Bezugspersonen in kritischen Situation nicht zuverlässig zur Stelle oder verhalten sich nicht sensibel, kann sich das Gefühl der sicheren Bindung nicht entwickeln: Es entstehen Zweifel an der eigenen Fähigkeit, Probleme zu bewältigen, und Zweifel an der Zuverlässigkeit und dem guten Willen der anderen. Da die Suche nach Schutz und Nähe ohne Erfolg bleibt, muss die Person zu anderen Strategien der Emotionsregulation greifen, die als defensive Reaktionen auf fehlende Bindungssicherheit verstanden werden können. Dabei lassen sich zwei solcher Strategien unterscheiden (Shaver & Mikulincer, 2005):

- Im Falle der *Hyperaktivierung* des Bindungssystems erfolgen intensive und gesteigerte Bemühungen um Nähe zu den Bindungspersonen und um ihre Aufmerksamkeit und Unterstützung. Personen mit einer Hyperaktivierung bemühen sich nahezu zwanghaft

um Nähe und Schutz, sie reagieren übermäßig sensibel auf Zeichen möglicher Zurückweisung und Ablehnung, und neigen zu andauerndem Grübeln (Rumination) über eigene Schwächen und eine mögliche Gefährdung ihrer Beziehungen.
- Im Falle der *Deaktivierung* wird das Bemühen um Nähe und Schutz gehemmt, und jegliche Bedrohung, die das Bindungssystem aktivieren könnte, wird unterdrückt oder negiert. Personen mit einer solchen Strategie neigen zu distanzierten Beziehungen zu anderen und fühlen sich unwohl bei zu großer Nähe. Stattdessen bemühen sie sich um persönliche Stärke und Eigenständigkeit und unterdrücken emotional belastende Gedanken und Erinnerungen.

Die Entstehung von *attachment working models*

Nach Bowlby beeinflussen die Interaktionen mit Bindungspersonen in Kindheit und Jugend langfristig die Persönlichkeitsentwicklung, indem sich *attachment working models* herausbilden. Dabei handelt es sich um kognitive Schemata, die wie andere kognitive Schemata auch zu einem festen Bestandteil der Persönlichkeit werden. Die *attachment working models* beziehen sich zum einen auf mentale Repräsentationen des Verhaltens der Bindungspersonen *(working models of others)*, zum anderen auf mentale Repräsentationen der eigenen Kompetenz *(working models of self)*. Auf der Grundlage dieser mentalen Modelle entstehen Erwartungen an künftige Interaktionen und Beziehungen sowie an die eigene Bewältigungskompetenz. Das Muster an Erwartungen, Emotionen und Verhaltensweisen, das – vermittelt über *working models* – aus den Bindungserfahrungen einer Person resultiert, wird Bindungsstil genannt.

Die Erfassung von Bindungsstilen

Die „Fremde Situation“ zur Erfassung von Bindungsstilen

Der empirische Zugang zu Bindungsstilen im Kindesalter erfolgt über das für die Bindungstheorie charakteristische Paradigma der „Fremde Situation“: Hier wird beobachtet, wie ein Kind in einer ihm neuen Umgebung auf kurze, vorübergehende Trennungen von der Mutter und auf ihre Wiederkehr reagiert. Es wird erwartet, dass die Trennung (und damit die experimentelle Induktion von Verunsicherung und einer kurzfristigen emotionalen Belastung) das Bindungsverhaltenssystem aktiviert. Die relevanten Verhaltensmerkmale, aus denen der Bindungsstil erschlossen wird, sind das Ausmaß an negativen Emotionen, die ein Kind in dieser Situation zeigt, seine Kontaktaufnahme zur Mutter und sein Explorationsverhalten (Ainsworth, Blehar, Waters & Wall, 1978):

- Bei *sicherer Bindung* zeigen Kinder ihre emotionale Belastung, suchen aber den Kontakt und die Nähe zur Bindungsperson bei deren Rückkehr, was zu einer schnellen Beruhigung und zur Wiederaufnahme freier Exploration führt.
- Im Falle einer *unsicher-vermeidenden Bindung* zeigen die Kinder Emotionen nur in geringem Ausmaß, sie vermeiden Nähe und Kontakt zur Bindungsperson und richten ihre Aufmerksamkeit auf die Exploration.
- *Unsicher-ambivalente Bindung* kennzeichnet sich durch den starken Ausdruck von Emotionen, einem Wechsel zwischen Suche nach Nähe und einer durch Ärger gekennzeichneten Abwehr von Kontakt sowie einer geringen Exploration.

Im Unterschied zu diesem traditionellen Ansatz, der drei Bindungsstile unterscheidet, gehen spätere Ansätze von einem dimensionalen Modell aus, demzufolge das Bindungsverhalten einer Person durch die Kombination aus den beiden Dimensionen *Bindungsvermeidung* und *Bindungsängstlichkeit* beschrieben werden kann (Shaver & Mikulincer, 2005). Bindungsvermeidung bezeichnet das Ausmaß, in dem eine Person Beziehungspartnern misstraut und emotionale Distanz und Eigenständigkeit anstrebt. Bindungsängstlichkeit beschreibt die Befürchtung, dass Bezugspersonen nicht zuverlässig da sind, wenn sie gebraucht werden. Personen mit einer geringen Ausprägung in den beiden Dimensionen gelten hingegen als sicher gebunden.

Zur Erfassung des Bindungsstils bei Erwachsenen liegen sowohl Interviewverfahren als auch Fragebogenverfahren vor (für einen Überblick siehe Crowell, Fraley & Shaver, 1999).

Zur Stabilität von Bindungsstilen

Früh erworbene Bindungsstile sind relativ stabil

Die Annahme, dass sich in früher Kindheit stabile *attachment working models* herausbilden, legt nahe, dass solche Schemata dauerhaft Beziehungen prägen können. Das Bindungsverhalten von Erwachsenen würde somit aus ihrer Bindungsgeschichte resultieren. In der Bindungsforschung ist jedoch umstritten, in welchem Maße frühe Bindungen die Gestaltung späterer Bindungen beeinflussen (für einen Überblick siehe Fraley & Shaver, 2008).

Fraley (2002) hat auf der Grundlage einer Metaanalyse vorliegender Längsschnittstudien überprüft, welches theoretische Modell am ehesten mit den empirischen Befunden im Einklang steht. Zwei Modelle wurden verglichen: Dem *Prototypen-Modell* liegt die Annahme zugrunde, dass sich in früher Kindheit vorsprachliche Repräsentationen oder Schemata entwickeln, in denen die frühen Beziehungen zu den Bezugspersonen abgebildet werden. Diese frühen Schemata bilden einen Prototyp, der sich im Laufe der Entwicklung nicht ändert und fortdauernd die Beziehungen zu anderen Personen prägt. Im Unterschied dazu geht das *Revisions-Modell* von der Annahme aus, dass frühe Repräsentationen von Beziehungen relativ flexibel sind und durch neue Erfahrungen revidiert oder modifiziert werden.

Den Ergebnissen der Studie von Fraley zufolge sind die vorliegenden Daten aus Längsschnittstudien eher mit dem Prototypen-Modell kompatibel. Die von Fraley ermittelte Korrelation in Höhe von .39 zwischen früher und späterer Bindungssicherheit spricht für eine durchaus beachtliche Stabilität in den Bindungsstilen und bestätigt die Annahme, dass frühe Bindungserfahrungen und die sich daraus entwickelnden Schemata spätere Beziehungen beeinflussen.

3.2 Defensive Strategien

Abwehrmechanismen stehen nach Freud im Dienste einer unbewussten Bewältigung von Angst, die aus Triebkonflikten oder realer Bedrohung resultiert (vgl. Kapitel 2). Eine Reduktion der Angst wird dabei beispielsweise durch Verdrängung, Verleugnung oder Verzerrung der Realität bewirkt. Diese Grundidee, dass externe oder interne Bedrohungen nicht (bzw. nicht nur) in der bewussten Auseinandersetzung mit der bedrohlichen Situation bewältigt werden, sondern dass implizite, nicht bewusste und nicht intentionale Prozesse dabei eine wesentliche Rolle spielen, ist bis heute Bestandteil der Stress- und Bewältigungstheorie (Cramer, 2000). Defensive Prozesse werden vor allem in der Selbstkonzeptforschung und im Bereich der Stress- und Emotionsregulation untersucht.

3.2.1 Defensive Prozesse im Dienste des Selbstwertschutzes

In neueren Ansätzen innerhalb der Psychoanalyse wird davon ausgegangen, dass die Funktion der Abwehrmechanismen nicht länger auf die Abwehr von Triebansprüchen und Triebkonflikten begrenzt ist, sondern dass sie (auch) der Abwehr von Bedrohungen für das Selbstkonzept und das Selbstwertgefühl einer Person dienen (Cooper, 1998). Mit diesem erweiterten Verständnis defensiver Prozesse ist eine Brücke geschlagen zu der persönlichkeits- und sozialpsychologischen Forschung zu „selbstwertdienlichen“ Strategien (vgl. Kapitel 7). Einiger dieser Strategien entsprechen den traditionellen Abwehrmechanismen, sie tragen jedoch andere Namen (Cramer, 2000).

Die Abwehrmechanismen in der aktuellen Forschung

Baumeister, Dale und Sommer (1998) haben versucht, die „neuen“ Mechanismen der Abwehr auf die „alten“ Mechanismen zu übertragen. Ihr Anliegen war es zu prüfen, in welchem Maße die von Freud und seiner Tochter Anna Freud (1936) formulierten Abwehrmechanismen durch empirische Studien bestätigt werden können, in denen defensive Prozesse in der Abwehr von Selbstbedrohung untersucht werden, die klassischen Abwehrmechanismen entsprechen. In ihren Überblick haben sie die Abwehrmechanismen der Reaktionsbildung, der Projektion, der Verschiebung, des Ungeschehenmachens, der Isolation, der Sublimierung und der Verleugnung einbezogen. Da die Studien jedoch nicht beanspruchen, einen Abwehrmechanismus im Sinne Freuds zu erfassen, und sie zudem – anders als bei Freud – nicht im Kontext klinischer Störungen untersucht wurden, sondern bei klinisch unauffälligen Personen (Studierenden in der Regel), können Baumeister et al. (1998) nur indirekt folgern, ob sie das Vorliegen eines solchen Prozesses stützen.

Der Mechanismus der Reaktionsbildung beinhaltet beispielsweise die Tendenz, einen unerwünschten Impuls in einen sozial akzeptierten Impuls zu verwandeln (vgl. Kapitel 2). Bezogen auf die Abwehr von Selbstwertbedrohungen könnte dies zur Folge haben, das Personen ein unerwünschtes Merkmal nicht zugeben, sondern sich so verhalten, als würden sie das entgegengesetzte, erwünschte Merkmal besitzen. Wenn Personen beispielsweise durch manipulierte Testergebnisse nahegelegt wird, dass sie vorurteilsbehaftet seien, bemühen sie sich in besonderer Weise, als vorurteilsfrei dazustehen. Baumeister et al. (1998) finden insgesamt Unterstützung für die Mechanismen der Reaktionsbildung, der Isolation und Verleugnung, mit Einschränkungen auch für Ungeschehenmachen und Projektion. Keine empirischen Hinweise fanden sie für Verschiebung und Sublimierung.

3.2.2 Defensive Prozesse im Dienste der Emotionsregulation

Westen und Blagov (2007) zählen defensive Strategien zu den impliziten, nicht bewussten Strategien der Emotionsregulation. Sie unterscheiden diese von den expliziten Strategien, zu denen bewusste Entscheidungen, Problemlöseverhalten und bewusste Umdeutungen von belastenden Situationen gehören. Dabei hängt es aus Sicht der beiden Autoren von der Art der Strategie und dem Kontext ab, inwieweit defensive Strategien adaptiv sind. Eine humorvolle Umdeutung einer Situation gilt beispielsweise eher als adaptiv als die Neigung, eigenes Fehlverhalten nicht sich selbst, sondern anderen zuzuschreiben.

Defensive Strategien am Beispiel der Angstregulation

Einen großen Stellenwert haben defensive Prozesse in Theorien der Angstbewältigung, dem klassischen Einsatzgebiet der Abwehrmechanismen nach Freud, ohne dass jedoch auf die Freud'sche Theorie der Angstentstehung zurückgegriffen wird. Im Hinblick auf die Regulation von Angst oder Bedrohung werden zwei zentrale Strategien unterschieden, die Vermeidung oder Unterdrückung von Anzeichen von Bedrohung, oder die forcierte Hinwendung zu Anzeichen von Bedrohung. In der Literatur finden sich unterschiedliche Benennungen für diese beiden Tendenzen, darunter die bekannte Unterscheidung zwischen *Repression* und *Sensitization* (einen Überblick gibt Krohne, 2003).

In umfangreichen Forschungsarbeiten haben Krohne (2003) und sein Arbeitskreis Mechanismen der Angstregulation untersucht. Diesen Arbeiten liegt ein theoretisches Modell zugrunde, in dem zwischen den beiden Strategien der *kognitiven Vermeidung* und der *Vigilanz* unterschieden wird. Der Einsatz der beiden Strategien ist dabei unterschiedlich motiviert. Vigilanz wird durch die erhöhte Sensibilität einer Person gegenüber der Unsicherheit ausgelöst, die eine Bedrohung beinhaltet; Ziel ist die Reduktion von Unsicherheit. Kognitive Vermeidung hingegen wird vor allem durch eine erhöhte Sensibilität gegenüber der mit Angst verbundenen Erregung ausgelöst; hier ist es das Ziel, den negativen Affekt zu vermeiden. Die beiden Strategien sind theoretisch als unabhängig konzipiert (zumindest auf der Ebene des habituellen Verhaltens), sodass sich der individuelle Bewältigungsstil einer Person aus ihrer Kombination ergibt.

3.3 Bewertung

Die aktuelle Forschung zur Wirkung impliziter oder nicht bewusster Schemata auf Motivation und Verhalten (z. B. Bargh, 2006) verleiht der von Freud angenommenen Wirkung unbewusster Prozesse neues Gewicht. Allerdings beschränkt sich die neuerlich positive Aufnahme psychoanalytischer Positionen auf solche Themen, die mit kognitiven und sozial-kognitiven Theorien zur Wirkung impliziter Schemata weitgehend kompatibel sind.

Die Bedeutung impliziter Schemata stützt Annahmen der Psychoanalyse

Dazu zählen insbesondere die Annahmen zur Wirkung impliziter Schemata, die sich bereits in früher Kindheit herausbilden und über die Lebensspanne hinweg Motivation und Verhalten beeinflussen. Mit der Betonung der frühen Entstehung solcher Schemata wird die alte psychoanalytische Annahme unterstützt, dass frühkindliche Erfahrungen einen entscheidenden Einfluss auf die Entwicklung der Persönlichkeit ausüben. Ein paradigmatisches Beispiel dafür sind die Bindungsstile, die teils bewusste, teils nicht bewusste Tendenzen und Konflikte im Hinblick auf Beziehungen und die daraus folgenden Konsequenzen für die Bewältigung emotionaler Belastungen abbilden. Die Bindungstheorie nimmt in den vergangenen Jahrzehnten gerade in der Persönlichkeitspsychologie einen zunehmend hohen Stellenwert ein. Bindungsstile erweisen sich als ein zentraler Einflussfaktor nicht nur auf die Gestaltung von Beziehungen, sondern auch auf die Bewältigung von Stress und Belastungen (Shaver & Miculincer, 2005; 2007). Weitere mentale Modelle, die Kinder in dieser frühen Phase erwerben, beinhalten nach Fonagy die Fähigkeit, das eigene Verhalten und das der anderen als intentionales psychisches Geschehen (z. B. als Bedürfnisse, Überzeugungen, Wünsche, Ziele) zu verstehen. Er nennt diesen Prozess „Mentalization“ (Fonagy & Target, 2006).

Auch Prozesse der Abwehr belastender Ereignisse oder Emotionen können als das Werk impliziter Schemata verstanden werden, die das Verhalten und Erleben einer Person prägen, ohne dass diese sich ihrer bewusst ist. So kann die von Freud praktizierte Technik der *freien Assoziation*, bei der Klienten alles berichten sollen, was ihnen spontan zu einem Thema einfällt, so interpretiert werden, dass es mit dieser Technik gelingt, implizite Schemata explizit zu machen. Auf eine direkte Frage hin würde dies hingegen nicht gelingen (Westen, 2005). Auch der Mechanismus der Übertragung, ein weiteres therapeutisches Element der klassischen Psychoanalyse, lässt sich mit der Wirkung kognitiver Schemata erklären.

Eine sozial-kognitive (Re-)Interpretation der Übertragung

Die Übertragung ist eine der drei Säulen der orthodoxen Psychoanalyse neben der freien Assoziation und der Traumdeutung (vgl. Kapitel 2). Freud nahm an, dass Patienten frühere Erfahrungen und Gefühle aus der Beziehung zu anderen Personen – hier vor allem zu den Eltern – auf den Therapeuten übertragen. Auf diese Weise werden sie offenbar und dienen der Aufdeckung unbewusster Konflikte.

Die Übertragung als Aktivierung beziehungsbezogener Schemata

Studien aus der Gruppe um Andersen zeigen, dass es sich bei der Übertragung um ein allgemeines Phänomen handelt, das nicht auf therapeutische Beziehungen beschränkt ist. Aus diesen Studien geht hervor, dass Personen dazu neigen, Merkmale von ihnen eng vertrauten Personen einer ihnen unbekannten Person zuzuschreiben, bei der sie eine gewisse Ähnlichkeit mit der vertrauten Person wahrnehmen (Andersen & Berk, 1998; Andersen & Cole, 1990). Dabei ist entscheidend, dass der unbekannten Person über die vorhandene Ähnlichkeit hinaus auch solche Merkmale zugeschrieben werden, die diese *nicht* haben, wohl aber die vertraute Person.

Erklären lässt sich dieses Phänomen durch die Wirkung von kognitiven Schemata, die bei unvollständiger Information aktiviert werden: Nehme ich bei einer Person eine gewisse Ähnlichkeit mit einer mir vertrauten Person wahr, wird das *Vertraute-Person-Schema* aktiviert und auf die neue Person „übertragen". Mit der Aktivierung des Schemas können auch Gefühle und Verhaltenstendenzen verbunden sein, die in der Beziehung zu der vertrauten Person erlebt werden. Das Repertoire an beziehungsbezogenen Schemata, über das eine Person verfügt, prägt demzufolge ihr Verhalten in sozialen Beziehungen und damit ihre Persönlichkeit (Andersen & Chen, 2002).

„Bereinigt" um die besonders umstrittenen Elemente der Freud'schen Psychoanalyse wie Triebtheorie, Ödipuskomplex und Fokus auf Sexualität, stellen sich einige der grundlegenden Annahmen von Freud und vor allem der jüngeren psychoanalytischen Ansätze als durchaus konsensfähig dar. Drew Westen, der sich in seinen Arbeiten bemüht, die Psychoanalyse an den *Mainstream* heranzuführen (und umgekehrt), hat fünf grundlegende Positionen der gegenwärtigen psychoanalytischen Ansätze zusammengestellt, die die Konsensfähigkeit unterstreichen (Westen, 1998; Westen et al., 2008):

- Personen sind sich der Ursachen ihrer Gefühle und Motive meist nicht bewusst.
- Intrapsychische Vorgänge (Affekte, Motive) können parallel ablaufen und miteinander in Konflikt geraten; das resultierende Verhalten ist ein Kompromiss aus widerstreitenden Prozessen.
- Kindheitserfahrungen prägen die spätere Persönlichkeit, vor allem im Hinblick auf interpersonelle Beziehungen.
- Soziales Verhalten ist geleitet von mentalen Vorstellungen der eigenen Person, signifikanten anderen Personen und Formen der Beziehungen.
- Erfolgreiche Persönlichkeitsentwicklung beinhaltet die zunehmende Fähigkeit, reife Beziehungen einzugehen und zu erhalten.

In dieser Form erweist sich die Psychoanalyse als mit dem *Mainstream* weitgehend kompatibel, sie ist jedoch gemessen an dem Original auch ungleich weniger spektakulär.

Zusammenfassung

Unter den vielen Entwicklungslinien innerhalb der Psychoanalyse in den Jahrzehnten nach Freud sind zwei Entwicklungen für die Persönlichkeitspsychologie von besonderer Bedeutung. In beiden Fällen steht der Einfluss von kognitiven Schemata, die weitgehend implizit oder nicht bewusst ihre Wirkung auf das Verhalten entfalten, im Mittelpunkt.

Die erste Entwicklung bezieht sich auf den Stellenwert der frühen Beziehungserfahrungen des Kindes und ihre Folgen für das Selbstkonzept, das Selbstwertgefühl und seine Erwartungen an andere. Alfred Adler hat vor allem den pädagogischen Einfluss der Eltern auf kindliche Gefühle der Minderwertigkeit und Schwäche betont. Heinz Kohut interpretiert die frühen Beziehungserfahrungen im Lichte des Narzissmus und beschreibt die Bedingungen, unter denen ein stabiles Selbstwertgefühl entstehen kann. Im Mittelpunkt der Bindungstheorie stehen kognitive Schemata *(working models)*, die die frühkindlichen Bindungserfahrungen repräsentieren und in Form von Bindungsstilen die späteren Beziehungen einer Person sowie ihren Umgang mit emotionalen Belastungen prägen. In allen Fällen gilt eine sensible Zuwendung der Eltern bzw. der frühen Bezugspersonen, die auf die kindlichen Bedürfnisse nach Sicherheit, Schutz und Wertschätzung eingehen, als Voraussetzung für eine ungestörte Entwicklung der Persönlichkeit.

Die zweite Entwicklung betrifft die Rolle der Abwehrmechanismen und damit die Annahme, dass Erfahrungen, die eine Bedrohung für eine Person und insbesondere ihr Selbstkonzept darstellen, nicht nur durch bewusste Strategien, sondern auch durch nicht bewusste, defensive Prozesse bewältigt werden. Die Bedeutung defensiver Prozesse wird vor allem in Forschungsarbeiten zum Selbstkonzept und zur Emotionsregulation untersucht, dabei in der Regel nicht unter der alten Bezeichnung der Abwehrmechanismen nach Freud, sondern unter neuen Namen.

Fragen

1. Beschreiben Sie die zentralen Annahmen der Individualpsychologie von Alfred Adler.
2. Erläutern Sie die Bedeutung des Narzissmus in der Selbstpsychologie von Heinz Kohut.
3. Welche Rolle spielen Bindungserfahrungen in der frühen Kindheit für die Entwicklung der Persönlichkeit?
4. Beschreiben Sie den Stellenwert von Abwehrmechanismen oder defensiven Prozessen in der aktuellen Forschung.
5. Durch welche Annahmen sind die gegenwärtigen psychoanalytischen Ansätze nach Westen gekennzeichnet?

Kapitel 4
Behavioristische Ansätze

Thomas Rammsayer

Inhaltsübersicht

Während die psychoanalytischen Ansätze ihren Ursprung in Europa nahmen, entstand der Behaviorismus in erster Linie in den Vereinigten Staaten von Amerika. Die Grundlage des Behaviorismus stellen allerdings die Arbeiten des russischen Physiologen Ivan P. Pavlov (1849–1939) zum klassischen Konditionieren (vgl. Erdfelder, in Vorb.) dar. In diesem Kapitel soll der behavioristische Ansatz im Rahmen der Persönlichkeitspsychologie anhand der Arbeiten von John B. Watson, Clark L. Hull und Burrhus F. Skinner skizziert werden.

4.1 John B. Watson (1878–1958)

Die behavioristische Perspektive

John B. Watson kann spätestens seit der Veröffentlichung seiner programmatischen Schrift *„Psychology as the behaviorist views it"* (Watson, 1913) als Begründer des Behaviorismus betrachtet werden. Aus behavioristischer Sicht ist Psychologie eine streng experimentell ausgerichtete Disziplin der Naturwissenschaften. Dies bedeutet gleichzeitig eine entschiedene Ablehnung von „subjektiven", introspektiven Methoden wie sie beispielsweise von Freud im Rahmen der Psychoanalyse angewandt wurden. Stattdessen propagiert Watson die prinzipielle Orientierung am „objektiven" beobachtbaren Verhalten und dessen Abhängigkeit von physikalischen Bedingungen, die er als Reize oder Stimuli konzipierte. Eine vollständig ausgearbeitete behavioristische Psychologie ermöglicht es nach Watson, das Verhalten bzw. die Reaktionen eines Individuums vorherzusagen, wenn die Reize bzw. die wirksamen physikalischen Umweltbedingungen bekannt sind.

Behavioristen, als Erforscher des menschlichen Verhaltens, betrachten nicht einzelne psychische Funktionen oder Organsysteme, sondern interessieren sich für die Art und Weise, wie der Organismus als Ganzes funktioniert. Weiterhin gehen sie davon aus, dass der Mensch weder über angeborene Instinkte verfügt, noch dass Persönlichkeitseigenschaften biologisch determiniert sind. Vielmehr stellen Persönlichkeitsmerkmale mittels Konditionierung erworbene Verhaltensweisen dar. Damit ist aus Watsons behavioristischer Perspektive Persönlichkeit nichts anderes als die Summe der Gewohnheiten, die ein Mensch insbesondere in seiner frühen Kindheit, aber auch im späteren Leben, ausbildet.

Ablehnung von Instinkten und ererbten psychischen Eigenschaften

„Alles, was wir bisher ‚Instinkt' nannten, ist größtenteils das Ergebnis von Übung und Erziehung – gehört also zum *erlernten Verhalten* des Menschen. ... Daraus ziehen wir den Schluß, daß es so etwas wie eine Vererbung von *Fähigkeiten, Begabungen, Temperament, psychischer Konstitution und Merkmalen* nicht gibt." (Watson, 1968, S. 115)

4.1.1 Angeborene Verhaltensweisen und die Entwicklung eines individuellen Gewohnheitssystems als Determinanten der Persönlichkeit

Bereits zum Zeitpunkt der Geburt verfügt jeder Mensch über ungelernte Verhaltensweisen. Zur sogenannten Geburtsausstattung des Säuglings, also zu den Verhaltensweisen, die bereits bei der Geburt oder kurz danach auftreten, gehören nach Watson u. a. Niesen, Schreien, Schluckauf, Erektion des Penis, Urinieren, Defäkation, Augenbewegungen, Lächeln sowie motorische Reaktionen, wie z. B. verschiedene Bewegungen von Kopf, Hals, Armen, Händen, Fingern Beinen, Zehen etc. Mit diesen angeborenen Verhaltensmöglichkeiten reagiert der Säugling auf entsprechende Reize aus der Umwelt, d. h. schon wenige Stunden nach der Geburt beginnen diese ungelernten Aktivitäten konditioniert zu werden. Von da an entwickelt sich jede Einheit ungelernten angeborenen Verhaltens zu einem ständig komplexer werdenden Gewohnheitssystem. Solche Gewohnheitssysteme beziehen sich zu Beginn noch auf relativ konkrete Verhaltensweisen (z. B. Laufen, Sprechen, konditionierte Emotionen wie Furcht, Wut oder Liebe). Mit zunehmendem Alter findet eine fortlaufende Differenzierung statt, in deren Folge nicht nur immer neue, sondern auch abstraktere Gewohnheitssysteme entstehen (z. B. religiöses, patriotisches oder eheliches Gewohnheitssystem). Die Persönlichkeit eines Individuums wird schließlich durch seine dominanten Gewohnheitssysteme gebildet. Hierbei geht Watson beim erwachsenen Menschen von mehreren Hundert potenziellen Gewohnheitssystemen aus.

Persönlichkeit aus behavioristischer Sicht

„Persönlichkeit ist die Summe der Aktivitäten, die mit Hilfe von wirklicher Verhaltensbeobachtung, die lange genug durchgeführt werden muß, um zuverlässige Informationen zu liefern, aufgedeckt werden können. Mit anderen Worten: Persönlichkeit ist nichts anderes als das Endprodukt unserer Gewohnheitssysteme. Unser Vorgehen beim Studium der Persönlichkeit besteht darin, daß wir einen Querschnitt durch den Aktivitätsstrom machen und diesen darstellen.“ (Watson, 1968, S. 270)

4.1.2 Konditionierte emotionale Reaktionen und Persönlichkeit

Watson und die Psychoanalyse

Watson hatte ein extrem ambivalentes Verhältnis zur Psychoanalyse von Sigmund Freud (vgl. Rilling, 2000). Einerseits lehnte er die Introspektion als Methode der wissenschaftlichen Psychologie ebenso vehement ab wie die von Freud vertretene Theorie des Unbewussten (Watson, 1912, 1913). Andererseits war er fasziniert von Freuds Konzept, dass Emotionen von einem Objekt oder einer Person auf andere verschoben bzw. übertragen werden können. Da Freuds Theorie vom Unbewussten mit der behavioristischen Sichtweise des Menschen nicht vereinbar war, versuchte Watson die Übertragung von Emotionen auf andere Objekte oder Personen lerntheoretisch mit Hilfe des klassischen Konditionierens zu erklären. In diesem Zusammenhang prägte er den Begriff der konditionierten emotionalen Reaktionen *(conditioned emotional reactions)*, um die Verschiebung bzw. Übertragung von Affekten lerntheoretisch zu fundieren.

Watson erklärt die Vielfalt und Komplexität individueller emotionaler Verhaltenweisen des erwachsenen Menschen mit der Annahme, dass die drei unkonditionierten emotionalen Reaktionen, die nach seiner Ansicht bereits in der frühen Kindheit beobachtet werden können, – nämlich Furcht, Hass und Liebe – durch Konditionierung und Generalisierung auf verschiedenste Lebewesen und Objekte übertragen werden können (z. B. Watson & Morgan, 1917). Um einen empirischen Beleg für diese Annahme zu erbringen, hat er eine der bekanntesten und zugleich aus ethischen, aber auch methodischen Gesichtspunkten umstrittensten Untersuchungen in der Geschichte der Lernpsychologie durchgeführt (z. B. Harris, 1979; Samelson, 1980). Es handelt sich hierbei um den Versuch mit dem kleinen Albert (Watson & Rayner, 1920). Obwohl diese Studie in der Literatur häufig als erster experimenteller Beleg für die Gültigkeit von Watsons These angeführt wird, sollte darauf hingewiesen werden, dass spätere Replikationsversuche weniger erfolgreich waren. Das lässt den Schluss zu, dass der Erwerb emotionaler Reaktionen doch nicht so einfach vonstatten geht wie es die Geschichte des kleinen Albert nahezulegen scheint (Hilgard & Marquis, 1940). Auch Watson und Rayner selbst wiesen schon kurz nach der Veröffentlichung des Versuchs mit dem kleinen Albert – wenn auch nur in einer Fußnote – darauf hin, dass es sich um sehr vorläufige Daten handelte, die keine endgültigen Aussagen erlaubten (Watson & Watson, 1921).

Zur Konditionierbarkeit emotionaler Reaktionen: Der Versuch mit dem kleinen Albert (Watson & Rayner, 1920)

Der kleine Albert war zu Beginn der Untersuchung ein gesundes, emotional stabiles Kind im Alter von etwa neun Monaten. Zunächst wurde untersucht, inwieweit Objekte wie eine weiße Ratte, ein Kaninchen, ein Hund, ein Äffchen, Masken oder Baumwolle, mit denen Albert konfrontiert wurde, bei dem Kind eine Furchtreaktion auslösten. Auf keines der Objekte reagierte Albert mit irgendeinem Anzeichen von Furcht. Bei einem weiteren Test wurde Albert einem unerwarteten, lauten Geräusch ausgesetzt, das dadurch erzeugt wurde, dass mit einem Hammer gegen eine Metallstange geschlagen wurde. Dieses Geräusch löste – wie von Watson und Rayner erwartet – eine unkonditionierte Furchtreaktion aus. Im Folgenden untersuchten Watson und Rayner (1920) drei grundlegende Fragestellungen:

- **Frage 1:** Lässt sich, ausgehend von der unkonditionierten emotionalen (Furcht-)Reaktion, eine konditionierte emotionale Reaktion auf Tiere induzieren, indem das Geräusch als unkonditionierter Stimulus mit der gleichzeitigen Darbietung eines Tieres gepaart wird?
  Dieser Teil des Versuchs begann, als Albert elf Monate alt war. Eine weiße Ratte wurde in der Nähe des kleinen Albert platziert und immer wenn er die Ratte berühren wollte, wurde hinter seinem Rücken das laute Geräusch produziert. Nach insgesamt sieben „gepaarten" Darbietungen der Ratte und des Geräusches, war eine vollständige Furchtreaktion ausgebildet, und Albert begann bereits beim Anblick der weißen Ratte zu weinen, ohne dass das Geräusch als unkonditionierter Stimulus dargeboten wurde.
- **Frage 2:** Falls eine solche konditionierte emotionale Reaktion tatsächlich etabliert werden konnte, ist eine Generalisierung (Übertragung) auf andere Tiere oder Objekte möglich?
  Um zu überprüfen, ob eine Generalisierung der konditionierten Furchtreaktion auftritt, wurde Albert einige Tage nach dem vor-

angegangenen Versuch zusätzlich mit anderen, bislang nicht Furcht auslösenden Tieren und Objekten getestet. Hierbei zeigte sich, dass die konditionierte Furchtreaktion auch auf das Kaninchen, den Hund und einen Mantel aus Seehundfell generalisierte, obwohl diese zu keinem Zeitpunkt gemeinsam mit dem unkonditionierten Furcht auslösenden Stimulus dargeboten wurden. Weniger eindeutige emotionale Reaktionen wurden u. a. auf die Darbietung von Baumwolle und einer Weihnachtsmannmaske beobachtet.

- **Frage 3:** Wie verändert sich eine solche konditionierte emotionale Reaktion über die Zeit?
  Da der kleine Albert nur noch für einen Zeitraum von weiteren 31 Tagen nach dem vorangegangenen Versuch für Watson und Rayner als Versuchsperson zur Verfügung stand, wurde er am letzten Tag noch einmal mit den o. g. Tieren und Objekten konfrontiert. Sowohl die ursprünglich direkt konditionierte Furchtreaktion gegenüber der weißen Ratte als auch die mittels Generalisierung konditionierten Furchtreaktionen waren zu diesem Zeitpunkt noch nachweisbar, wenngleich sie in ihrer Intensität abgeschwächt waren. Diese Beobachtung veranlasste Watson und Rayner (1920) zu der Annahme, dass konditionierte emotionale Reaktionen über lange Zeit bestehen bleiben und die Persönlichkeit des Individuums lebenslang beeinflussen können.
- Eine ursprünglich geplante weitere Fragestellung, nämlich mittels welcher Methode man die konditionierte emotionale Reaktion wieder löschen kann, falls sie nach einer gewissen Zeit nicht von alleine verschwindet, konnten Watson und Rayner nicht mehr untersuchen, da der kleine Albert – wie bereits erwähnt – als Versuchsperson nicht mehr verfügbar war.

4.1.3 Persönlichkeitsänderung aus behavioristischer Sicht

Eine Änderung der Persönlichkeit kann erreicht werden, indem bestimmte, bereits erworbene Merkmale oder typische Verhaltensweisen verlernt und gleichzeitig neue Verhaltensweisen aktiv erlernt werden. Das Verlernen kann dabei in einem aktiven Entkonditionierungsprozess oder auch im einfachen Nichtgebrauch von Verhaltensweisen bestehen. Da aus behavioristischer Sicht sowohl das Verlernen bereits vorhandener als auch das Erlernen von neuen Verhaltenweisen über wirksame Umwelteinflüsse vermittelt wird, setzt eine Persönlichkeitsänderung – Watson spricht in diesem Zusammenhang auch von einem Neuaufbau des Individuums – eine veränderte Umwelt voraus. Wegen der Annahme einer derart stark ausgeprägten Umweltbedingtheit des menschlichen Verhaltens, wird diese Sichtweise auch als Situationismus bezeichnet.

Zwei Aussagen zur Umweltbedingtheit der Persönlichkeit aus behavioristischer Sicht

„Gebt mir ein Dutzend gesunder, wohlgebildeter Kinder und meine eigene Umwelt, in der ich sie erziehe, und ich garantiere, daß ich jedes nach dem Zufall auswähle und es zu einem Spezialisten in irgendeinem Beruf erziehe, zum Arzt, Richter, Künstler, Kaufmann oder zum Bettler und Dieb, ohne Rücksicht auf seine Begabungen, Neigungen, Fähigkeiten, Anlagen und die Herkunft seiner Vorfahren." (Watson, 1968, S. 123).

„Eines Tages werden wir Krankenhäuser haben, die die Aufgabe haben, uns bei der Veränderung unserer Persönlichkeit zu helfen; denn wir können die Persönlichkeit so leicht ändern wie die Form der Nase; nur dauert es länger." (Watson, 1968, S. 293).

4.2 Clark L. Hull (1884–1952)

In seiner Verhaltenstheorie befasst sich Clark L. Hull (1943, 1951, 1952) in erster Linie mit Motivation, also dem Streben nach bestimmten (Verhaltens-)Zielen und Lernen im Sinne des Stärkens von Reiz-Reaktions-Verknüpfungen. Seine Bedeutung für die Persönlichkeitspsychologie begründen Hall und Lindzey (1978) vor allem damit, dass er gegenüber anderen Theorien eine sehr umfassende, hoch formalisierte und experimentell überprüfbare Verhaltenstheorie entwickelt hat, in deren Zentrum die Frage steht, wie Motive unser Verhalten bestimmen und auf welche Art und Weise gelernte Motive erworben werden.

4.2.1 Angeborene Reiz-Reaktions-Verbindungen und primäre Bedürfnisse

Ähnlich wie Watson greift auch Hull (1943) die grundlegende Idee aus Charles Darwins (1859) Evolutionstheorie auf, dass nämlich jeder Organismus bereits bei der Geburt über adaptive Verhaltensweisen verfügt, die ihn in die Lage versetzen, wirksam auf primäre Bedürfnisse wie Hunger oder Durst zu reagieren, um auf diese Weise das Überleben zu sichern. Dennoch wird nach Hulls Überzeugung der größte Teil der menschlichen Verhaltensweisen durch Lernprozesse erworben.

Die Mechanismen, über die ein Organismus bereits bei der Geburt verfügt, umfassen

- die Fähigkeit, motorische Bewegungen auszuführen,
- die Aktivierung des Organismus, wenn ein biologischer Bedarf vorliegt,
- interne Rezeptoren, die auf bestimmte biologische Bedarfzustände ansprechen,
- externe Rezeptoren, die auf externe Reizung reagieren,
- eine Hierarchie angeborener Reaktionstendenzen.

Hierarchisch angeordnete Reiz-Reaktions-Verbindungen stellen die Befriedigung primärer Bedürfnisse sicher

Der letztgenannte Mechanismus besagt, dass Organismen über angeborene Rezeptor-Effektor-Verbindungen verfügen, die unter dem kombinierten Einfluss von Stimulation und Trieb Reaktionen aktivieren können, die hierarchisch angeordnet sind. In diesem Zusammenhang stellt *Trieb* (*drive:* D) eine intervenierende Variable dar, die als Funktion vorausgegangener Bedingungen definiert werden kann. Ist beispielsweise das primäre Bedürfnis nach Nahrung nicht befriedigt, wird das Bedürfnis nach Nahrung umso intensiver, je mehr Zeit seit der letzten Nahrungsaufnahme vergangen ist. Dieses stärker werdende (Trieb-)Bedürfnis stellt ein adaptives Verhalten dar, weil dadurch der Organismus zunehmend aktiviert bzw. energetisiert wird, die überlebenswichtige Nahrung zu beschaffen. Gleichzeitig besteht der Vorteil von hierarchisch angeordneten Reiz-Reaktions-Verbindungen darin, dass eine bestimmte Verhaltensweise bzw. eine Kombination bestimmter Verhaltensweisen eher in der Lage ist, einen Bedürfniszustand zu beenden, als zufällig ausgewählte Verhaltensweisen. So könnte ein hungriger Säugling zunächst mit verstärkter motorischer Aktivität reagieren (das Kind wird unruhig). Falls die Mutter nicht kommt, um es zu stillen, beginnt es zu weinen. Wenn sich immer noch niemand um das Kind kümmert, fängt es an zu schreien, verbunden mit starker motorischer Aktivität.

Nach Hull (1943) postulierte primäre Bedürfnisse

Zu den primären Bedürfnisse, aus deren Nichtbefriedigung eine Zunahme an Triebenergie resultiert, zählen das Bedürfnis nach

- Sauerstoff zum Atmen
- Aufrechterhaltung der optimalen Körpertemperatur

- Vermeidung von Gewebeverletzungen (Schmerz)
- Nahrung
- Flüssigkeit
- Defäkation (Darmentleerung)
- Miktion (Blasenentleerung)
- Erholung (als Folge von vorangegangener Anstrengung)
- Schlaf (nach einer langen Wachphase)
- Aktivität (nach vorangegangener Inaktivität)

Im Gegensatz zu Freud, der zwischen Libido und Destrudo als den entsprechenden Triebenergien des Sexual- bzw. Aggressionstriebs unterscheidet (vgl. Kapitel 2), geht Hull nicht von einer trieb- bzw. bedürfnisspezifischen Energie aus. Vielmehr ist Triebenergie für ihn unspezifisch, d. h. alle nicht befriedigten primären Bedürfnisse führen zu einem Zuwachs an genereller Triebenergie, die sich ansammelt und den Organismus mit der notwendigen Energie versorgt, um reagieren zu können.

4.2.2 Primäre und sekundäre Verstärkung

Primäre und sekundäre Verstärkung sind zwei grundlegende Prinzipien, die nach Hull dazu führen, dass sich über die angeborenen Reiz-Reaktions-Verbindungen hinaus neue Reiz-Reaktions-Verbindungen bzw. Gewohnheiten ausbilden können.

Primäre Verstärkung

Der Begriff „primäre Verstärkung" bezieht sich auf die Befriedigung eines primären Bedürfnisses. Wenn also eine Reaktion in zeitlicher Nähe zu einem bestimmten Reiz auftritt und wenn dieses Zusammentreffen kurz darauf die Befriedigung oder Verminderung eines primären Bedürfnisses zur Folge hat, dann wird für diesen Reiz die Wahrscheinlichkeit erhöht, in der Zukunft dieselbe Reaktion wieder auszulösen (Hull, 1943).

Sekundäre Verstärkung

Während bei der primären Verstärkung der Verstärker direkt in der Lage ist, ein primäres Bedürfnis zu befriedigen und so die Reiz-Reaktions-Verknüpfung zu festigen, handelt es sich bei der sekundären Verstärkung um einen Verstärker, der selbst nicht in der Lage ist, ein primäres Bedürfnis direkt zu befriedigen. Vielmehr erlangt er erst durch die Assoziation mit einem primären Verstärker die Fähigkeit, die Auftretenswahrscheinlichkeit einer bestimmten Reaktion zu erhöhen (Hull, 1952). So trainierte beispielsweise Bugelski (1938) zwei Gruppen von Ratten, einen Hebel zu betätigen, um eine Futterpille zu erhalten. Jedes Mal, wenn der Futterspender nach einem Hebeldruck eine Futterpille ausgab, war dies mit einem Klickgeräusch verbunden. Nachdem die Ratten das Hebeldrücken erfolgreich gelernt hatten, folgte eine Löschung dieser Reaktion, indem nach Betätigen des Hebels keine Futterpille mehr ausgegeben wurde. Im Rahmen dieser Extinktionsphase ertönte bei der einen Gruppe jedoch weiterhin das Klickgeräusch des Futterspenders, nicht aber bei der anderen Gruppe. Obwohl beide Gruppen innerhalb der Extinktionsphase keine primäre Verstärkung (Futterpille) mehr erhielten, zeigte sich, dass die Gruppe, die weiterhin das Klickgeräusch hörte, ca. 30 % mehr Hebeldrucke ausführte, bevor die Reaktion gelöscht war, als die Gruppe ohne Klickgeräusch. Offensichtlich hat die Assoziation des ursprünglich neutralen Reizes (Klickgeräusch) mit dem primären Verstärker (Futterpille) während der Übungsphase dazu geführt, dass das Klickgeräusch die Qualität eines sekundären Verstärkers erlangte, der in der Lage war, die Hebeldruckreaktion trotz ausbleibender primärer Verstärkung für eine gewisse Zeit weiterhin aufrechtzuerhalten.

Geld als sekundärer Verstärker

Der wohl prominenteste sekundäre Verstärker für den Menschen stellt Geld dar. Obwohl Geld nicht in der Lage ist, direkt primäre Bedürfnisse zu befriedigen, ist Geld ein sehr effektiver sekundärer Verstärker, da wir gelernt haben, dass wir mit Hilfe von Geld zahlreiche primäre Bedürfnisse befriedigen können. Grundsätzlich kann jeder neutrale Reiz die Qualität eines sekundären Verstärkers erlangen. Jedoch hängt es von der individuellen Lerngeschichte ab, welche spezifischen sekundären Verstärker bei einem Menschen verhaltenswirksam werden.

4.2.3 Reiz-Reaktions-Verknüpfungen und Gewohnheitsstärke

Die erlernte Verknüpfung zwischen einem Reiz und einer Reaktion bezeichnet Hull als Gewohnheit oder *Habit*, die er formal als $_SH_R$ beschreibt. Bei dieser formalen Darstellung wird deutlich, dass ein Reiz (S) und eine Reaktion (R) durch die Stärke der Gewohnheit (H) miteinander verbunden sind. Gewohnheiten und ihre Stärke bilden sich durch die individuelle Lerngeschichte bzw. Erfahrung aus. Analog zu den angeborenen Rezeptor-Effektor-Verbindungen sind auch die erworbenen Reiz-Reaktions-Verknüpfungen, also die Gewohnheiten, hierarchisch angeordnet. Man spricht in diesem Zusammenhang von einer Gewohnheits- oder *Habit*-Hierarchie. Ganz oben in dieser Hierarchie stehen die Reiz-Reaktions-Verbindungen mit der höchsten Gewohnheitsstärke. Da jedes Individuum seine eigene Lerngeschichte aufweist, stellt die Gewohnheitshierarchie eines Menschen ein hoch individuelles Merkmal dar. In der Gewohnheitshierarchie eines Menschen manifestiert sich dementsprechend seine Persönlichkeit.

Messung und Determinanten der Gewohnheitsstärke

Hull (1943) schlägt verschiedene Vorgehensweisen zur Messung der Gewohnheitsstärke vor. Im Tierexperiment lässt sich unter Konstanthaltung der Reizbedingungen und der aktuellen Triebstärke eine Zunahme der Gewohnheitsstärke ableiten aus der

- Erhöhung der Reaktionswahrscheinlichkeit (das Tier reagiert auf den Reiz immer häufiger mit der fraglichen Verhaltensweise),
- Abnahme der Reaktionslatenz (seine Reaktion auf den Reiz erfolgt immer schneller),
- Erhöhung der Reaktionsstärke (seine Reaktion wird immer intensiver),
- Erhöhung der Löschungsresistenz (die Reaktion bleibt trotz Wegfall der Verstärkung noch über zunehmend mehr Durchgänge beobachtbar).

Entscheidend für die Höhe der sich ausbildenden Gewohnheitsstärke sind in erster Linie folgende Faktoren innerhalb der Übungsphase:

- die zeitliche Nähe (Kontiguität) von Reiz und Reaktion,
- das Ausmaß der Verstärkungen,
- die Anzahl der verstärkten Durchgänge während der Übungsphase.

4.2.4 Das Reaktionspotenzial

Ob und auf welche Art und Weise ein Organismus reagiert, hängt vom sogenannten Reaktionspotenzial (${}_SE_R$) ab. Das Reaktionspotenzial ist definiert als das Produkt aus Gewohnheitsstärke (${}_SH_R$) und Trieb (D). Somit gilt:

$$ {}_SE_R = {}_SH_R \cdot D. \qquad (1) $$

Da Gewohnheitsstärke und Trieb multiplikativ miteinander verknüpft sind, erfolgt eine Reaktion nur dann, wenn das Produkt beider Faktoren größer 0 ist. Anders ausgedrückt: selbst bei sehr hoher Gewohnheitsstärke unterbleibt eine Reaktion, wenn keine Triebenergie vorhanden ist. Ebenso kann im Fall von hoher Triebenergie nur dann eine Reaktion erfolgen, wenn gleichzeitig eine Reiz-Reaktions-Verknüpfung vorliegt, die eine Gewohnheitsstärke von größer 0 besitzt. Als Beispiel für den ersten Fall könnte es sich um einen Jungen handeln, der eigentlich sehr gerne Kuchen isst (= hohe Gewohnheitsstärke), im Moment aber keinen Appetit hat (= keine Triebenergie vorhanden). Im zweiten Fall hat der Junge großen Hunger (= hohe Triebenergie), käme aber beispielsweise trotzdem nicht auf den Gedanken, Heu zu essen (= keine Gewohnheitsstärke vorhanden).

Zum Zusammenhang von Trieb- und Gewohnheitsstärke

Während das Ausmaß an Triebenergie darüber entscheidet, ob und wie stark reagiert wird, gibt die Gewohnheitsstärke die Richtung des Verhaltens vor, d. h. sie bestimmt, was für eine Reaktion gezeigt wird. Da der Trieb Verhalten nondirektional energetisiert, sollte ein starkes primäres Bedürfnis jeweils diejenige Verhaltensweise mit der stärksten Reiz-Reaktions-Verknüpfung (Gewohnheitsstärke) auslösen.

Reaktive Hemmung

Mit Hilfe des Konzepts der Hemmung erklärt Hull (1943) das Phänomen der Löschung bei Ausbleiben einer Verstärkung. Hierbei geht er davon aus, dass jede Ausführung einer Reaktion im Organismus einen ermüdungsähnlichen Zustand auslöst. Je häufiger hintereinander eine solche Reaktion ausgeführt wird, desto stärker wird das Bedürfnis nach Ruhe. Diesen Prozess bezeichnet Hull als reaktive Hemmung (I_R).

Konditionierte Hemmung

I_R kann als ein Bedürfnis betrachtet werden, dessen Befriedigung als primäre Verstärkung erlebt wird. Deshalb erfährt ein Individuum, das aufgrund der reaktiven Hemmung eine Reaktion *nicht* ausführt, eine zusätzliche Verstärkung für sein Nichtreagieren, für die Hull den Begriff der konditionierte Hemmung (${}_SI_R$) verwendet. Reaktive und konditionierte Hemmung addieren sich zur Gesamthemmung ($\dot{I}$), die sich aus der Summe des aktuellen Ermüdungszustandes und der Gewohnheit des Nichtreagierens ergibt.

$$\dot{I} = I_R + {}_SI_R \qquad (2)$$

Das aktuell zur Auslösung einer Reaktion zur Verfügung stehende *effektive* Reaktionspotenzial ($_S\bar{E}_R$) besteht somit aus der Differenz des Reaktionspotenzials ($_SE_R$) und der Gesamthemmung ($\dot{I}$)

$$_S\bar{E}_R = {}_SE_R - \dot{I} \qquad (3)$$

Das effektive Reaktionspotenzial

Aus dieser formalen Darstellung lässt sich ableiten, dass generell eine Reaktion nur dann erfolgt, wenn die Gesamthemmung ($\dot{I}$) kleiner ist als das Reaktionspotenzial ($_SE_R$). Im Fall der Löschung einer Reiz-Reaktions-Verknüpfung kann die Gleichung (3) erklären, warum nach mehrmaliger Reaktionsausführung eine weitere Reaktion unterbleibt, auch wenn das primäre Bedürfnis wegen des Ausbleibens einer Verstärkung nicht befriedigt wurde. Auch die häufig beobachtete Spontanerholung einer gelöschten Reaktion ist mit Hilfe von Hulls Hemmungskonzept vereinbar. Unterbleibt eine Reaktionsausführung über einen längeren Zeitraum, baut sich die Müdigkeit bzw. das Hemmungspotenzial ab und das *effektive* Reaktionspotenzial ($_S\bar{E}_R$) nimmt wieder einen positiven Wert an, was zum Wiederauftreten der vermeintlich bereits gelöschten Reaktion führt.

4.3 Burrhus F. Skinner (1904–1990)

Burrhus F. Skinner

Fotograf: epa

Skinner (1953, 1974) erforschte hauptsächlich Lernprinzipien im Tierexperiment, die er als operantes Konditionieren bezeichnete. Zwar akzeptierte er die Grundsätze des klassischen Konditionierens, war aber gleichzeitig davon überzeugt, dass sie nur für einen kleinen Teil der Lernsituationen Gültigkeit haben, mit denen sich der Mensch in seinem Alltag konfrontiert sieht. Bei sogenannten operanten Reaktionsmustern *(operants)* handelt es sich um Verhaltensweisen, mit denen ein Tier oder ein Mensch in seiner Umwelt „operiert“. Dazu zählen auch alle Alltagsverhaltensweisen wie beispielsweise Geschirrspülen, Schreiben oder Auto fahren.

Operante Reaktionsmuster

4.3.1 Beeinflussung der Auftretenswahrscheinlichkeit operanter Reaktionsmuster

Das Auftreten von operanten Reaktionsmustern ist weniger vom Vorhandensein irgendwelcher auslösenden Reize als vielmehr von den Konsequenzen abhängig, die auf eine bestimmte Verhaltensweise folgen. Hierbei können vier grundsätzliche Konsequenzen unterschieden werden, die als positive Verstärkung, negative Verstärkung, Bestrafung und Extinktion (Löschung) bezeichnet werden.

Vier grundsätzliche Konsequenzen im Rahmen des operanten Konditionierens

- **Positive Verstärkung** liegt vor, wenn die Konsequenz, die auf eine Handlung folgt, die Wahrscheinlichkeit für das Wiederauftreten dieser Verhaltensweise erhöht (z. B. jede Art von Belohnung).
- **Negative Verstärkung** erhöht ebenfalls die Auftretenswahrscheinlichkeit einer bestimmten Verhaltensweise, allerdings wird im Gegensatz zur positiven Verstärkung ein zuvor bestehender aversiver Zustand als Folge einer bestimmten Handlung beendet (z. B. eine Ratte lernt einen Hebel zu drücken, weil sie damit eine unangenehme elektrische Stimulation beenden kann).
- **Bestrafung** ist eine aversive Konsequenz, die auf ein bestimmtes Verhalten folgt, und die Abnahme der Auftretenswahrscheinlichkeit für eine bestimmte Handlung bewirkt (z. B. kommt ein Kind nicht mehr zu spät zur Schule, weil es gelernt hat, dass es Nachsitzen muss oder nicht an der Klassenfahrt teilnehmen darf, wenn es nicht pünktlich ist).
- **Extinktion** oder **Löschung** hat zur Folge, dass ein bestimmtes Verhalten nicht mehr auftritt, weil es über einen längeren Zeitraum nicht mehr verstärkt wurde (z. B. gibt ein Kind, das schreit, um die Aufmerksamkeit seiner Eltern auf sich zu lenken, sein Schreien auf, wenn die Eltern das Schreien ignorieren und nicht mehr darauf reagieren).

Bei der positiven Verstärkung lassen sich drei Klassen von Verstärkern unterscheiden, die als materielle Verstärker (z. B. Schokolade, ein schönes Geschenk), soziale Verstärker (z. B. Anerkennung, Lob) und Handlungsverstärker (z. B. etwas Schönes gemeinsam unternehmen) bezeichnet werden. Je nach Individuum können diese drei verschiedenen Klassen von Verstärkern unterschiedlich wirksam sein.

Daneben gibt es noch sogenannte generalisierte Verstärker. Hierbei handelt es sich um Verstärker, mit deren Hilfe man sich verschiedenste Arten von Verstärkern verfügbar machen kann. Beim bekanntesten aller generalisierten Verstärker handelt es sich zweifelsohne um Geld.

4.3.2 Verstärkungspläne

Kontinuierliche Verstärkung

Wie schnell eine neue Verhaltensweise gelernt wird und wie löschungsresistent sie ist, hängt u. a. von der Art des Verstärkungsplans ab, der verwendet wird. Hierbei kann zwischen der kontinuierlichen und der intermittierenden Verstärkung unterschieden werden (Ferster & Skinner, 1957; Skinner, 1969). Bei einem Verstärkungsplan mit kontinuierlicher Verstärkung wird eine entsprechende Handlung jedes Mal, wenn sie ausgeführt wird, verstärkt. Eine solche kontinuierliche Verstärkung bewirkt, dass eine bestimmte Verhaltensweise relativ schnell erlernt wird, allerdings aber auch nur eine geringe Löschungsresistenz aufweist, d. h. sie wird schnell wieder „verlernt", wenn die Verstärkung ausbleibt. Im Alltag treffen wir kontinuierliche Verstärkung beispielsweise bei einem Getränkeautomaten an. Immer wenn man eine entsprechende Summe Geldes einwirft, bekommen wir vom Automaten das gewünschte Getränk. Sollte der Getränkeautomat aber einmal defekt sein und es erfolgt keine Getränkeausgabe, obwohl wir das notwendige Geld eingeworfen haben, werden wir sehr schnell weitere Versuche einstellen, von diesem Automaten ein Getränk zu bekommen.

Intermittierende Verstärkung

Anders verhält es sich mit der intermittierenden Verstärkung, bei der eine erwünschte Handlung nicht jedes Mal verstärkt wird. Zur intermittierenden Verstärkung zählen die Intervall- und die Quotenverstärkung. Diese beiden Formen können als Verstärkungsplan mit festem und variablem Intervall bzw. fester und variabler Quote angewandt werden. Bei der Intervallverstärkung mit festem Intervall erfolgt eine Verstärkung für die erwünschte Verhaltensweise, wenn sie nach einem zuvor festgelegten Intervall (beispielsweise fünf Minuten) zum ersten Mal auftritt. Im Fall einer Intervallverstärkung mit variablem Intervall entspricht die durchschnittliche Intervalldauer z. B. fünf Minuten, die einzelnen Intervalle können aber kürzer oder länger als fünf Minuten sein. Angenommen, wir führten ein Rattenexperiment mit einem festen Intervall durch, so könnten wir sehr wahrscheinlich ein Reaktionsmuster beobachten, bei dem das Versuchstier direkt anschließend an eine verstärkte Reaktion (z. B. Hebeldruck)

Intervallverstärkung

zunächst keine weitere Reaktion zeigt, weil das Tier gelernt hat, dass unmittelbar nach einer verstärkten Reaktion die Wahrscheinlichkeit für eine weitere Verstärkung gegen null geht. Erst wenn sich die seit der letzten verstärkten Reaktion verstrichene Zeit fünf Minuten nähert, nimmt die Reaktionswahrscheinlichkeit wieder zu. Anders verhält es sich bei der Intervallverstärkung mit variablem Intervall. Hier besteht zu jedem Zeitpunkt eine gewisse Wahrscheinlichkeit für eine Verstärkung. Deshalb wird das Tier seine Reaktionen nie vollständig einstellen und über eine längere Zeit eine relativ konstante Reaktionsrate aufweisen.

Quotenverstärkung

Analog zur Intervallverstärkung erfolgt bei der Quotenverstärkung mit fester Quote jeweils nach einer zuvor festgelegten Anzahl des Auftretens der erwünschten Reaktion eine Verstärkung. Wer beispielsweise zehn Mal in einem Lokal zum Abendessen war, bekommt beim elften Besuch ein Menü umsonst. Beim Quotenplan mit variabler Quote würde die Verstärkung wiederum nach durchschnittlich zehnmaligem Auftreten der erwünschten Reaktion erfolgen. Ein solcher Verstärkungsplan wird nicht zuletzt wegen seiner hohen Löschungsresistenz beispielsweise bei Glücksspielautomaten eingesetzt (vgl. Abb. 2).

	Intervallverstärkung	**Quotenverstärkung**
fest	Jeweils die erste erwünschte Reaktion, die nach einem zuvor festgelegten Intervall (z. B. 5 Minuten) auftritt, wird verstärkt.	Jeweils die erste erwünschte Reaktion, die nach einer zuvor festgelegten Anzahl des Auftretens der erwünschten Reaktion (z. B. zehnmal) erfolgt, wird verstärkt.
variabel	Im Durchschnitt wird eine erwünschte Reaktion z. B. alle 5 Minuten verstärkt. Die einzelnen Intervalle können aber länger oder kürzer sein als 5 Minuten.	Im Durchschnitt erfolgt eine Verstärkung z. B. nach zehnmaligem Auftreten der erwünschten Reaktion. Im Einzelfall kann die Verstärkung aber bereits früher (z. B. nach achtmaligem Auftreten) oder später (z. B. nach zwölfmaligem Auftreten) erfolgen.

Abbildung 2: Schematische Darstellung der fixierten und variablen Intervall- und Quotenverstärkung

Im Alltag sind wir zahlreichen Lernsituationen ausgesetzt, die sich den verschiedenen Verstärkungsplänen zuordnen lassen. Aus persönlichkeitspsychologischer Sicht ist deshalb interessant zu wissen, unter welchen (Verstärkungs-)Bedingungen sich bestimmte Persönlichkeitsmerkmale – also persontypische Verhaltensweisen – herausgebildet haben, da sich daraus u. a. Rückschlüsse ziehen lassen über die Löschungsresistenz bzw. Stabilität solcher Verhaltenweisen.

4.3.3 Reaktionsgeneralisierung, Reaktionsdiskrimination und Reizkontrolle

Reaktionsgeneralisierung

Zum Erwerb von typischen Verhaltensweisen, die zur Charakterisierung eines Individuums dienen können, tragen neben Prinzipien der Verstärkung auch noch weitere Prozesse bei. Wenn ein operantes Reaktionsmuster verstärkt wird, führt dies häufig auch zu einer bedeutsamen Stärkung oder Festigung anderer operanter Reaktionsmuster und wird als Reaktionsgeneralisierung bezeichnet. So kann beispielsweise Übung in einem bestimmten Bereich der manuellen Geschicklichkeit auch verbesserte Leistungen in anderen bewirken, oder Erfolg in einem Betätigungsfeld kann die Tendenz erhöhen, sich auf anderen Gebieten zu engagieren.

Reaktionsdiskrimination

Einen Prozess, der in gewissem Sinne der Reaktionsgeneralisierung entgegengesetzt ist, stellt die Reaktionsdiskrimination dar. Von Reaktionsdiskrimination spricht man, wenn ein bestimmtes Element in einer Verhaltenskette besonders hervorgehoben oder als Kriterium für eine differentielle Verstärkung verwendet wird. Dies ist dann der Fall, wenn ein Teilelement oder eine Teilreaktion einer komplexen Verhaltenskette für eine Verstärkung entscheidend ist. Fällt beispielsweise einer Kommunikationstrainerin auf, dass ihr Schüler beim freien Vortrag den Blickkontakt mit seinen Zuhörern vermeidet, dann wird dieser nur positiv verstärkt, wenn er Blickkontakt mit den Zuhörern aufnimmt. Anstatt einer globalen Verstärkung des gesamten Vortragsverhaltens, findet nur eine differenzielle Verstärkung einer spezifischen Teilreaktion statt.

Reizkontrolle

Abschließend sei noch kurz auf die Bedeutung der Reizdiskrimination verwiesen. Ein diskriminativer Reiz informiert darüber, ob eine bestimmte Verhaltensweise eher zu positiven oder negativen Konsequenzen führt. Eine Frau freut sich darauf, dass ihr Ehemann von der Arbeit nach Hause kommt, um ihm von ihrem erfolgreichen Arbeitstag zu berichten. Anhand der Mimik des heimkehrenden und möglicherweise gestressten Ehemanns entscheidet die Frau, ob sie ihm sofort erzählen kann, was sie erlebt hat, oder ob sie ihm erst etwas Zeit zum Abschalten lässt, um so eine abweisende Reaktion ihres Mannes zu vermeiden. In dem Moment, wo eine Verhaltensweise durch zuverlässig wirkende diskriminative Reize ausgelöst wird und die erwarteten Verhaltenskonsequenzen eintreten, wird das Auftreten dieser Verhaltensweise nicht mehr ausschließlich durch die nachfolgenden Konsequenzen (z. B. positive Verstärkung), sondern auch durch die diskriminativen Reize kontrolliert. Das operante Reaktionsmuster unterliegt dann zusätzlich einer sogenannten Reizkontrolle.

Die Entstehung von abergläubischem Verhalten

Aus Sicht des operanten Konditionierens entsteht abergläubisches Verhalten durch eine zufällige Verknüpfung einer beliebigen, gerade gezeigten Verhaltensweise mit einer entsprechenden Konsequenz. Beispielsweise trägt eine Studentin zufällig eine rote Bluse als sie eine überraschend gute Klausur schreibt. Fortan zieht sie vor jeder Klausur diese Bluse an, weil sie ihr Glück zu bringen scheint.

4.3.4 Das Erlernen komplexer Verhaltensweisen: Verhaltensformung und Verhaltensverkettung

Viele alltägliche Verhaltensweisen sind so komplex, dass die Annahme, es handele sich um die operante Konditionierung einer einfachen Reaktion, unplausibel erscheinen muss. Skinner konnte in zahlreichen tierexperimentellen Studien belegen, dass sogar höchst komplexe Verhaltensweisen durch sukzessive Approximation (d. h. schrittweise Annäherung) mittels Verstärkungslernen erworben werden können. Dieser Prozess besteht, ähnlich wie schon von Watson für die Gewohnheitsbildung vorgeschlagen, in der Verkettung von Teilreaktionen zu komplexen Reaktionseinheiten. Hierbei unterscheidet er als zwei grundsätzliche Vorgehensweisen die Verhaltensformung *(shaping)* und die Verhaltensverkettung *(chaining)*.

Verhaltensformung

Bei der Verhaltensformung werden zunächst einzelne (Teil-)Reaktionen verstärkt, die in irgendeiner Beziehung zum angestrebten Endverhalten stehen. Dann werden nur noch zwei Reaktionen verstärkt, wenn sie in der richtigen Aufeinanderfolge gezeigt werden usw. Auf diese Weise lassen sich selbst sehr komplexe Reaktionsmuster aufbauen, die dann als Gesamtreaktion wiederum die Qualität eines eigenständigen operanten Reaktionsmusters erlangen. Das Grundprinzip der Verhaltensformung besteht somit in einer systematischen Verstärkung der schrittweisen Annäherung an ein gewünschtes komplexes Zielverhalten. Auf diese Weise konnte Skinner einer Taube das Tischtennisspielen beibringen und auch für viele menschliche Verhaltensweisen wie beispielsweise das Sprechen oder Schreiben, geht Skinner davon aus, dass sie mit Hilfe der Verhaltensformung erlernt werden.

Verhaltensverkettung

Die Verhaltensverkettung ist eine der Verhaltensformung sehr ähnliche Methode, bei der komplexes Verhalten in kleinere (Teil-)Reaktionen untergliedert wird. Im Gegensatz zur Verhaltensformung bildet nicht die Bekräftigung irgendeiner zufällig gezeigten Teilreaktion den Ausgangspunkt, sondern das angestrebte Zielverhalten wird systematisch aufgebaut, indem es in eine Kette von zeitlich aufeinander folgenden Verhaltensschritten aufgeteilt wird. Dabei wird zunächst der letzte Schritt des gesamten angestrebten Zielverhaltens geübt und positiv verstärkt, anschließend der vorletzte und der letzte gemeinsam, dann die letzten drei Schritte usw. Zum nächsten Schritt wird allerdings immer erst dann übergegangen, wenn die vorangegangenen Schritte stabil gelernt wurden. Als Illustration der konkreten Vorgehensweise im Rahmen der Verhaltensverkettung kann der Aufbau von Essverhalten bei einem Kind gelten, das lernen soll, mit einem Löffel Suppe zu essen. Beginnend mit dem letzten Schritt lernt das Kind zunächst, den Löffel im Mund zu leeren. Im zweiten Schritt folgt, den Löffel in den Mund zu stecken und zu entleeren, als dritter Schritt, den Löffel zum Mund zu führen, in den Mund zu stecken und zu entleeren. Schließlich lernt es, den Löffel mit Suppe zu füllen, ihn zum Mund zu führen, in den Mund zu stecken und zu entleeren.

4.4 Bewertung

Der behavioristische Ansatz in der Persönlichkeitspsychologie zeichnet sich durch seine naturwissenschaftliche, experimentelle Ausrichtung sowie die Betonung situativer und umweltbezogener Einflussfaktoren auf das menschliche Verhalten aus. Gleichzeitig sehen sich die Vertreter dieses Ansatzes häufig mit dem Einwand konfrontiert, dass ihr Menschenbild sehr stark vereinfachend sei, was nicht zuletzt durch eine ausgeprägte tierexperimentelle Orientierung – wie beispielsweise bei Hull und Skinner – zum Ausdruck käme, und der Komplexität menschlichen Verhalten nicht gerecht würde. Insbesondere werden kognitive Prozesse weitgehend vernachlässigt. Die ausschließliche Fokussierung auf die verhaltenswirksame Umwelt führt außerdem zu einer Sichtweise, die keinen Raum für biologische Einflussfaktoren lässt. Trotz des Anspruchs, Psychologie als eine naturwissenschaftliche Disziplin zu betrachten und zu betreiben, vertritt der Behaviorismus eine entschieden abiologische Sichtweise von Persönlichkeit.

Gemeinsamkeiten zwischen dem behavioristischen Ansatz und der psychoanalytischen Theorie von Freud

Obwohl zahlreiche augenfällige Unterschiede zwischen der behavioristischen und der psychoanalytischen Sichtweise von Persönlichkeit bestehen, lassen sich dennoch auch Gemeinsamkeiten in grundlegenden Annahmen erkennen. Sowohl Freuds Theorie als auch der Behaviorismus sind nicht nur stark von der Evolutionstheorie Darwins beeinflusst, sondern auch streng deterministisch, indem sie davon ausgehen, dass menschliches Verhalten bestimmten Gesetzmäßigkeiten folgt und damit grundsätzlich vorhersagbar ist. Ebenso sind beide Ansätze vom Hedonismus beeinflusst: nach Skinner (1974) streben die Menschen danach, angenehme Erfahrungen zu machen und schmerzhafte Erfahrungen zu vermeiden, während Freud explizit auf das Lustprinzip als angeborenen Funktionsmechanismus innerhalb des *Es* hinweist. Schließlich betonen sowohl Watson und Skinner als auch Freud die große Bedeutung, die der frühen Kindheit für die Persönlichkeitsentwicklung zukommt.

Vertreter einer behavioristischen Persönlichkeitspsychologie gehen nicht von einer (festen) Persönlichkeitsstruktur aus. Dies ist nahe liegend, wenn man bedenkt, dass aus behavioristischer Sicht Verhalten eine Anpassung an situativ wirksame Umweltreize darstellt: ändert sich die Situation, so ändert sich auch das Verhalten. Folglich ist Persönlichkeit nicht durch eine ausgeprägte Verhaltenskonsistenz gekennzeichnet, die die Annahme einer zugrunde liegenden (Persönlichkeits-)Struktur notwendig machen würde. Darüber hinaus erkennt der Behaviorismus nur direkt beobachtbare Verhaltensweisen als Gegenstand des wissenschaftlichen Erkenntnisinteresses an, was eine Auseinandersetzung mit der Frage nach einer Persönlichkeitsstruktur unwissenschaftlich erscheinen lässt. Behavioristen wie Skinner (1953) stimmen zwar zu, dass Bezeichnungen für Persönlichkeitsmerkmale wie beispielsweise „Ängstlichkeit“ oder „Freundlichkeit“ nützlich für die Beschreibung einer Person sein können. Aber gleichzeitig kritisieren sie, dass solche deskriptiven Bezeichnungen nichts zur Erklärung beitragen, warum eine Person ängstlich oder freundlich ist.

Zusammenfassung

Behavioristische Ansätze sind durch ihre Orientierung am objektiv beobachtbaren Verhalten und eine streng experimentell ausgerichtete Forschungsmethodologie gekennzeichnet.

Zum Zeitpunkt der Geburt verfügt der Mensch über ungelernte elementare Verhaltensweisen, mit denen der Säugling auf Reize reagieren kann. Mittels klassischer und operanter Konditionierungsprozesse entstehen aus diesen elementaren Verhaltensweisen zunehmend komplexere Verhaltensweisen bzw. Gewohnheitssysteme, die letztendlich die Persönlichkeit eines Menschen bilden.

Individuelles Verhalten kann vorhergesagt werden, wenn die wirksamen Umweltreize, die das Verhalten kontrollieren, bekannt sind. Die Stärke einer Reiz-Reaktions-Verknüpfung wird entscheidend von der jeweiligen Verstärkung beeinflusst. Neben der primären Verstärkung, die sich auf die direkte Befriedigung eines physiologischen primären Bedürfnisses bezieht, kommt der sogenannten sekundären Verstärkung im Laufe der individuellen Entwicklung eine zunehmend größere Bedeutung zu.

Beim operanten Konditionieren ist die Auftretenswahrscheinlichkeit einer Verhaltensweise abhängig von den nachfolgenden Konsequenzen, wobei zwischen positiver Verstärkung, negativer Verstärkung, Bestrafung und Löschung unterschieden wird. Wie schnell neue Verhaltensweisen erworben werden und wie löschungsresistent diese sind, ist u. a. eine Frage des jeweils angewandten Verstärkungsplans.

Fragen

1. Was ist im Rahmen des behavioristischen Ansatzes unter „Umweltbedingtheit“ zu verstehen?
2. Beschreiben Sie das experimentelle Vorgehen von Watson und Rayner (1920) zur Konditionierbarkeit emotionaler Reaktionen.
3. Was sind primäre Bedürfnisse?
4. Wie kann man die Gewohnheitsstärke einer Reiz-Reaktionsverknüpfung objektiv messen?
5. Erläutern Sie das effektive Reaktionspotenzial.
6. Erläutern Sie verschiedene Verstärkungspläne.
7. Was versteht man unter Reizdiskrimination?

Kapitel 5
Soziale Lerntheorie

Hannelore Weber und Thomas Rammsayer

Inhaltsübersicht

5.1 Julian B. Rotter (geboren 1916)

Im Jahr 1954 veröffentlichte Julian B. Rotter erstmals sein Konzept einer sozialen Lerntheorie der Persönlichkeit als Versuch, relevante lerntheoretische und kognitive Aspekte des Verhaltens zu integrieren. In nachfolgenden Arbeiten hat er diesen Ansatz weiterentwickelt (z. B. Rotter, 1982; Rotter, Chance & Phares, 1972), der sowohl das psychoanalytische Menschenbild eines von unbewussten Trieben dominierten Individuums als auch die behavioristische Sichtweise des von primären Bedürfnissen und Umweltreizen kontrollierten Menschen überwinden sollte. Zudem war er einer der ersten lerntheoretisch orientierten Psychologen, deren zentrales Interesse der Entwicklung einer Theorie der Persönlichkeit galt. Im Rahmen seiner sozialen Lerntheorie der Persönlichkeit unterscheidet Rotter vier Hauptkomponenten, die nachfolgend dargestellt werden.

Persönlichkeit im Rahmen von Rotters sozialer Lerntheorie

Persönlichkeit stellt eine Wechselwirkung zwischen dem Individuum und seiner bedeutsamen Umwelt dar. Um das Verhalten eines Menschen verstehen zu können, ist es notwendig, sowohl die individuelle Lerngeschichte als auch diejenigen Umweltreize, die von der Person wahrgenommen werden, und auf die sie reagiert, zu berücksichtigen. In diesem Sinne stellt Persönlichkeit ein relativ stabiles Gefüge der individuellen Möglichkeiten dar, in einer bestimmten sozialen Situation zu reagieren. Da das Individuum ständig neue Erfahrungen macht, ist die Persönlichkeit einer fortwährenden Veränderung unterworfen. Dennoch weist sie aber auch eine gewisse Stabilität auf, weil diese neuen Erfahrungen durch vorangegangene frühere Erfahrungen beeinflusst werden.

5.1.1 Verhaltenspotenzial

Unter Verhalten versteht Rotter sowohl beobachtbare als auch nicht beobachtbare Verhaltensweisen wie beispielsweise kognitive Prozesse oder emotionale Reaktionen. Ob in einer gegebenen Situation ein bestimmtes Verhalten gezeigt wird, hängt vom jeweiligen Verhaltenspotenzial *(behavior potential)* für diese Verhaltenweise ab. Das Verhaltenspotenzial ist ein Maß für die Wahrscheinlichkeit, mit der ein bestimmtes Verhalten in einer gegebenen Situation mit der Aussicht auf eine Verstärkung auftritt. Die Stärke des Verhaltenspotenzials hängt von zwei Faktoren ab, der Erwartung *(expectancy)* einer Verstärkung und dem Verstärkungswert *(reinforcement value)*.

Erwartung

Unter *Erwartung* versteht Rotter die vom Individuum vermutete Wahrscheinlichkeit, dass eine bestimmte Verhaltensweise in einer gegebenen Situation zu einer bestimmten Verstärkung führt. Es handelt sich hierbei also um eine rein subjektive Erwartung, die angibt, wie stark das Individuum daran glaubt, dass eine bestimmte Verhaltensweise unter den gegebenen Bedingungen zum angestrebten Ergebnis führt. Diese subjektive Erwartungswahrscheinlichkeit ist von den vorangegangenen früheren Erfahrungen des Individuums abhängig und kann teilweise sehr stark von den tatsächlichen, objektiven Auftretenswahrscheinlichkeiten für eine bestimmte Verstärkung abweichen. Eine solche Über- oder Unterschätzung der tatsächlichen Auftretenswahrscheinlichkeit kann unter Umständen große Probleme verursachen.

Überschätzung der Erwartungswahrscheinlichkeit

Eine Studentin hat die Erfahrung gemacht, dass ihre Diskussionsbeiträge in einem Seminar immer gut bewertet worden sind, wenn sie witzig und provokativ waren. Deshalb hatte sie die Erwartung, dass sie mit ihrer „Präsentationstechnik" auch die mündliche Abschlussprüfung erfolgreich bestehen würde, selbst bei nur lückenhafter Vorbereitung auf diese Prüfung. Zu ihrer Überraschung musste sie feststellen, dass sich ihre Erwartung in der Prüfung nicht erfüllte.

Verstärkungswert

Der Verstärkungswert gibt den Grad der Präferenz an, den ein bestimmter Verstärker für eine Person besitzt. Der Begriff „Verstärker" bezeichnet in diesem Zusammenhang ein Ergebnis, das als Folge eines bestimmten Verhaltens eintritt. Verhaltenskonsequenzen, die man nicht mag und deshalb vermeiden möchte, haben einen niedrigen Verstärkungswert, attraktive und für das Individuum wünschenswerte Verhaltenskonsequenzen dagegen einen hohen Verstärkungswert. Wenn die Auftretenswahrscheinlichkeit für verschiedene Verstärker gleich groß ist, wird normalerweise diejenige Verhaltensweise gezeigt, die zu dem Verstärker mit dem höchsten Verstärkungswert führt. Wie bei der Erwartung, handelt es sich auch beim Verstärkungswert um eine subjektive Einschätzung, die sich von Person zu Person, in Abhängigkeit von der individuellen Lerngeschichte, deutlich unterscheiden kann.

Einfluss des Verstärkungswerts auf das Verhalten

Für die Teilnahme an zwei vergleichbaren psychologischen Experimenten werden studentische Versuchspersonen gesucht. Bei Experiment A wird die Versuchsteilnahme mit zwei Versuchspersonenstunden vergütet, beim nahezu identischen Experiment B mit nur einer Versuchspersonenstunde. Aufgrund des höheren Verstärkungswerts entscheiden sich deutlich mehr Studierende zur Teilnahme an Experiment A. Einige Studierende, die bereits ihre benötigten Versuchspersonenstunden abgeleistet haben, nehmen an keinem der beiden Experimente teil, da für sie die Vergütung in Form von Versuchspersonenstunden keinen nennenswerten (Verstärkungs-)Wert mehr darstellt.

Verhaltenspotenzial

Nach der Theorie von Rotter stellen die beiden kognitiven Komponenten *Erwartung* (E) und *Verstärkungswert* (VW) die entscheidenden Faktoren zur Vorhersage des Verhaltenspotenzials (VP) dar. Dabei wird das Verhaltenspotenzial als eine Funktion der Erwartung und des Verstärkungswerts definiert:

$$VP = f(E \,\&\, VW) \qquad (1)$$

Nach Gleichung 1 ist die Wahrscheinlichkeit, dass ein Individuum in einer gegebenen Situation ein bestimmtes Verhalten zeigt, einerseits abhängig von der erwarteten Wahrscheinlichkeit, dass dieses Verhalten in der gegebenen Situation zu einem bestimmten Ergebnis führt, und andererseits von der Attraktivität dieses Ergebnisses für das Individuum, also dem Verstärkungswert. Das Verhaltenspotenzial ist dementsprechend dann hoch, wenn sowohl die Erwartung einer Verstärkung als auch der Verstärkungswert hoch sind.

Verhaltenspotenzial vs. Reaktionspotenzial

Diese Formalisierung des Verhaltenspotenzials erinnert an das Konzept des Reaktionspotenzials von Hull (vgl. Kapitel 4). Während Hull (1943) das Reaktionspotenzial als eine multiplikative Verknüpfung von Trieb- und Gewohnheitsstärke betrachtete, handelt es sich bei der Erwartung und dem Verstärkerwert im Rahmen des von Rotter postulierten Verhaltenspotenzials um den gemeinsamen Effekt von zwei kognitiven Variablen. Ein weiterer grundlegender Unterschied zu Hull besteht darin, dass Rotter keine strenge Annahme über die Art der Verknüpfung von Erwartung und Verstärkungswert trifft. Dies wird in Gleichung (1) durch die Verwendung eines „&"-Zeichens deutlich gemacht. Damit soll keine additive Verknüpfung im mathematischen

Sinn angezeigt werden, sondern lediglich ausgedrückt werden, dass zur Vorhersage des Verhaltenspotenzials sowohl die Erwartung als auch der Verstärkerwert beitragen. So betrachtet stellt die Formalisierung des Verhaltenspotenzials auch keine mathematische Gleichung dar, die eine exakte Quantifizierung erlaubt.

Verhaltensvorhersage auf der Grundlage des Verhaltenspotenzials

Toni wirft seiner Freundin Anna in Anwesenheit anderer Personen wütend vor, dass sie eine schlechte Köchin sei. Mittels der Gleichung für das Verhaltenspotenzial [VP = *f*(E & VW)] lassen sich die Auftretenswahrscheinlichkeiten für verschiedene Verhaltensweisen bestimmen, mit denen Anna auf die Vorwürfe von Toni reagieren könnte. Die wahrscheinlichste Reaktion von Anna ist dasjenige Verhalten mit dem größten VP.

Tabelle 2: Vorhersage des Verhaltenspotenzials als Funktion von Erwartung und Verstärkungswert für verschiedene mögliche Verhaltensweisen

Mögliche Verhaltensweise	Mögliche Verhaltenskonsequenz	E	VW	VP
Nichts erwidern und weglaufen	Toni fühlt sich bestätigt und Anna gedemütigt	+	–	–
Wütend zurückschimpfen	Toni rechnet nicht mit dieser Gegenwehr und schweigt betroffen	–	+	–
Vorwurf ins Lächerliche ziehen	Toni fühlt sich bloßgestellt	+	+	+
In Tränen ausbrechen	Toni bekommt ein schlechtes Gewissen und entschuldigt sich	–	+	–

Anmerkung: E = Erwartung; VW = Verstärkungswert; VP = Verhaltenspotenzial; – = niedrige Ausprägung; + = hohe Ausprägung.

5.1.2 Psychologische Situation

Mit dem Begriff „psychologische Situation“ grenzt sich Rotter von der behavioristischen Sichtweise ab, die von objektiven Umweltreizen als verhaltensbestimmende Determinanten ausgeht. Nach Rotters

Überzeugung sind es nicht objektive Umweltreize, die das menschliche Verhalten bestimmen. Vielmehr ist der subjektive, erworbene Bedeutungsgehalt entscheidend, den ein Umweltreiz oder eine bestimmte soziale Situation für das Individuum besitzt. Demzufolge ist die subjektive Interpretation einer Situation ausschlaggebend für die Art und Weise, wie eine Person reagiert. Um diesen Sachverhalt zu betonen, definiert Rotter den Begriff „psychologische Situation“ als ein komplexes Muster von sich gegenseitig beeinflussenden Hinweisreizen, die auf ein Individuum einwirken und die in Abhängigkeit von der persönlichen Lerngeschichte zu jeweils hoch individuellen Erwartungen führen können.

Psychologische Situation und interindividuelle Unterschiede

Phares (1976) beschreibt in einem Beispiel sehr anschaulich die Bedeutung der psychologischen Situation für die Entstehung subjektiver Erwartungen und sich daraus ergebender Verhaltensweisen. Zwei objektiv betrachtet sehr unterschiedliche Situationen (Umweltreize) wie ein Sportplatz und das eheliche Schlafzimmer können durchaus psychologisch ähnlich sein, wenn ein Mann beide Situationen als ein geeignetes Feld für das Ausleben seiner aggressiven Männlichkeitsvorstellungen erlebt. Für einen anderen Mann sind beide Situation psychologisch komplett unähnlich. Auch er agiert auf dem Sportplatz in überaus aggressiv-männlicher Form, verhält sich aber im ehelichen Schlafzimmer aufgrund bestimmter Misserfolgserwartungen unsicher und ängstlich. Als Ursache für solche interindividuellen Differenzen wird eine unterschiedliche Lern- bzw. Lebensgeschichte angenommen.

Person- und Situationsvariablen zur Verhaltensvorhersage

Mit dem Konzept der psychologischen Situation führt Rotter (1982) zusätzlich zu der Erwartung und dem Verstärkungswert einen weiteren zentralen Aspekt bei der Vorhersage von Verhalten ein. Im Rahmen der Verhaltensvorhersage stellen die Psychoanalyse und die behavioristischen Ansätze zwei Gegenpole dar. Aus Sicht der Psychoanalyse (vgl. Kapitel 2) sind es vor allem personinterne Dispositionen, die das Verhalten determinieren, wohingegen aus behavioristischer Sicht (vgl. Kapitel 4) personexterne Umwelt- bzw. situative Bedingungen individuelles Verhalten bestimmen und vorhersagbar machen. Beide Alternativen schätzt Rotter (1982) als unzulänglich ein. Um zu einer validen Verhaltensvorhersage zu gelangen, muss nach seiner Ansicht einerseits berücksichtigt werden, welche relativ stabilen (Persönlichkeits-)Merkmale ein Individuum in eine Situation mitbringt. Andererseits müssen die in der Situation aktuell vorhandenen, bedeutungshaltigen Hinweisreize mit einbezogen werden. Dabei geht Rotter davon aus, dass sowohl die Personvariablen als auch die Situationsvariablen durch vorangegangene individuelle Lernprozesse beeinflusst sind.

5.1.3 Internale vs. externale Kontrollüberzeugung

Spezifische vs. generalisierte Erwartungen

Individuelle Erwartungen können spezifisch, d. h. auf eine bestimmte Situation bezogen, oder generalisiert, d. h. situationsübergreifend, sein. Die soziale Lerntheorie von Rotter berücksichtigt sowohl spezifische als auch generalisierte Erwartungen. Um spezifische Erwartungen ausbilden zu können, benötigt man Vorerfahrung und Informationen über die Situation, für die eine spezifische Erwartung aufgestellt werden soll (vgl. Kasten). Insbesondere in neuen Situationen, mit denen wir noch keine Erfahrung haben, verlassen wir uns deshalb häufig auf generalisierte Erwartungen (Rotter, 1966).

Spezifität und Generalität von Konstrukten bei der Vorhersage von Verhalten

Spezifische Konstrukte sind konkret und auf einen engen Anwendungsbereich bezogen. Generelle Konstrukte sind dagegen sehr abstrakt, verfügen aber über einen sehr viel breiteren Anwendungsbereich. Beide Arten von Konstrukten weisen jeweils gewisse Vor- und Nachteile bei der Vorhersage von Verhalten auf.

Spezifische Konstrukte erlauben eine relativ genaue Vorhersage, die aber nur für ganz bestimmte Situationen Gültigkeit haben. Wenn wir wissen, dass sich zwei Personen noch nie leiden konnten, seit Jahren zerstritten sind und eine ausgeprägte Tendenz haben, aufeinander loszugehen, wenn sie sich irgendwo treffen, können wir mit großer Sicherheit vorhersagen, dass es zu einer aggressiven Auseinandersetzung kommen wird, wenn sie sich in angetrunkenem Zustand zufällig begegnen. Eine verlässliche Aussage darüber, ob sich diese beiden Personen anderen Menschen gegenüber ebenfalls aggressiv verhalten werden, ist auf der Basis der vorliegenden Informationen kaum möglich.

Generelle Konstrukte erlauben Vorhersagen für viele verschiedenartige Situationen und erfordern sehr viel weniger Informationen als die Anwendung spezifischer Konstrukte. Dafür sind die Vorhersagen mittels genereller Konstrukte weniger genau. Ist von einer Person nur bekannt dass sie sehr aggressiv ist, können wir zwar vorhersagen, dass sie generell, also über viele Situationen hinweg, aggressiver reagieren wird als eine Person mit gering ausgeprägter Aggressivität. Allerdings können wir nur eine wenig valide Aussage treffen, wenn es darum geht vorherzusagen, wie sich diese aggressive Person einer ganz bestimmten anderen Person gegenüber verhalten wird. Eine solche spezifische Vorhersage für einen Einzelfall wird deshalb erschwert, weil viele zusätzliche Einflussfaktoren (z. B. Art der Beziehung oder Sympathie zwischen den beiden Personen, Anwesenheit anderer Personen, Anlass und Rahmen des Zusammentreffens etc.) mit entscheidend dafür sind, wie sich die generell als aggressiv geltende Person in diesem speziellen Fall verhält.

Internale vs. externale Kontrollüberzeugung

Eine der zentralen generalisierten Erwartungen bezieht sich nach Rotter (1966) auf die internale vs. externale Kontrollüberzeugung *(internal vs. external control of reinforcement)*, ein erworbenes Persönlichkeitsmerkmal, das häufig auch als *locus of control* bezeichnet wird. Unter internaler Kontrollüberzeugung versteht Rotter die Erwartung des Individuums, dass es auf die Konsequenzen seines Handelns – also auf das Erlangen einer bestimmten Verstärkung – Einfluss nehmen kann. Eine externale Kontrollüberzeugung ist dagegen gekennzeichnet durch die Erwartung, dass das Erlangen einer bestimmten Verstärkung bzw. das Eintreffen einer bestimmten Verhaltenskonsequenz außerhalb der eigenen Einflussmöglichkeiten liegt. Während Personen mit einer internalen Kontrollüberzeugung daran glauben, durch eigene Leistung oder Anstrengung bestimmte Verhaltenskonsequenzen herbei führen zu können, gehen Personen mit einer externalen Kontrollüberzeugung davon aus, dass die Folgen ihrer Handlungen nicht von ihnen selbst abhängig sind, sondern von Umständen, die außerhalb ihrer Person liegen (z. B. Zufall, Glück oder anderen Menschen, die über entsprechende Macht verfügen).

Obwohl die Kontrollüberzeugung eine generalisierte Erwartung ist, die das Verhalten einer Person über verschiedene Situationen hinweg charakterisiert, kann es bestimmte Situationen geben, in denen beispielsweise auch eine Person mit einer externalen Kontrollüberzeugung sich wie eine Person mit einer internalen Kontrollüberzeugung verhält. Die Ursache für eine solche Inkonsistenz ist in der individuellen Lerngeschichte begründet. So hat beispielsweise eine Person die Erfahrung gemacht, dass sie insgesamt betrachtet sehr geringe Einflussmöglichkeiten auf die Folgen ihres Verhaltens hat. In einigen wenigen Situationen hat sie jedoch erlebt, dass sie durch ihr eigenes Verhalten die erhofften Verhaltenskonsequenzen herbeiführen kann.

Psychometrische Erfassung der individuellen Kontrollüberzeugung

Zur Messung der Kontrollüberzeugung stehen verschiedene Fragebogen zur Verfügung. Eines der bekanntesten dieser psychometrischen Verfahren ist der *IPC-Fragebogen zu Kontrollüberzeugungen* von Krampen (1981), der aus drei Skalen mit jeweils acht Items besteht:

- Die I-Skala dient der Erfassung von Internalität (I). Personen mit einem hohen I-Wert weisen eine stark ausgeprägte internale Kontrollüberzeugung auf. Beispielitem: *„Ich kann ziemlich viel von dem, was in meinem Leben passiert, selbst bestimmen".*
- Die P- und C-Skala messen zwei verschiedene Aspekte der externalen Kontrollüberzeugung. Ein hoher Wert auf der P-Skala (P steht für den englischen Begriff *potency*) zeigt an, dass die Person sich selbst als machtlos und in ihren Verhaltenskonsequenzen als von mächtigen anderen abhängig erlebt. Beispielitem: *„Mein Leben wird hauptsächlich von mächtigeren Leuten kontrolliert".*
- Eine Person mit einem hohen Wert auf der C-Skala (C steht für den englischen Begriff *chance*) weist eine fatalistische Grundhaltung auf und glaubt, dass das Eintreten einer bestimmten Verhaltenskonsequenz weitgehend vom Schicksal, Glück, Zufall oder Pech abhängig ist. Beispielitem: *„Wenn ich bekomme, was ich will, so geschieht das meistens durch Glück".*

Antezedente Bedingungen der Kontrollüberzeugung

Ob ein Individuum eine internale oder externale Kontrollüberzeugung entwickelt, hängt von seinen Erfahrungen und seiner Lerngeschichte ab. So konnte belegt werden, dass ein positiver Zusammenhang zwischen einem stark kontrollierenden Erziehungsstil der Eltern und einer hohen externalen Kontrollüberzeugung besteht (de Man, Leduc & Labreche-Gauthier, 1992). Weitere Befunde legen nahe, dass ein elterliches Erziehungsverhalten, das durch positive emotionale Zuwendung, Unterstützung und Bestätigung geprägt ist und dem Kind

Handlungsfreiraum lässt, positiv mit einer internalen und negativ mit einer externalen Kontrollüberzeugung korreliert ist (Krampen, 1982). Auch die Zugehörigkeit zu einer höheren sozialen Schicht scheint zu einer stärkeren internalen Kontrollüberzeugung beizutragen. Als Erklärung für den Zusammenhang wird darauf verwiesen, dass Mitglieder einer höheren sozialen Schicht über günstigere Gelegenheiten verfügen als Angehörige niedrigerer Schichten, wahrgenommene eigene Kontrolle in sozialen Situationen zu erleben (Phares, 1976).

Verhaltenskorrelate der internalen vs. externalen Kontrollüberzeugung

- **Andere Persönlichkeitsmerkmale:** Personen mit einer externalen Kontrollüberzeugung neigen dazu, ängstlicher, aggressiver, dogmatischer, misstrauischer, unsicherer, weniger leistungsorientiert und dafür eher misserfolgvermeidend zu sein als Personen mit einer internalen Kontrollüberzeugung (vgl. Weber & Rammsayer, in Vorb., Kapitel 6).
- **Informationsverarbeitung:** Verschiedene Befunde specthen für eine effizientere Informationsverarbeitung und Problemlösefähigkeit bei internalen Personen. In einer Untersuchung von Wolk und Ducette (1974) hatten Versuchspersonen die Aufgabe, einen Text zu lesen und auf Rechtschreibfehler zu achten. Anschließend wurden sie nach der Anzahl und Art der Rechtschreibfehler (= intentionales Lernen) sowie nach bestimmten Inhalten des Textes (= inzidentelles Lernen) befragt. Versuchspersonen mit einer internalen Kontrollüberzeugung zeichneten sich sowohl durch bessere Leistungen beim intentionalen als auch beim inzidentellen Lernen aus.
- **Gesundheitsbezogenes Verhalten:** Insbesondere im Bereich der Gesundheitspsychologie kommt der Kontrollüberzeugung eine entscheidende Rolle zu. So scheint bei chronischen Erkrankungen wie HIV-Infektionen (Préau et al., 2005), Diabetes (Aalto, Uutela & Aro, 1997) oder Migräne (Nicholson, Houle, Rhudy & Norton, 2007) eine stark ausgeprägte internale Kontrollüberzeugung mit einer höheren Lebensqualität verbunden zu sein.
- **Psychopathologie:** Studien zum Zusammenhang zwischen der Kontrollüberzeugung und Depression belegen einen positiven Zusammenhang zwischen externaler Kontrollüberzeugung und dem Schweregrad der Depression und einen negativen Zusammenhang zwischen internaler Kontrollüberzeugung und Depression (Jaswal & Dewan, 1997).

Obwohl zahlreiche Ergebnisse dafür sprechen, dass eine stark ausgeprägte internale Kontrollüberzeugung in den verschiedenen Lebensbereichen eine bessere psychologische Anpassung gewährleistet, kann unter gewissen Umständen auch eine externale Kontrollüberzeugung durchaus adaptiv sein. Wenn beispielsweise eine Person immer wieder erlebt, dass sie bestimmten Leistungsanforderungen oder sozialen Erwartungen nicht gerecht wird, kann ihr eine externale Kontrollüberzeugung helfen, ein positives Selbstbild aufrechtzuerhalten, da sie ihr Versagen external attribuieren kann (Anderman & Midgley, 1997).

5.2 Albert Bandura (geboren 1925)

Albert Bandura

© Fotograf: Linda A. Cicero/ Standford News Service

Im Mittelpunkt der Theorie von Albert Bandura stehen kognitive und soziale Einflussfaktoren auf Prozesse des Lernens sowie auf die Produktion und Regulation von Verhalten. Bandura (1986, 1997, 1999) bezeichnet seinen Ansatz als eine *sozial-kognitive Theorie* und unterstreicht damit die beiden aus seiner Sicht wesentlichen Einflüsse auf menschliches Verhalten: Kognitive Faktoren auf Seiten der Person zum einen und die soziale Umwelt zum anderen, die Lerngelegenheiten bereitstellt (oder vorenthält) und beeinflusst, welches Verhalten mit welchen Folgen ausgeführt wird. Dabei verwundert, dass Bandura (zumindest in seinen jüngeren Arbeiten) auf den Zusatz *Lern*theorie verzichtet, obschon Lernprozesse in seiner Theorie – im Unterschied etwa zu Rotter – eine zentrale Rolle spielen.

5.2.1 Lernen am Modell

Vier Teilprozesse des Lernens am Modell

Bandura sieht in Lernen durch Beobachtung von Modellen die wesentliche Quelle erworbener Verhaltensmuster. Er unterscheidet dabei vier Teilprozesse, bei denen jeweils Merkmale des Geschehens und Merkmale der beobachtenden Person Einfluss darauf nehmen, in welchem Maße ein beobachtetes Verhalten gelernt und in der Folge die Praxis umgesetzt wird:

1. Der Prozess der *Aufmerksamkeit* für ein Geschehen wird beeinflusst durch Merkmale des Geschehens (Bedeutsamkeit, Komplexität, Zugänglichkeit, Instrumentalität) und Merkmale des Beobachters (kognitive Fähigkeiten, Wahrnehmungspräferenzen, Aktivierungsniveau).
2. Der Prozess der *Speicherung* des beobachteten Geschehens wird beeinflusst durch die Art und Weise, wie Informationen gespeichert werden, wie häufig diese abgerufen werden sowie durch die kognitiven Fähigkeiten des Beobachters.
3. Der Prozess der *Produktion* des beobachteten Verhaltens wird beeinflusst durch mentale Repräsentationen des Verhaltensablaufs, durch Korrekturen des produzierten Verhaltens infolge von Feedback sowie durch die relevanten physisch-motorischen Fertigkeiten und Fähigkeiten des Beobachters.
4. Der Prozess der *Motivation*, der dazu führt, dass gelerntes Verhalten in die Tat umgesetzt wird, wird beeinflusst durch äußere Anreize oder Verstärker, stellvertretende Verstärkung (d. h. die beobachteten Konsequenzen für das Modell), Selbstverstärkung und durch Merkmale des Beobachters (Verstärker-Präferenzen, persönliche Standards).

Wie aus der Aufteilung der vier Teilprozesse hervorgeht, trennt Bandura klar zwischen dem Erlernen und Üben von Verhalten (Teilprozesse Prozesse 1 bis 3) und der tatsächlichen Umsetzung gelernter Verhaltensmuster in einer bestimmten Situation, die durch den Prozess der Motivation gesteuert wird. Das heißt letztlich: Eine Person kann ein Verhaltensmuster durch Beobachtung lernen, ohne es je in die Tat umzusetzen, wenn die Motivation dazu fehlt.

Die „Bobo-doll"-Studien

Der entscheidende Stellenwert der Motivation wurde in den weithin bekannt gewordenen Untersuchungen deutlich, in denen ein erwachsenes Modell vor den Augen der kindlichen Versuchspersonen eine lebensgroße Puppe („Bobo Doll") malträtierte (Bandura, 1965). In unterschiedlichen experimentellen Bedingungen wurde das Modell für sein aggressives Verhalten entweder belohnt oder bestraft; in einer Kontrollbedingung blieb das Verhalten ohne Konsequenzen. Die Ergebnisse zeigen, dass die Kinder das von dem Modell vorgeführte Verhalten spontan in geringerem Maße nachahmten, wenn das Modell für das Verhalten bestraft wurde im Vergleich zu der Bedingung, in der es belohnt wurde. Wenn den Kindern jedoch ein Anreiz für die Reproduktion des gezeigten Verhaltens geboten wurde, konnten sie das Verhalten unabhängig von der experimentellen Bedingung reproduzieren: Sie hatten es *unabhängig* von den beobachteten Konsequenzen gelernt. Bei der Frage jedoch, ob das Gelernte auch in die Tat umgesetzt wird, kam den Verstärkungsbedingungen (in diesem Fall externen Verstärkern in Form einer kleinen Belohnung) eine entscheidende Rolle zu.

5.2.2 Erwartungen

Der Theorie von Bandura (z. B. 1986, 1997, 1999) zufolge nehmen drei Merkmale der Person im Prozess der Verhaltensproduktion und Verhaltensregulation eine Schlüsselrolle ein: Ihre Erwartungen, ihr Verhaltenspotenzial und ihre Verhaltensstandards. Bandura hat sich in seinen Forschungsarbeiten insbesondere mit den kognitiven Variablen – den Erwartungen – beschäftigt. Er unterscheidet dabei zwei Arten von Erwartungen:

Ergebniserwartungen

1. Den ersten Erwartungstyp bilden die aus der Theorie von Rotter bereits bekannten *Ergebniserwartungen*, d. h. Erwartungen im Hinblick darauf, mit welchen Konsequenzen ein bestimmtes Verhalten verbunden ist. Bandura benennt drei Klassen von Folgen, auf die sich die Ergebniserwartungen richten können.
   - *Körperlich-physische Folgen* beinhalten das Ausmaß an erlebtem Wohlbehagen oder Unbehagen (so kann eine Person beispielsweise erwarten, dass Sport dazu führt, dass sie sich gut und fit fühlt).

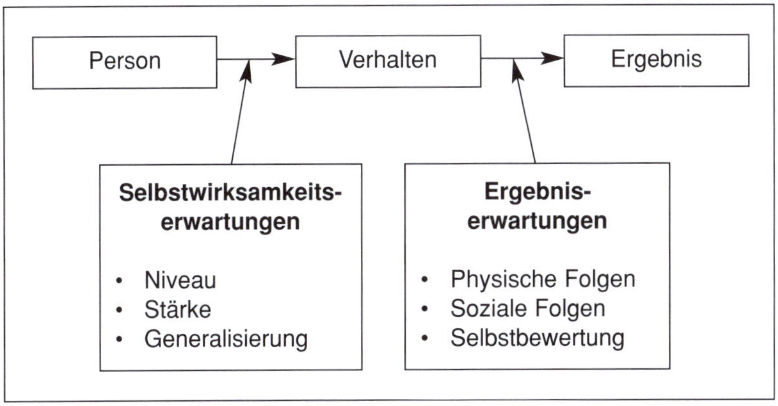

Abbildung 3: Der Einfluss von Erwartungen auf die Verhaltensregulation

- *Soziale Folgen* beziehen sich auf das Ausmaß an Zustimmung durch andere und die Instrumentalität eines Verhaltensergebnisses im sozialen Kontext, etwa den Zugewinn an Macht und Einfluss (eine Person kann beispielsweise erwarten, dass ihre freiwillige Teilnahme an einer Fortbildungsmaßnahme vom Arbeitgeber honoriert wird und sie damit langfristig bessere Aufstiegschancen hat).
- *Folgen im Hinblick auf die Selbstbewertung*, d. h. das Ausmaß, in dem die persönlichen Verhaltensstandards erreicht werden (ein Student kann beispielsweise erwarten, dass eine durch intensive Prüfungsvorbereitung erzielte gute Note dazu führt, dass er seinem persönlichen Anspruch an gute Leistungen gerecht wird).

Die Erwartung von Selbstwirksamkeit

2. Die zweite Form der Erwartung beinhaltet die Erwartung, ein bestimmtes Verhalten auch ausüben zu können. Bandura nannte diesen Erwartungstyp *self-efficacy*, im Deutschen übersetzt als Erwartung von Selbstwirksamkeit. Die Erwartung von Selbstwirksamkeit fand in den Arbeiten von Bandura (Überblick 1997) besondere Aufmerksamkeit. Denn für Bandura steckt in der Erwartung in die eigene Fähigkeit der Kern des von ihm vertretenen Bild des Menschen als einem *aktiven* Wesen. Solange Menschen nicht überzeugt sind, dass sie mit ihrem Verhalten erwünschte Effekte erzeugen können, besteht für sie aus seiner Sicht kaum ein Anreiz, aktiv zu werden, geschweige denn, sich von auftretenden Schwierigkeiten nicht beirren zu lassen und ihre Bemühungen fortzusetzen.

Die zentrale Rolle der Selbstwirksamkeit für die Verhaltensregulation

Selbstwirksamkeit ist nach Bandura so zentral, weil sie auf alle anderen Faktoren im Prozess der Verhaltensproduktion und Verhaltensregulation Einfluss nimmt. Sie bestimmt darüber mit, welche Aktivitäten eine Person wählt, wie intensiv sie diese verfolgt, welchen Anspruch sie an ihre Leistungsfähigkeit stellt, welche Wissensbestände sie erwirbt und mit welchem Erfolg sie ihre vorhandenen Kompetenzen umsetzt. Denn bei Selbstzweifeln, d. h. einer mangelnder Erwartung von Selbstwirksamkeit, kann sich eine im Prinzip vorhandene Fähigkeit nicht richtig entfalten und eine Person bleibt hinter ihren Möglichkeiten zurück. Leistungen hängen nach Bandura eben nicht nur von den Fähigkeiten ab, sondern auch von der Erwartung einer Person, dass sie ihre Fähigkeiten erfolgreich umsetzen kann. Selbstwirksamkeit trägt zusätzlich zu anderen Einflussfaktoren zu Motivation und Leistung bei (Bandura & Locke, 2003).

5.2.3 Die Erfassung von Selbstwirksamkeit

Bandura definiert Selbstwirksamkeit als die Erwartung einer Person, ein bestimmtes Verhalten realisieren zu können. Selbstwirksamkeitserwartungen lassen sich nach drei Aspekten unterscheiden:
- das Schwierigkeitsniveau des auszuführenden Verhaltens,
- die Spezifität des Verhaltens, d. h. die Enge oder Breite des Verhaltensbereiches, auf den sich die Erwartung bezieht,
- die Stärke ihrer Ausprägung, d. h. das Ausmaß an subjektiver Gewissheit, mit der eine erfolgreiche Verhaltensausübung erwartet wird.

Selbstwirksamkeit wird demzufolge erfasst, indem Personen angeben, ob und mit welcher Gewissheit sie davon überzeugt sind, ein bestimmtes Verhalten realisieren zu können (vgl. Tabelle 3).

Tabelle 3: Die Erfassung von Selbstwirksamkeit an einem fiktiven Beispiel

Beispiel: Items zur Erfassung der Selbstwirksamkeitserwartung gegenüber einer Prüfungsvorbereitung				
Manchmal gibt es Umstände, die die Prüfungsvorbereitung erschweren.				
Ich werde auch dann für meine Prüfung lernen, wenn …	sehr unsicher	eher unsicher	eher sicher	sehr sicher
… ich morgens früher aufstehen muss.	O	O	O	O
… ich noch fehlende Unterlagen besorgen muss.	O	O	O	O
… ich dadurch weniger Freizeit habe.	O	O	O	O
… ich meine Hobbys einschränken muss.	O	O	O	O
… ich die Einzige von meinen Freunden bin, die derzeit lernen muss.	O	O	O	O
… meine Freunde zum Strand fahren.	O	O	O	O

Während Bandura Selbstwirksamkeit auf einen mehr oder weniger begrenzten Verhaltensbereich bezieht, gehen andere Autoren davon aus,

Generalisierte Erwartungen von Selbstwirksamkeit

dass solche Erwartungen über unterschiedliche Inhaltsbereiche hinweg generalisieren und die Form einer allgemeinen Kompetenzerwartung annehmen können. In diesem Fall erwartet eine Person, dass sie generell in der Lage ist, mit schwierigen Situationen umgehen zu können. Jerusalem und Schwarzer (1999) haben eine Skala entwickelt, mit der eine solche allgemeine Erwartung von Selbstwirksamkeit erfasst wird. Beispielitems aus dieser Skala sind: „Wenn sich Widerstände auftun, finde ich Mittel und Wege, mich durchzusetzen" oder „Wenn ein Problem auftaucht, kann ich es aus eigener Kraft meistern".

5.2.4 Quellen der Selbstwirksamkeit

Vier Quellen der Selbstwirksamkeit

Zum Aufbau von Selbstwirksamkeit können vier unterschiedliche Quellen beitragen:

- Die zweifellos wirksamste Quelle sind „mastery experiences", d. h. die Erfahrung einer Person, dass sie das in Frage stehende Verhalten erfolgreich ausgeführt hat. Nur das Wissen, dass beispielsweise eine gefürchtete Situation durchgestanden oder gar gemeistert wurde, verschafft die subjektive Gewissheit, dass man über die entsprechende Fähigkeit verfügt. Dabei ist jedoch wichtig, dass der Erfolg der *eigenen* Fähigkeit zugeschrieben wird, und nicht anderen Faktoren wie Zufall oder der Hilfe von anderen.
- Die zweite Quelle der Selbstwirksamkeit ist die Beobachtung von erfolgreich agierenden Modellen, insbesondere von Personen, die als der eigenen Person ähnlich wahrgenommen werden, da dies die Erwartung im Sinne von „Wenn die das kann, dann schaffe ich es auch" verstärkt. Hilfreich ist es zudem, wenn die Modelle zugleich relevantes Wissen über das Verhalten vermitteln.
- Die Zusicherung von anderen, dass sie einer Person zutrauen, ein bestimmtes Verhalten realisieren zu können („Du schaffst das schon!") dient als dritte Quelle für die Erwartung von Selbstwirksamkeit. In diesem Fall ist es besonders hilfreich, wenn andere nicht nur gut zureden, sondern auch Gelegenheiten schaffen, das Verhalten ausüben zu können.
- Schließlich verlassen sich Personen auf ihre eigenen körperlichen und affektiven Reaktionen in einer kritischen Situation als Quelle für die Erwartung von Selbstwirksamkeit. Nimmt eine Person beispielsweise wahr, dass sie eine gefürchtete Situation relativ ruhig und gelassen angeht, wird sie sich eine höhere Selbstwirksamkeit zuschreiben, als wenn sie ihre zitternden Knie wahrnimmt und starkes Herzklopfen verspürt.

Die Rolle der Selbstwirksamkeit in der Verhaltensregulation wurde in einer Vielzahl von Studien aus unterschiedlichen Anwendungsgebieten überprüft (Bandura, 1997; Bandura & Locke, 2003). Eine zentrale Bedeutung hat sie in der Klinischen Psychologie und in der Verhaltenstherapie, in der der Aufbau von Selbstwirksamkeit zu den entscheidenden therapeutischen Maßnahmen zählt. Das Ausmaß an gewonnener Selbstwirksamkeit indiziert zugleich den Erfolg einer Therapie, beispielsweise die sukzessiv wachsende Bereitschaft, sich Situationen auszusetzen, vor denen zuvor eine phobische Angst bestand. Weitere Anwendungsgebiete sind das Gesundheitsverhalten (z. B. der Umgang mit chronischen Schmerzen oder die Einhaltung von Diäten) sowie Leistungsverhalten in der Schule, im Sport oder im Arbeits- und Berufsbereich.

Selbstwirksamkeit in unterschiedlichen Anwendungsgebieten der Psychologie

Fünf menschliche Fähigkeiten

Bandura (1986, 1997, 1999) schreibt dem Menschen fünf grundlegende Fähigkeiten zu, die sein Bild des Menschen als aktiv, selbstbestimmt und sich selbstregulierend untermauern:

- die Fähigkeit, Wissen symbolisch zu repräsentieren, zum Beispiel in Form von Sprache *(symbolizing capability)*,
- die Fähigkeit, Wissen und Fertigkeiten durch Beobachtung von Modellen zu erwerben *(vicarious capability)*,
- die Fähigkeit, Verhaltensfolgen zu antizipieren *(forethought capability)*,
- die Fähigkeit zur Selbstregulation *(self-regulatory capability)*, d. h. die Fähigkeit, sich Ziele zu setzen und zu überprüfen, inwieweit diese auch erreicht werden,
- die Fähigkeit zur Selbstreflexion, d. h. die Fähigkeit, über sich selbst nachzudenken und das eigene Verhalten bewusst zu reflektieren *(self-reflective capability)*.

5.2.5 Triadisch reziproke Verursachung

Prozesse der Verhaltensproduktion und Verhaltensregulation erfolgen im Kontext der materiellen und sozialen Umwelt einer Person. Bandura (1986, 1997, 1999) zufolge stehen dabei Umwelt, Person (d. h. ihre biologischen, affektiven und kognitiven Merkmale) und ihr Verhalten in einer gegenseitigen Wechselbeziehung, die er als *triadisch reziproke Verursachung* bezeichnet (bisweilen findet sich in der Literatur auch die Beschreibung „reziproker Determinismus"). Mit diesem Modell will Bandura vor allem zum Ausdruck bringen,

Merkmale der Person, Verhalten und Umwelt stehen in gegenseitiger Wechselbeziehung dass Menschen zugleich Gestalter und Produkte ihrer sozialen Umwelt sind (vgl. Abb. 4).

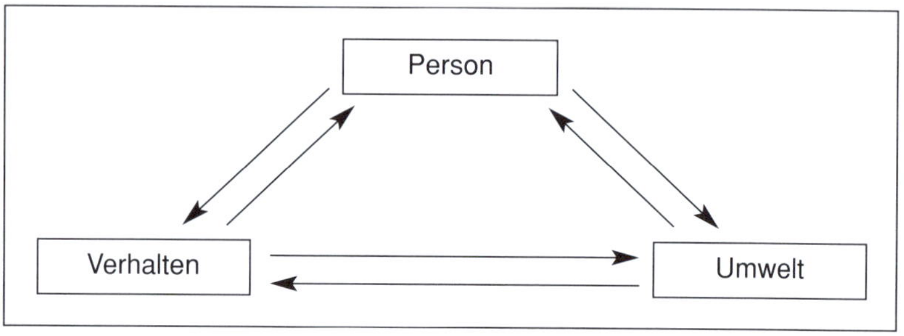

Abbildung 4: „Triadisch reziproke Verursachung" nach Bandura (1997)

So kann beispielsweise die Neigung einer Person zu Misstrauen gegenüber anderen (Personmerkmal) in einer aggressiv konkurrenzbetonten Umwelt die Wahrscheinlichkeit erhöhen, dass Misstrauen in offen aggressives Verhalten umschlägt (Verhalten). Dies kann wiederum die Wahrscheinlichkeit erhöhen, dass andere mit Aggression antworten und somit eine durch Aggression geprägte Umwelt verstärkt wird. Bandura zufolge sind solche Vorgänge jedoch nicht deterministisch in der Form, dass ein bestimmter Effekt zwangsläufig erfolgen muss; Zufälle können jederzeit eintreten und dem Geschehen eine andere Richtung geben.

5.3 Walter Mischel (geboren 1930)

Walter Mischel, für lange Jahre ein Kollege von Albert Bandura an der Stanford University, hat mehr noch als Bandura die sozial-kognitive Theorie auf den spezifischen Bereich der Persönlichkeitspsychologie übertragen. Er sieht sich dabei in der Tradition von Julian B. Rotter und George Kelly. Mischels große Leistung liegt vor allem darin, dass er das vorliegende Wissen um den Einfluss von Personmerkmalen auf Lernprozesse und Prozesse der Verhaltensregulation in einem Modell der Persönlichkeit integriert, das er als *Kognitiv-Affektives Persönlichkeitssystem (CAPS)* bezeichnet.

Das kognitiv-affektive Persönlichkeitssystem (CAPS)

Mit der Formulierung des *CAPS* verbindet sich das langjährige Anliegen von Mischel, diejenigen Merkmale zusammenzuführen, die in besonderem Maße geeignet sind, das Verhalten einer Person zu beschreiben und zu erklären, und die sich in der Forschung als besonders fruchtbar erwiesen haben. Mit dieser Zielsetzung hat Mischel zum ersten Mal in seiner Arbeit von 1973 fünf Personvariablen aus den Bereichen der Kognition und des sozialen Lernens vorgestellt und mit Yuichi Shoda in aktueller Form zu dem *Kognitiv-Affektiven Persönlichkeitssystem* (später auch „Processing System") zusammengestellt (Mischel & Shoda, 1995; 2008; Mischel, 2004).

Die fünf Merkmalsbereiche innerhalb des CAPS

Die fünf Merkmalsbereiche beziehen sich vor allem auf Prozesse der Verarbeitung von (sozialen) Informationen und die Generierung von (sozialem) Verhalten. Sie umfassen:

- *Enkodierungen:* Interindividuelle Unterschiede in Konstrukten zur Kategorisierung der eigenen Person, von anderen Personen, Ereignissen und Situationen (Enkodierungen entsprechen dem Konzept der persönlichen Konstrukte von Kelly, vgl. Kapitel 6).
- *Erwartungen und Überzeugungen:* Interindividuelle Unterschiede in den bekannten Erwartungstypen, darunter Selbstwirksamkeitserwartungen und Ergebniserwartungen (Kontrollüberzeugungen, Optimismus).
- *Affekte:* Interindividuelle Unterschiede in aktuell und habituell erlebten Emotionen einschließlich physiologischer Reaktionen.
- *Ziele und Werte:* Interindividuelle Unterschiede in den Zielen und Projekten, die eine Person verfolgt, und in den Wertmaßstäben, an denen sie ihr Verhalten ausrichtet.
- *Kompetenzen und Pläne zur Selbstregulation:* Interindividuelle Unterschiede in dem Verhaltensrepertoire, über das eine Person verfügt, und in den Strategien und Plänen für die Handlungsorganisation. Zu den Kompetenzen zählt auch die Fähigkeit, Informationen zu transformieren, d. h. Situationen und Erfahrungen flexibel zu kategorisieren oder zu konstruieren. Diese Konstruktionskompetenzen sind aus Sicht von Mischel Bestandteil der praktischen und der sozialen Intelligenz und eine wesentliche Voraussetzung für *Selbstregulation* und damit auch für selbstbestimmte Veränderungen (Mischel, Cantor & Feldman, 1996).

Die besondere Bedeutung der psychologischen Situation

Den Enkodierungen, d. h. den persönlichen Konstrukten, kommt in dem CAPS die Schlüsselrolle zu: An die subjektive Konstruktion einer Situation binden sich Affekte, beide rufen Ziele und Erwartungen wach, die wiederum Kompetenzen und Handlungspläne aktivieren. Mischel und Shoda (1995) betonen damit, dass das Verhalten einer Person nicht durch „objektive" Merkmale einer Situation, sondern durch die subjektive Konstruktion einer Situation und damit ihren psychologisch relevanten Merkmalen bestimmt wird. An dieser Stelle wird die Nähe zu Rotter und Kelly (vgl. Kapitel 6) besonders deutlich, die beide in ihren Theorien die Bedeutung der psychologischen Situation bzw. der subjektiv konstruierten Situation für das Erleben und Verhalten hervorgehoben haben.

Die individuelle Ausprägung in den fünf Personmerkmalen ist nach Mischel das Resultat sowohl der genetisch-biologischen Ausstattung einer Person als auch ihrer (sozialen) Lerngeschichte. Entwicklungen über die gesamte Lebensspanne hinweg sowie aktuelle Einflüsse der Umwelt sorgen jedoch für eine ständige Dynamik.

Mit der Zusammenstellung der fünf Personmerkmale verbindet sich zudem ein konsequent interaktionistisches und personzentriertes Modell, das den Einfluss der Situation auf das Verhalten betont. Nach Mischel lässt sich das Verhalten einer Person im Hinblick auf die fünf Merkmalsbereiche als eine individuelle „Verhaltenssignatur“ in Form von stabilen Verhaltensprofilen abbilden („Wenn Situation s, dann Verhalten v“; vgl. dazu Kapitel 11).

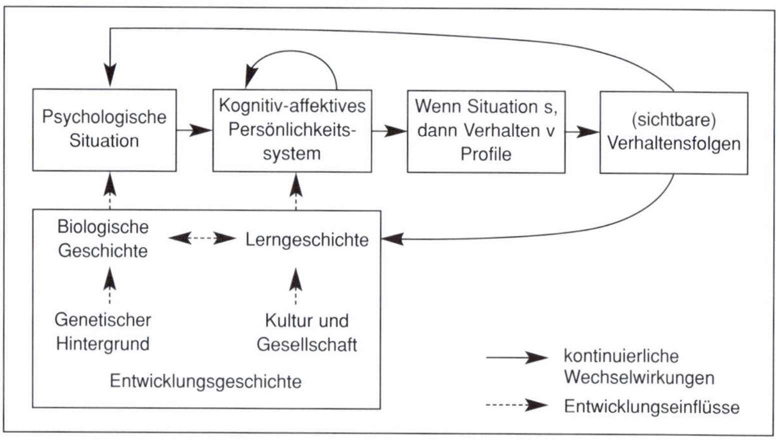

Abbildung 5: Entwicklung und Dynamik des kognitiv-affektiven Persönlichkeitssystems (nach Mischel & Shoda, 1995)

5.4 Bewertung

Die soziale Lerntheorie der Persönlichkeit von Rotter kann als erfolgreicher Versuch betrachtet werden, lerntheoretische Konzepte und kognitive Ansätze miteinander zu verbinden. Im Gegensatz zum traditionellen Behaviorismus bezieht sich Rotter nicht auf tierexperimentelle Ergebnisse, sondern betont die Bedeutung von kognitiven Prozessen für das menschliche Verhalten (z. B. Erwartungen, subjektive Bewertungen und das Erinnern an frühere Erfahrungen). Wie die behavioristischen Ansätze betrachtet auch Rotters soziale Lerntheorie menschliche Verhaltensweisen jedoch ausschließlich als gelerntes Verhalten und vernachlässigt damit weitgehend biologische bzw. genetische Einflussfaktoren. Als Persönlichkeitstheorie hebt Rotters soziale Lerntheorie insbesondere den Aspekt der Veränderung individuellen Verhaltens hervor und stellt damit eher eine Prozesstheorie als eine Strukturtheorie der Persönlichkeit dar. Zugleich muss festgestellt werden, dass Rotter keine umfassende Theorie der Persönlichkeit entwickelt hat, sondern sich damit begnügt, einige grundlegende Konzepte, die eine solche Theorie enthalten sollte, zu elaborieren.

Die Theorie von Albert Bandura hat in viele Teilgebiete der Psychologie Eingang gefunden, vor allem in diejenigen Anwendungsbereiche, in denen es um die Veränderung von Verhalten geht. Für die Persönlichkeitspsychologie ist sie vor allem deshalb relevant, weil sie die Aufmerksamkeit auf interindividuelle Unterschiede in der sozialen Lerngeschichte und in den kognitiven Verhaltensdeterminanten richtet.

Mehr noch als Bandura hat Walter Mischel in seinem *Kognitiv-affektiven Persönlichkeitssystem* die sozial-kognitive Theorie für die Persönlichkeitspsychologie zugänglich gemacht. Zum einen hat er alle Personfaktoren einbezogen, deren Relevanz für die Beschreibung, Erklärung und Vorhersage von Verhalten in der vorliegenden Forschung nachgewiesen wurde (während Bandura sich vorrangig auf den Bereich der Erwartungen konzentrierte). Dazu zählt vor allem auch die Bedeutung subjektiv konstruierter, psychologischer Situationen als Ausgangspunkt des Verhaltens. Zum anderen ist Mischels Theorie offen für alle weiteren Bestimmungsstücke der menschlichen Persönlichkeit, einschließlich genetisch-biologischer Einflussfaktoren. In ihrer inhaltlichen Breite bietet sie den gegenwärtig umfassendsten theoretischen Rahmen für die Persönlichkeitspsychologie.

Zusammenfassung

Zu den einflussreichen Vertretern der sozialen Lerntheorie zählen Julian B. Rotter, Albert Bandura und Walter Mischel.

Mit seiner sozialen Lerntheorie der Persönlichkeit betont Rotter die Bedeutung von Erwartung und Verstärkungswert für das individuelle Verhaltenspotenzial und damit für die Auftretenswahrscheinlichkeit einer bestimmten Verhaltensweise. Sein Konzept der psychologischen Situation verweist darauf, dass der subjektive Bedeutungsgehalt einer sozialen Situation – und nicht objektive Umweltreize – entscheidend für die Art und Weise ist, wie ein Individuum reagiert. Zusätzlich wird das menschliche Verhalten von spezifischen und generellen Erwartungen beeinflusst. Eine generalisierte Erwartung von zentraler Bedeutung stellt nach Rotter die internale vs. externale Kontrollüberzeugung dar.

Im Mittelpunkt der sozial-kognitiven Theorie von Bandura stehen soziale und kognitive Einflussfaktoren auf Prozesse des Verhaltenserwerbs und der Verhaltensregulation. Bandura sieht in Lernen durch Beobachtung von Modellen die wesentliche Quelle erworbener Verhaltensmuster. Die Ausführung gelernten Verhaltens hängt von den Verhaltenszielen einer Person, ihren Kompetenzen und ihren Erwartungen ab. Unter den Erwartungen hebt Bandura Ergebniserwartungen und die Erwartung von Selbstwirksamkeit hervor. Die Erwartung von Selbstwirksamkeit bezieht sich auf die Erwartung, ein Verhalten erfolgreich ausführen zu können. Sie steht in der jüngeren Zeit im Mittelpunkt der Arbeiten von Bandura.

Walter Mischel hat in dem *Kognitiv-Affektiven Persönlichkeitssystem* diejenigen Personmerkmale zusammengeführt, die in besonderem Maße geeignet sind, das Verhalten einer Person zu beschreiben und zu erklären, und die sich in der Forschung als besonders fruchtbar erwiesen haben. Die fünf Merkmalsbereiche beziehen sich vor allem auf Prozesse der Verarbeitung von sozialen Informationen und die Generierung von sozialem Verhalten. Sie umfassen Enkodierungen, Erwartungen, Affekte, Ziele und Werte sowie Kompetenzen.

Fragen

1. Erläutern Sie das Verhaltenspotenzial nach Rotter anhand eines Beispiels.
2. Welche Verhaltenskorrelate der internalen und externalen Kontrollüberzeugung kennen Sie?
3. Welche Teilprozesse unterscheidet Bandura im Prozess des Lernens durch Beobachtung von Modellen?
4. Wie kann die Erwartung von Selbstwirksamkeit erworben werden?
5. Welche Merkmalsbereiche sind Bestandteile des *Kognitiv-Affektiven Persönlichkeitssystems* nach Mischel?

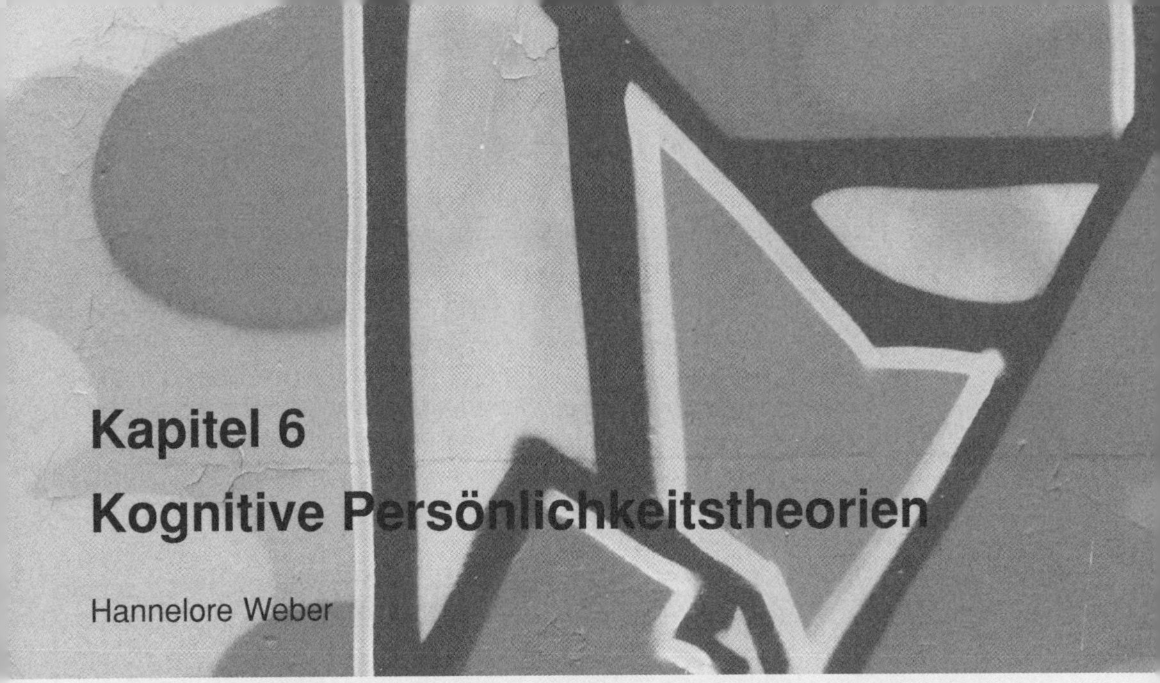

Kapitel 6
Kognitive Persönlichkeitstheorien

Hannelore Weber

Inhaltsübersicht

Kognitive Theorien der Persönlichkeit betonen interindividuelle Unterschiede in der Art und Weise, wie eine Person sich selbst, ihre Erfahrungen und ihre Umwelt konstruiert sowie die Folgen dieser Konstruktionen für das Verhalten. Ein herausragender Vertreter dieser Perspektive ist George Kelly, dessen Theorie der persönlichen Konstrukte ursprünglich vor allem mit Blick auf die Anwendung in der Klinischen Psychologie konzipiert wurde. Zwar hat Kelly selbst seine Theorie nie eine „kognitive“ genannt, sie kann aber dennoch als der Prototyp einer kognitiven Persönlichkeitstheorie verstanden werden.

6.1 Die Theorie der persönlichen Konstrukte von George A. Kelly (1905–1966)

Persönliche Konstrukte

Im Mittelpunkt der Theorie von Kelly steht der Begriff des *Konstruktes*. Ein Konstrukt stellt nach Kelly (1955) ein Ordnungsprinzip dar, eine Dimension, nach der Erfahrungen im Hinblick auf die eigene Person und die soziale und materielle Umwelt unterschieden und mit Bedeutung versehen werden. Kelly nimmt an, dass eine solche Differenzierung bevorzugt in Form *bipolarer* Konstrukte erfolgt. So können beispielsweise „wohlgesonnen“ vs. „übelwollend“ die Pole eines Konstruktes bilden, anhand dessen eine Person ihre Mitmenschen unterscheidet, während eine andere Person die Menschen in ihrer sozialen Umwelt danach einordnet, ob das Zusammensein mit ihnen anregend ist oder sie langweilt.

Unterscheidungen auf der Grundlage von Konstrukten müssen nicht verbalisiert sein und auch nicht bewusst erfolgen, Konstrukte können auch *präverbal* und unbewusst oder implizit sein. Ein Beispiel für ein präverbales Konstrukt wäre die Unterscheidung zwischen Situationen, die körperliches Unbehagen hervorrufen im Gegensatz zu Situationen, in denen körperliches Wohlbehagen empfunden wird, ohne dass diese Unterscheidung verbalisiert wird.

Das Grundpostulat

Kelly (1955) trifft eine Reihe von formalen Annahmen zu Konstrukten, die er in einem Grundpostulat und elf Korollarien ausgeführt hat (einen Überblick geben Westmeyer & Weber, 2004). Das Grundpostulat besagt, dass die Prozesse einer Person – ihr Erleben und Verhalten – durch die Art und Weise, wie sie Ereignisse antizipiert, psychologisch vermittelt und geprägt werden. Die Antizipation künftiger Ereignisse auf der Grundlage der Konstrukte einer Person entscheidet mithin darüber, was sie fühlt und denkt und wie sie handelt. Antizipiert eine Studentin beispielsweise eine bevorstehende Prüfung als ein wahrscheinliches Versagen, könnte aus einer solchen Konstruktion folgen, dass sie die Prüfung fürchtet, Strategien ersinnt, wie sie die antizipierte schlechte Leistung durch andere Leistungen kompensieren kann und eine berufliche Zukunft plant, in der sie keine prüfungsähnliche Situationen durchstehen muss. Ganz andere Folgen hätte die Konstruktion einer Prüfung als eine gute Gelegenheit, den Umgang mit einer herausfordernden Situation zu üben.

Die 11 Korollarien

Weitere Annahmen zu den Konstrukten hat Kelly in den Korollarien zusammengestellt (ein Korollarium bezeichnet in der Sprache der Logik einen Folgesatz, der sich aus einer Prämisse ableitet). Unter den Korollarien ist aus der Sicht der Persönlichkeitspsychologie insbesondere das *Individualitäts-Korollarium* von Bedeutung, demzufolge sich Personen in ihrer Konstruktion von Ereignissen unterscheiden. Das heißt mit anderen Worten: Die Persönlichkeit und Einzigartigkeit eines Menschen resultiert aus seinem Konstruktsystem, seiner spezifischen Art und Weise, Erfahrungen zu strukturieren und ihnen Bedeutung zu verleihen.

Wenn jede Person ein für sie spezifisches Konstruktsystem entwickelt, stellt sich die Frage, wie es überhaupt zu einem sozialen Austausch kommen kann. Denken und reden wir dann nicht aneinander vorbei? Hier besagt das *Sozialitäts-Korollarium*, dass nur dann ein Austausch zustande kommt, wenn eine Person sich bemüht, die Konstruktionen ihrer Interaktionspartner zu konstruieren. Ein Beispiel: Wenn eine Freundin von der Angst erzählt, die sie in einer bestimmten Situation erlebt hat, dann kommt es nur dann zu einem wirklichen Austausch, wenn ich versuche, *ihre* Konstruktion von „Angst" zu konstruieren; ein Austausch käme hingegen nicht zustande, wenn ich unterstellen würde, dass *meine* Konstruktion von Angst auch die *ihre* ist.

Die 11 Korollarien (Kelly, 1955; nach Westmeyer & Weber, 2004)

- **Konstruktions-Korollarium.** Eine Person antizipiert Ereignisse, indem sie ihre Replikationen konstruiert. *Beispiel:* Studentin A antizipiert den Verlauf ihrer bevorstehenden Prüfung als Wiederholung ihrer bisherigen Prüfungserfahrungen.
- **Individualitäts-Korollarium.** Personen unterscheiden sich voneinander in ihrer Konstruktion von Ereignissen. *Beispiel:* Studentin A antizipiert ihre Prüfung völlig anders als Student B.

- **Organisations-Korollarium.** Zum Zwecke der Antizipation von Ereignissen entwickelt jede Person in charakteristischer Weise ein Konstruktionssystem, das Ordnungsbeziehungen zwischen Konstrukten umfasst. *Beispiel:* Der Erfolg in der Prüfung ist für Studentin A dem Ziel untergeordnet, damit dem ersehnten Berufsziel nahe zu kommen; für Student B ist ein Erfolg in der Prüfung eine Möglichkeit, seinen Eltern für ihre Unterstützung zu danken.
- **Dichotomie-Korollarium.** Das Konstruktionssystem einer Person setzt sich zusammen aus einer begrenzten Anzahl dichotomer Konstrukte. *Beispiel:* Studentin C konstruiert die Prüfung als Erfolg vs. Versagen, Student D konstruiert die Prüfung als fair vs. unfair.
- **Wahl-Korollarium.** Eine Person wählt für sich selbst diejenige Alternative innerhalb eines dichotomen Konstrukts, bei der sie größere Möglichkeiten für eine Ausdehnung und/oder genauere Bestimmung des Konstrukts antizipiert. *Beispiel:* Für Studentin E ist Erfolg (und nicht Versagen) derjenige Konstruktpol, mit dem sie sich mehr auseinandersetzt, weil Erfolg für ihr Selbstkonzept und ihre Zukunftspläne die größere Bedeutung hat.
- **Bereichs-Korollarium.** Ein Konstrukt ist nur für die Vorhersage eines begrenzten Bereichs von Ereignissen geeignet. *Beispiel:* Erfolg vs. Versagen ist als Konstrukt für die Vorhersage von Prüfungen geeignet, nicht jedoch für die Vorhersage einer Beziehung zum Partner.
- **Erfahrungs-Korollarium.** Das Konstruktionssystem einer Person variiert, während sie nach und nach die Replikationen von Ereignissen konstruiert. *Beispiel:* Eine neue Erfahrung in einer Prüfung führt bei Student F zu einer veränderten Konstruktion (und Antizipation) künftiger Prüfungen.
- **Modulations-Korollarium.** Die Variation im Konstruktsystem einer Person wird begrenzt durch die Durchlässigkeit der Konstrukte, innerhalb deren Angemessenheitsbereich die Varianten liegen. *Beispiel:* Student G konstruiert eine Prüfung nur als Erfolg vs. Versagen, daher wird seine unterschiedliche Leistungsfähigkeit im Hinblick auf unterschiedliche Anforderungen nicht in sein Konstruktssystem aufgenommen.
- **Fragmentations-Korollarium.** Eine Person kann nacheinander eine Vielzahl von Subsystemen ihres Konstruktionssystems verwenden, die im Hinblick auf die sich aus ihnen ergebenden Schlussfolgerungen unvereinbar miteinander sind. *Beispiel:* Stu-

dentin H ist an allen Inhalten der Klinischen Psychologie höchst interessiert; in der Vorbereitung auf die Prüfung liest sie Bücher zur Klinischen Psychologie nur mit Widerwillen.
- **Ähnlichkeits-Korollarium.** In dem Ausmaß, in dem eine Person eine Konstruktion von Erfahrungen verwendet, die der ähnlich ist, die eine andere Person verwendet, werden ihre psychologischen Prozesse denen der anderen Person ähnlich sein. *Beispiel:* Student K und Studentin L konstruieren die bevorstehende Prüfung sehr ähnlich, daher erleben sie bei den Gedanken an die Prüfung ähnliche Gefühle und Befürchtungen.
- **Sozialitäts-Korollarium.** In dem Ausmaß, in dem eine Person die Konstruktionsprozesse einer anderen Person konstruiert, kann sie eine Rolle in einem sozialen Prozess spielen, der die andere Person mit einbezieht. *Beispiel:* Die Mutter von Student M bemüht sich, die Prüfung mit den Augen ihres Sohnes zu sehen, wenn sie mit ihm über die Prüfung spricht.

Konstrukte entstehen aus wiederholten Erfahrungen; sie bilden jene Elemente ab, die eine Person bei der Wiederholung von Ereignissen als invariant konstruiert: Ein Student beispielsweise, der in Prüfungen mehrfach erfahren hat, dass er hinter der differenzierten Argumentation zurückbleibt, die er in anderen Situationen zeigt, konstruiert Prüfungen als eine Situation, in der er seine Leistungsfähigkeit nicht ausschöpfen kann (im Gegensatz zu Situationen, in denen er sein Potenzial voll zur Geltung bringen kann).

Vorhersage als zentrale menschliche Motivation

Nach Kelly dienen Konstrukte vor allem dazu, künftige Erfahrungen vorherzusagen und damit (kognitive) Kontrolle über die Zukunft zu erlangen. Dieses Bedürfnis erachtet Kelly als die zentrale menschliche Motivation. Die Güte eines Konstruktsystems lässt sich aus der Sicht von Kelly daran bemessen, wie gut es in der Lage es, Erfahrungen Bedeutung zu verleihen und sie vorherzusagen. Dabei geht es nicht um die Frage, ob die Konstruktion einer Erfahrung „richtig“ oder „falsch“ ist (also um das Kriterium der Validität), sondern um das Kriterium der Effektivität, d. h., ob ein Konstrukt Erfahrungen so abbildet, dass eine Person damit zurecht kommt und ihr psychisches und soziales Wohlbefinden nicht beeinträchtigt ist.

Im Idealfall werden Konstrukte modifiziert, wenn sie Erfahrungen nicht angemessen abbilden können. Allerdings unterscheiden sich Konstrukte (bzw. Personen) in dem Ausmaß, in dem sie Änderungen zulassen. Im Falle von *permeablen*, d. h. durchlässigen Konstrukten wird bei neuen Erfahrungen der Konstruktbereich entsprechend erweitert und differenziert; ein solches Konstruktsystem ist integrativ und flexibel. *Impermeable* Konstrukte hingegen lassen neue Elemente nicht zu, was zur Folge hat, dass ständig neue Konstrukte gebildet werden müssen, die womöglich unverbunden nebeneinander existieren.

Präemptive, konstellatorische und propositionale Konstrukte

Eine weitere wichtige Unterscheidung betrifft die Frage, wie differenziert einzelne Elemente konstruiert werden:

- Im Allgemeinen ungünstig sind *präemptive* Konstrukte, bei denen ein Element nur durch ein einziges Konstrukt abgebildet wird, z. B. die Konstruktion einer Prüfung als eine Belastung (die Möglichkeit positiver Erfahrungen und eines Zugewinns von Wissen wird ausgeschlossen).
- Im Falle eines *konstellatorischen* Konstruktes werden feste Beziehungen zwischen Konstrukten angenommen, wie es für Stereotype charakteristisch ist. Hier wird unterstellt, dass, wenn ein Merkmal gegeben ist, auch andere vorhanden sind (z. B. die Unterstellung, dass ein Brillenträger intelligent ist).
- Eine differenzierte – und angemessene – Konstruktion erfolgt bei *propositionalen* Konstrukten. In diesem Fall wird ein Element nur so eingeordnet, wie es aufgrund entsprechender Erfahrung möglich ist, es werden keine darüber hinausgehenden Zuordnungen vorgenommen.

6.2 Konstruktiver Alternativismus

Eine der zentralen und folgenreichen Annahmen Kellys beinhaltet die Aussage, dass es prinzipiell zu jeder Konstruktion Alternativen gibt. Kelly nennt dieses theoretische Prinzip *constructive alternativism*. Damit ist impliziert, dass wir Erfahrungen grundsätzlich auch anders konstruieren können:

> „Like other theories, the psychology of personal constructs is the implementation of a philosophical assumption. In this case the assumption is that whatever nature may be, or howsoever the quest for truth will turn out in the end, the events we face today are subject to as great a variety of constructions as our wits will enable us to contrive. This is not to say that one construction is as good as any other, nor is it to deny that at some infinite point in time

human vision will behold reality out to the most utmost reaches of existence. But it does remind us that all our present perceptions are open to question and reconsideration, and it broadly suggest that even the most obvious occurrences of everyday life might utterly transformed it we were inventive enough to construe them differently“ (Kelly, 1970, S. 1).

In Zitaten wie diesem wird deutlich, dass Kelly die wissenschaftstheoretische Position des Konstruktivismus vertritt, und zwar in der Form, dass angenommen wird, dass der Zugang zur Realität nur über ihre Konstruktion erfolgt, sich die Realität also nicht als solche darstellt (für eine ausführliche Diskussion konstruktivistischer Ansätze siehe Westmeyer & Weber, 2004).

Erfahrungen können prinzipiell auch anders konstruiert werden

Eine Person ist Kelly zufolge also prinzipiell frei, ihre Erfahrungen *unterschiedlich* zu konstruieren – zumindest in den Grenzen, in denen alternative Konstruktionen im Hinblick auf das Kriterium der Effektivität tauglich sind. Das Prinzip des *constructive alternativism* ist dem Alltagsdenken weitgehend fremd, wo wir häufig Alternativen ausschließen und unterstellen, dass Dinge „nun einmal so sind, wie sie sind“, also faktisch und unverrückbar. Dass Erfahrungen auch anders konstruiert werden können, wird nicht zugestanden und kann bisweilen zu erbitterten – aus Kellys Sicht völlig sinnlosen – Auseinandersetzungen darüber führen, welche Sicht denn nun die „richtige“ sei.

6.3 Erfassung von persönlichen Konstrukten

Aus Kellys Annahmen folgt zwingend, dass der Zugang zu einer Person, in alltäglichen Interaktionen ebenso wie im Kontext der psychologischen Diagnostik und Intervention, nur über ihre Konstrukte erfolgen kann, d. h. die Kenntnis darüber, wie die Person sich selbst, andere und ihre Umwelt konstruiert. Kelly hat drei Möglichkeiten vorgeschlagen, die persönlichen Konstrukte einer Person zu erfassen. Die zweifellos einfachste und nahe liegende Möglichkeit ist das offene, freie Gespräch, aus dem unmittelbar hervorgeht, wie eine Person sich selbst und andere konstruiert.

Selbstcharakterisierung in der dritten Person

Eine Variante der freien Beschreibung ist die Selbstcharakterisierung in der dritten Person. Hier besteht der diagnostische Trick darin, dass eine Person aufgefordert wird, sich selbst aus der Sicht eines mit ihr bestens vertrauten und ihr wohl gesonnenen Freundes (oder einer

Freundin) zu beschreiben, dem (oder der) die Aufgabe zufällt, eine Charakterstudie der Person anzufertigen, wie sie für die Hauptfigur in einem Theaterstück geschrieben werden könnte. Eine solche Selbstcharakterisierung könnte beispielsweise so lauten:

Beispiel: Selbstcharakterisierung in der dritten Person

Anna ist ein sehr zurückhaltender Mensch. Sie fühlt sich wohler, wenn sie unbeachtet bleibt, dabei mag sie durchaus die Gesellschaft von anderen. Sie hat wenige, aber enge Freunde. Sie hat oft Probleme, sich zu entscheiden, und leidet darunter. Aktuell ist sie unschlüssig, was sie nach dem Studium machen soll. Sie wünscht, sie würde sich die Dinge nicht so zu Herzen nehmen und könnte das Leben einfach mehr genießen.

6.3.1 Role Construct Repertory (REP)-Test

Die Erfassung von Konstrukten durch den REP-Test

Für die diagnostische Praxis hat sich insbesondere eine dritte Möglichkeit der Erfassung von persönlichen Konstrukten als fruchtbar erwiesen, der *Role Construct Repertory (REP)-Test*, der wegen seiner Form häufig als *Grid-Test* bezeichnet wird. In der ursprünglichen Form dieses Verfahrens werden 18 Rollen-Titel (z. B. Mutter, beliebter Lehrer, glückliche Person) vorgegeben, welche die Testperson mit konkreten Personen aus ihrer sozialen Umwelt ausfüllt. Im nächsten Schritt werden zeilenweise jeweils drei Personen aus der Liste markiert, insgesamt werden 32 solcher Personentripel vorgegeben. Die Testpersonen sind nun aufgefordert anzugeben, in welcher Hinsicht sich zwei der drei Personen einander ähnlich sind (damit wird der Ähnlichkeitspol eines bipolaren Konstrukts benannt) und in welcher Hinsicht sie sich darin von der dritten Person unterscheiden (dies ist der Kontrastpol). Je nach Vorgabe können im Anschluss alle Personen nach allen Konstrukten eingeordnet werden, sodass eine vollständige Person × Konstrukt-Matrix entsteht.

Mit der Bearbeitung des REP-Tests legen die Testpersonen offen, welche Konstrukte sie zur Beschreibung von anderen Personen nutzen und wie viele unterschiedliche Konstrukte sie heranziehen, d. h., wie differenziert ihr Konstruktsystem ist. Wenn alle auf der Liste vorgegebenen Personen nach allen Konstrukten eingeordnet werden, kann zudem untersucht werden, welche Ähnlichkeiten sich zwischen den Personen aufgrund der Konstrukte ergeben (vgl. Abb. 6).

Wichtige Bezugspersonen des Klienten									Konstrukt	
Selbst	Vater	Mutter	Ältere Schwester	Jüngere Schwester	Idol	Lehrer	Partner	Freund	Ähnlichkeit	Kontrast
			x	x					ehrgeizig	nicht ehrgeizig
					x		x		sportlich	unsportlich
x				x					alternativ	konservativ
	x				x				nicht gläubig	gläubig
		x	x						aufgeschlossen	unaufgeschlossen
	x					x			steif	locker
x			x						unattraktiv	attraktiv
								x	warmherzig	kühl

Abbildung 6: (Fiktives) Beispiel für einen REP-Test

Die ursprüngliche Version des REP-Tests wurde in der Folgezeit in vielfacher Hinsicht modifiziert. Der REP-Test bietet sich für Variationen geradezu an. So greift beispielsweise die ursprüngliche Instruktion die Annahme auf, dass Konstrukte bipolar sind. Varianten des Verfahrens verzichten auf diese Annahme und gehen von unipolaren, singulären Konstrukten aus. Der REP-Test kann sich auch statt auf Personen auf andere Elemente beziehen, z. B. auf Situationen oder Ereignisse.

Die Auswertung eines REP-Tests kann zum einen qualitativ erfolgen, zum anderen quantitativ mit Hilfe von Faktorenanalysen oder Clusteranalysen, für die es entsprechende Auswertungsprogramme gibt (Fransella, Bell & Bannister, 2004; Überblick in Westmeyer & Weber, 2004). Aus den quantitativen Analysen, vor allem ihrer grafischen Darstellung, wird leicht ersichtlich, welche Elemente im Hinblick auf welche Konstrukte als ähnlich wahrgenommen werden. So kann beispielsweise auf den ersten Blick deutlich werden, dass eine Klientin ihren Bruder ganz ähnlich wahrnimmt wie ihren Partner (ohne dass ihr dies vorher bewusst war).

6.3.2 Personzentrierte Erfassung

Kennzeichnend für alle diagnostischen Zugänge, die Kelly vorgeschlagen hat, ist ihr *idiographischer* Charakter, d. h. sie sind offen für die individuellen Konstrukte der einzelnen Person, die es ja gerade zu erkunden gilt. In der praktischen Anwendung kann es bei der Analyse des Einzelfalls bleiben. In Forschungskontexten können hingegen auf der Grundlage der idiographischen Erfassung Vergleiche gezogen und Gemeinsamkeiten sowie Unterschiede in den Konstruktsystemen herausgearbeitet werden.

Idiographische Erfassung von Konstrukten

Im Unterschied zu der idiographischen Erfassung geben *nomothetische* Verfahren Dimensionen vor, von denen angenommen wird, dass sie für viele – wenn nicht alle – Testpersonen relevant sind (Weber, 2005). Bei einer nomothetischen Variante des REP-Tests würden mithin die Konstrukte vorgegeben (z. B. freundlich – unfreundlich oder sicher – unsicher) und es wäre lediglich Aufgabe der Testpersonen, die zu beurteilenden Personen nach diesen Dimensionen einzuschätzen. Damit bliebe jedoch offen, ob die vorgegebenen Dimensionen auch den Konstrukten entsprechen, die die Person spontan anwenden würde.

Idiographisch vs. nomothetisch: Zur Begriffsgeschichte

Im Jahr 1894 legte der Philosophieprofessor Wilhelm Windelband in einer Rede an der Universität Straßburg dar, dass es in den „Erfahrungswissenschaften", deren Aufgabe es sei, „eine irgendwie gegebene und der Wahrnehmung zugängliche Wirklichkeit zu erkennen" (S. 22), zwei Wege zu dieser Erkenntnis gebe. Windelband nannte den einen dieser beiden Wege, der die Suche nach allgemeinen Gesetzen beschreitet, *nomothetisch*. Den anderen Weg, der die Untersuchung des spezifischen, historischen Ereignisses umfasst, bezeichnete er als *idiographisch*.

William Stern (1911) übertrug das Begriffspaar auf die psychologische Forschung, als er die „Differentielle Psychologie" als eigenständige psychologische Disziplin konzipierte und dabei vier Teilgebiete unterschied, zwei nomothetische und zwei idiographische. Die beiden nomothetischen Ansätze gehen bei der Suche nach allgemeinen Aussagen von *Gruppen* von Personen aus und untersuchen entweder die Verteilung eines Merkmals in einer Gruppe *(Variationsforschung)* oder den Zusammenhang zwischen Merkmalen *(Kovariationsforschung)*. Zur Erfassung der Individualität, die aus allgemeinen Gesetzmäßigkeiten nicht ableitbar ist, bedarf es nach Stern der idiographischen Ergänzung, die von *Personen* ausgeht. Dies kann zum einen in Form der *Psychografie* geschehen, die das Ziel verfolgt, die an einer einzelnen Person feststellbare Merkmalsfülle umfassend zu beschreiben und übergeordnete Prinzipien zu identifizieren. Die *Komparationsforschung* beinhaltet zum anderen den systematischen Vergleich zwischen mehreren Psychogrammen.

In der Psychologie ist die nomothetische Forschung unbestritten der methodologische Standard. Allgemeine Akzeptanz finden jedoch auch solche Ansätze, die beide Zugänge in der Form kombinieren, dass einer idiographischen Erfassung von relevanten Merkmalen die nomothetische, d. h. gruppenbezogene Analyse der Daten folgt.

6.4 Fixierte Rollentherapie

Kelly selbst hat in der Klinischen Psychologie und in der Psychotherapie den Schwerpunkt der Anwendbarkeit seiner Theorie gesehen. Er hat eine Form der Therapie vorgeschlagen, die auf den ersten Blick ungewöhnlich erscheint, seinen Ansatz jedoch konsequent umsetzt. Kelly geht davon aus, dass negative Gefühle wie Angst und Feindseligkeit sowie psychische Störungen entstehen, wenn ein Konstruktsystem Erfahrungen nicht angemessen abbilden kann. Das ist beispielsweise der Fall, wenn für Erfahrungen keine Konstrukte vorliegen oder Konstrukte beibehalten werden, obwohl sie sich nicht bewähren, d. h. sie verleihen Ereignissen keine Bedeutung und/oder können Ereignisse nicht vorhersagen. Eine Therapie beinhaltet folglich, dass Klienten ihr Konstruktsystem so ändern, dass sie Erfahrungen auf eine für sie mit weniger Leiden verbundene Art und Weise abbilden können. Insbesondere sind sie nach Kelly frei, vergangene Erfahrungen so zu konstruieren, dass sie damit weniger unglücklich werden: *„To put it simply, it is not what the past has done to a man that counts so much as it is what the man does with his past“* (Kelly, 1980, S. 22).

Die „fixierte“ Rolle als Aufbruch in ein verändertes Konstruktsystem

Der Aufbruch in ein verändertes Konstruktsystem im Rahmen der von Kelly vorgeschlagenen Therapie erfolgt über „Fixierte Rollen“. Klienten werden gebeten, für einen begrenzten Zeitraum die Rolle einer anderen Person zu spielen. Das Rollenskript wird von Therapeuten so erstellt, dass eine Person beschrieben wird, die zwar von der Selbstbeschreibung des Klienten abweicht, aber nicht ins Gegenteil verfällt. Würde eine Person lediglich den Konstruktpol wechseln (also als schüchterne Person die Rolle eines „Draufgängers" übernehmen), würde verhindert werden, dass sie *neue* Konstrukte bildet (beispielsweise empathisch oder vertrauenswürdig), mit denen sie ihr Verhalten in sozialen Situationen konstruiert. Zielsetzung ist es, die Klienten zu bewegen, im Schutz der Rolle neue Erfahrungen zu machen, die zu einem veränderten und effektiveren Konstruktsystem führen. Es wird ein Prozess in die Wege geleitet, der ihn oder sie zum Experimentieren ermutigt und letztlich dazu befähigt, bisherige Konstrukte nicht als gegeben, sondern als veränderbar wahrzunehmen (vgl. Abb. 7).

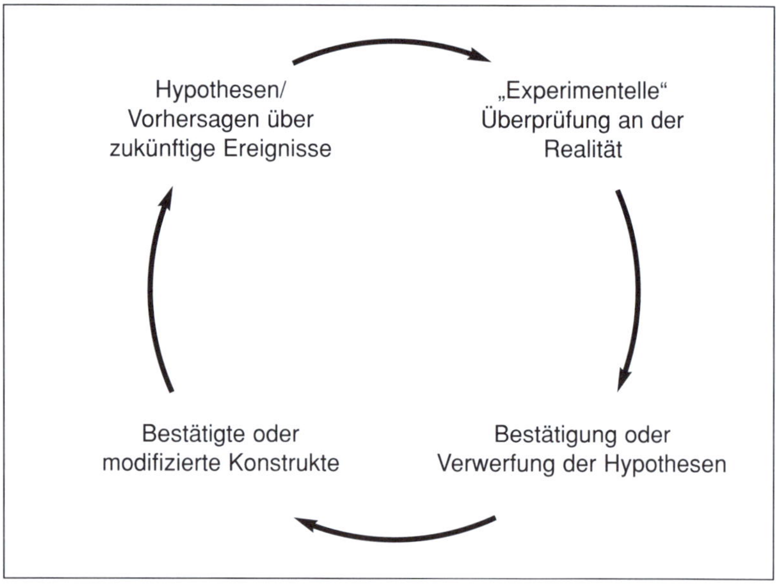

Abbildung 7: Der Experimentierkreis nach Kelly

In der Therapie wird so vollzogen, was aus der Sicht von Kelly (1980) ganz allgemein die optimale Perspektive darstellt: Die Bereitschaft, mit Konstruktionen zu experimentieren, sie als Hypothesen zu verstehen, einer Realitätstestung zu unterziehen und je nach Ausgang entsprechend zu modifizieren. In dieser Hinsicht sieht er den Menschen als einen Wissenschaftler, der auf der Grundlage von Theorien Vorhersagen trifft, prüft, ob sie bestätigt werden, und sie ändert oder aufgibt, wenn sie nicht bestätigt werden.

6.5 Die Rezeption von Kelly in der aktuellen Persönlichkeitspsychologie

Grundgedanken von Kelly bleiben aktuell

Grundgedanken der Theorie der persönlichen Konstrukte wurden außerhalb der Klinischen Psychologie vor allem in zwei Gebieten der persönlichkeitspsychologischen Theorienbildung und Forschung aufgegriffen. Das sind zum einen Arbeiten innerhalb der *sozial-kognitiven Lerntheorie*, für die Kelly – neben Rotter – ein Wegbereiter war. Kelly steht dabei speziell für die kognitive Komponente und eine Konzeption des Menschen, der sich und seine Welt aktiv gestaltet (Cantor, 1990; Mischel, Cantor & Feldman, 1996). Zum anderen sind es Ansätze, die sich mit dem *Selbstkonzept* befassen. In beiden Fällen berufen sich Autoren und Autorinnen vor allem dann auf Kelly, wenn sie von der subjektiven Konstruktion von Situationen, von der Möglichkeit zu alternativen Konstruktionen und von einer personzentrierten Erfassung von Merkmalen ausgehen.

6.5.1 Stellenwert der subjektiven Konstruktion

Zu der Rezeption von Kelly in der sozial-kognitiven Lerntheorie hat vor allem Mischel beigetragen, der Kelly als einen seiner Lehrer betrachtet (Mischel, 1979, S. 744). Innerhalb des *Kognitiv-Affektiven Persönlichkeitssystems (CAPS),* in dem Mischel diejenigen Merkmale zusammengestellt hat, die in besonderem Maße geeignet sind, das Verhalten einer Person zu beschreiben und zu erklären (vgl. Kapitel 5), kommt den Enkodierungen, d. h. den persönlichen Konstrukten, eine Schlüsselrolle zu (Mischel & Shoda, 1995; Mischel, 2004). Es ist die *subjektive Konstruktion* einer Situation und damit ihre psychologisch relevanten Merkmale (und nicht ihre „objektiven" Merkmale), die Affekte, Ziele und Erwartungen auslöst und Kompetenzen und Handlungspläne aktiviert. Beispielsweise haben Wright und Mischel (1988) in ihrer Studie an Kindern in einem Sommerferienlager solche psychologisch relevanten Merkmale, z. B. „von anderen Kindern gehänselt werden" oder „von Erwachsenen ermahnt werden", zum Ausgangspunkt ihrer Verhaltensbeobachtung genommen.

Persönliche Konstrukte in der aktuellen Forschung

Auch der von Hazel Markus (1977) im Rahmen der Selbstkonzeptforschung eingeführte Begriff des *Selbstschemas* (vgl. Kapitel 7) entspricht dem Konstruktkonzept von Kelly, auf den sie auch direkt Bezug nimmt. Markus definiert das *Selbstschema* als eine kognitive Generalisierung des eigenen Verhaltens im Hinblick auf einen bestimmten Inhaltsbereich. Selbstschemata können als persönliche Konstrukte verstanden werden, die sich auf der Grundlage vergangener Erfahrungen bilden und die auf die eigene Person bezogenen Erfahrungen organisieren und strukturieren. Kelly selbst hat allerdings den Begriff des Selbstkonzepts im Sinne eines auf die eigene Person bezogenen Konstruktionssystems nicht verwendet.

Auch Epstein (1973), der das Selbstkonzept als eine Theorie betrachtet, die eine Person über sich selbst erstellt hat (vgl. Kapitel 7) betont die offensichtlichen Gemeinsamkeiten seines Ansatzes mit Kelly. Dies gilt vor allem für dessen Bild des Menschen als Wissenschaftler. In beiden Fällen wird davon ausgegangen, dass Hypothesen erstellt, überprüft und je nach Ergebnis Konzepte revidiert werden. Beide Ansätze teilen auch die Annahme, dass eine effektive Lebensbewältigung ohne eine in Form von Theorien oder Konstruktionssystem organisierte und strukturierte Abbildung von Erfahrung nicht möglich ist.

6.5.2 Stellenwert des konstruktiven Alternativismus

Der Kelly'sche Grundgedanke des konstruktiven Alternativismus findet sich vor allem in der sozial-kognitiven Lerntheorie wieder. Er kommt dort zum Tragen, wo die Bildung alternativer Konstruktionen als eine wesentliche Voraussetzung für effektive *Selbstregulation* erachtet wird (Mischel et al., 1996). Indem Personen Ereignissen unterschiedliche Bedeutung verleihen können, gewinnen sie Wahlmöglichkeiten und Freiheit (Cantor, 1990). Generell gilt die Fähigkeit zur kognitiven Umstrukturierung (und damit zur Bildung alternativer Konstruktionen) als eine der Grundfähigkeiten der Emotionsregulation (z. B. Gross & Thompson, 2007) und der Selbstregulation (vgl. Weber & Rammsayer, in Vorb., Kapitel 9).

Die Fähigkeit zu alternativen Konstruktionen als zentrale Kompetenz zur Selbstregulation

Konstruktionskompetenzen als Schlüsselkonzept der Selbstregulation haben Mischel und seine Koautoren vor allem am Beispiel des *Belohnungsaufschubs (delay of gratification)* untersucht. Hier geht es um die Frage, wie es gelingen kann, zugunsten einer späteren, größeren Belohnung auf eine kleinere, jedoch unmittelbar verlockende Versuchung zu verzichten (z. B. Mischel, Shoda & Rodriguez, 1989). Kinder, das belegen die Studienergebnisse, können beispielsweise dann länger auf eine Belohnung warten, wenn sie das begehrte Objekt (z. B. ein Marshmallow) nicht in seinen „heißen" Geschmacksqualitäten konstruieren, sondern in „kalten" Qualitäten als ein nicht genießbares Objekt (z. B. als eine kleine Wolke).

6.5.3 Stellenwert der personzentrierten Erfassung

Auch im Hinblick auf die *personzentrierte* Erfassung der Persönlichkeit zeigt sich Mischel als „Schüler" von Kelly. Dieses Anliegen verfolgt Mischel seit seinem 1968 erschienenen Buch *Personality and Assessment* und setzt es in seinen neueren Arbeiten (z. B. Mischel & Shoda, 1995; 2008; Mischel, 2004) besonders konsequent um. Mischel hat stets betont, dass die Erfassung der Persönlichkeit einer Person auf der Grundlage allgemeiner Eigenschaften keine gute Vorhersage von Verhalten erlaubt. Die Forderung nach einem personzentrierten Ansatz verbindet Mischel mit der Forderung nach einem interaktionistischen Zugang, d. h. der Berücksichtigung der Situation als einen verhaltensdeterminierenden Faktor neben den individuellen Verhaltenstendenzen einer Person (vgl. Kapitel 11).

Idiographische Erfassung am Beispiel persönlicher Ziele

Ein weiterer Bereich, in dem unter Bezugnahme auf Kelly die personzentrierte Erfassung eine bedeutsame Rolle spielt, sind Ansätze zur Erfassung *persönlicher* Ziele. Seit den 1980er-Jahren gewinnen persönliche Ziele, die Personen zu einem gegebenen Zeitpunkt in ihrem Leben verfolgen, zunehmend an Aufmerksamkeit innerhalb der Persönlichkeitspsychologie (vgl. Weber & Rammsayer, in Vorb., Kapitel 7). Im Unterschied zu anderen Zieltheorien, die sich auf vorgegebene Ziele oder Zielkategorien konzentrieren, stehen im Mittelpunkt dieser Ansätze diejenigen Ziele, die eine Person für sich selbst als relevant formuliert (Überblick Brunstein & Mayer, 1996). Realisiert wird dieser idiographische Anspruch, indem die an den Studien teilnehmenden Personen gebeten werden, ihre gegenwärtigen Ziele selbst zu benennen. Erst in einem weiteren Schritt werden die persönlichen Ziele nach allgemeinen Merkmalen eingeschätzt. Brian Little (2007), der persönliche Ziele als „persönliche Projekte" versteht, sieht sich in seinem Ansatz direkt von Kelly und dessen Forderung beeinflusst, das Verhalten eines Menschen über seine subjektive Konstruktion von Erfahrungen zu verstehen und zu erklären.

6.6 Bewertung

George Kelly gehört zu den „Klassikern" in der Psychologie, auch wenn vermutlich nur wenige Personen sein zweibändiges Werk von 1955 vollständig gelesen haben. Er hat in Gestalt des Konstruktbegriffes früh den Stellenwert kognitiver Schemata betont und vor allem am Beispiel der Klinischen Psychologie die Konsequenzen einer solchen Sicht für psychotherapeutische Interventionen aufgezeigt. Kelly beschreibt eine Perspektive, die sowohl für die psychologische Forschung als auch für die psychologische Praxis von unschätzbarer Bedeutung für das Verständnis menschlichen Erlebens und Verhaltens ist.

Kelly hat in seiner Theorie die zentrale Rolle kognitiver Prozess bereits früh vorweggenommen

Kelly legte sein Modell der Persönlichkeit zu einem Zeitpunkt vor, als kognitiven Prozessen relativ wenig Beachtung geschenkt wurde, obschon der Begriff des kognitiven Schemas (der dem Begriff des Konstruktes bei Kelly entspricht), bereits eingeführt war, etwa durch Bartlett (1932). Kellys Theorie kam in gewisser Weise zu früh, denn die zentrale Rolle kognitiver Prozesse in der Verhaltensregulation wurde erst in den 1970er-Jahren – in der Zeit der „kognitiven Wende" – thematisiert. Obwohl Kelly zu seiner Zeit sehr viel in der Klinischen Psychologie bewegt hat, haben sich seine Perspektive und die fixierte Rollentherapie nur in Großbritannien in größerem Umfang und mit dokumentierbarem Erfolg durchgesetzt (Walker & Winter, 2007). Hier ist Kellys Theorie bis heute sehr beliebt und weit verbreitet, und das nicht nur in der Klinischen Psychologie, sondern auch in anderen Anwendungsgebieten wie der Gesundheitspsychologie und der Arbeits- und Organisationspsychologie (Walker & Winter, 2007). Einen wichtigen Beitrag leistet dabei der REP-Test, der wegen seiner Möglichkeit geschätzt wird, implizite Konstruktionen explizit zu machen.

Mit der Betonung der subjektiven Konstruktion von Situationen als Ausgangspunkt jeglichen Verhaltens und dem Grundgedanken der alternativen Konstruktionen hat Kelly einen theoretischen Ansatz entworfen, der zwar in vielen Punkten nicht ausgearbeitet wurde, der aber für die Persönlichkeitstheorie eine zentrale theoretische Perspektive darstellt.

Zusammenfassung

Im Mittelpunkt der Theorie der persönlichen Konstrukte von George Kelly steht die Annahme, dass Personen ihre Erfahrungen in Bezug auf die eigene Person und auf ihre Umwelt auf der Grundlage von verbalen oder präverbalen *Konstrukten* strukturieren und ihnen Bedeutung verleihen. Das Grundpostulat der Theorie von Kelly besagt, dass das Verhalten und Erleben einer Person dadurch bestimmt wird, wie sie Ereignisse auf der Grundlage ihrer Konstrukte antizipiert. Der Prozess der Konstruktion von Erfahrungen und seine Folgen für das Verhalten werden in 11 Korollarien spezifiziert.

Kelly zufolge ist eine Person prinzipiell frei, ihre Erfahrungen auch anders zu konstruieren und damit ihr Verhalten und ihr Erleben zu ändern. Er beschreibt diese Position als *Konstruktiver Alternativismus*. Konstrukte können sich als mehr oder weniger geeignet erweisen, Erfahrungen angemessen abzubilden. Im Idealfall sind Personen – wie im prototypischen Fall des Wissenschaftlers – bereit, ihre Konstruktionen als Hypothesen zu verstehen und zu prüfen, ob sie bestätigt werden. Bewähren sie sich nicht, werden sie modifiziert oder durch angemessene Konstrukte ersetzt. Die Bereitschaft, mit Konstrukten zu experimentieren, ist auch die Grundlage der von Kelly vorgeschlagenen „Fixierten Rollentherapie“.

Personen unterscheiden sich nach Kelly in der Art und Weise, wie sie Erfahrungen konstruieren. Die Persönlichkeit eines Menschen resultiert damit aus seinem Konstruktsystem. Die von Kelly postulierte zentrale Rolle kognitiver Schemata für das Verhalten und die individuumsspezifische Konstruktion von Erfahrungen werden in aktuellen Ansätzen innerhalb der sozial-kognitiven Theorie und in Theorien zum Selbstkonzept aufgegriffen.

Fragen

1. Was besagt das Grundpostulat der Theorie der persönlichen Konstrukte nach Kelly?
2. Wie lassen sich persönliche Konstrukte nach Kelly erfassen?
3. Erläutern Sie das Begriffspaar „idiographisch“ vs. „nomothetisch“.
4. Was versteht Kelly unter dem „Konstruktiven Alternativismus“?
5. Beschreiben Sie Zielsetzungen der Fixierten Rollentherapie.
6. Welchen Einfluss hat Kelly auf aktuelle Ansätze in der Persönlichkeitspsychologie?

Kapitel 7
Theorien zum Selbstkonzept

Hannelore Weber

Inhaltsübersicht

Das Selbstkonzept beinhaltet die kognitive Repräsentation der eigenen Person, mithin die Vorstellungen einer Person im Hinblick auf ihre körperliche Erscheinung, ihre Eigenschaften, Ziele, Motive, Bedürfnisse, Fähigkeiten und Beziehungen zu anderen. Nach diesem Verständnis unterscheidet sich das Selbstkonzept im Grundsatz nicht von anderen Konzepten oder mentalen Schemata, die Personen im Hinblick auf ihre soziale und materielle Umwelt bilden (Kihlstrom & Cantor, 1984). Theorien und Forschungsarbeiten zum Selbstkonzept, seiner Funktion und seiner Entstehung liegen aus vielen Teilgebieten der Psychologie vor, vor allem aus der Sozialpsychologie. Die Relevanz des Selbstkonzepts gerade für die Persönlichkeitspsychologie ist jedoch evident.

Das Selbst bei William James

Das empirische Selbst als Gegenstand der Psychologie

William James (1842–1910) gilt als der Urvater der Selbstkonzeptforschung, dessen Überlegungen bis heute aktuell geblieben sind. James (1890) hat in seinen „Principles of psychology" die berühmte Unterscheidung getroffen zwischen dem empirischen Selbst oder dem *Me,* das Gegenstand der Selbstdefinition ist, und dem *I* oder *pure Ego,* das die Selbstdefinition vornimmt.

Zum empirischen Selbst führt er aus: *„In its widest possible sense,* however, *a man's Self is the sum total of all that he* CAN *call his,* not only his body and his psychic powers, but his clothes and his house, his wife and children, his ancestors and friends, his reputation and works, his land and horses, and yacht and bank-account" (S. 279; Hervorhebungen im Original). Wie aus der durchaus launischen Umschreibung hervorgeht, umfasst das empirische Selbst materielle, soziale und mentale Aspekte. James zählt zum Selbst weiterhin die Gefühle und Emotionen, die das *Me* auslöst, also etwa Stolz, Scham oder Eitelkeit, sowie alle Verhaltensweisen, die der Motivation entspringen, das Selbst zu erhalten oder zu erweitern.

Nur das empirische Selbst ist James zufolge legitimer Gegenstand der (empirischen) Psychologie. Das *I* steht für die Tatsache des selbstreflexiven Bewusstseins als solche und die Frage, wie das Bewusstsein zu verstehen ist, verweist er in den Bereich der metaphysischen Spekulation. Aus heutiger Sicht liegt James auch in diesem Punkt nicht ganz falsch; allerdings wird die Frage nach dem Bewusstsein heute als eine interdisziplinäre Aufgabe verstanden, an der viele Disziplinen beteiligt sind, von der Physik und der Biologie über die Psychologie bis zur Philosophie.

7.1 Selbstkonzept und Selbstschemata

Das Selbstkonzept umfasst eine Vielzahl von Facetten, die sich auf einzelne inhaltliche Aspekte beziehen. Die Facetten unterscheiden sich in ihrem Ausmaß an Generalisierung, das von sehr spezifischen Aussagen („Ich kann schnell laufen") bis hin zu stark generalisierten Aussagen reicht („Ich bin ein guter Mensch"). Nach dem Grad ihrer Spezifität lassen sich die einzelnen Facetten des Selbstkonzepts in eine hierarchische Struktur einordnen.

Facetten des Selbstkonzepts

Ein Beispiel für Facetten des Selbstkonzepts auf einer mittleren Abstraktionsebene stellen die *Frankfurter Selbstkonzeptskalen* (Deusinger, 1986) dar. Dieses Fragebogen-Verfahren dient zur Erfassung von insgesamt 10 Aspekten des Selbstkonzepts. Zu den dort erfassten Facetten des Selbstkonzepts gehören die Teilskalen:

- Allgemeine Leistungsfähigkeit
- Allgemeine Problembewältigung
- Verhaltens- und Entscheidungssicherheit
- Standfestigkeit gegenüber Gruppen und bedeutsamen anderen
- Kontakt- und Umgangsfähigkeit
- Gefühle und Beziehungen zu anderen

Selbstschemata als inhaltsspezifische Komponenten des Selbstkonzepts

Hazel Markus (1977) hat vorgeschlagen, das Selbstkonzept in bereichsspezifische *Selbstschemata* zu untergliedern, die eine kognitive Generalisierung des eigenen Erlebens und Verhaltens in Bezug auf ein abgrenzbares Inhaltsgebiet darstellen. Selbstschemata beinhalten Verhaltensmuster, in denen die Invarianzen wiederholter Erfahrungen abgebildet werden. Der Begriff des Selbstschemas entspricht damit weitgehend dem Begriff des Konstrukts im Sinne von Kelly (vgl. Kapitel 6), auf den Markus sich auch bezieht. Eine Person kann beispielsweise wiederholte Erfahrungen freudevoller sportlicher Betätigung, sportlicher Erfolge in Wettkämpfen und direkter Rückmeldungen der sozialen Umwelt zu ihren sportlichen Leistungen zu dem Selbstschema generalisieren „Ich bin sportlich".

Markus (1977) geht davon aus, dass sich Personen darin unterscheiden, ob sie für ein bestimmtes Inhaltsgebiet oder ein bestimmtes Merkmal ein Selbstschema entwickelt haben. Im Hinblick auf ein bestimmtes Merkmal – beispielsweise Sportlichkeit – trennt sie zwischen Personen, die im Hinblick auf dieses Merkmal ein Selbstschema aufgebaut haben (und die sie daher *schematisch* nennt) und solchen, die dies nicht getan haben (und daher als *a-schematisch* bezeichnet werden). In ihren Forschungsarbeiten identifiziert sie die beiden Gruppen, indem sie die Studienteilnehmer um zwei Einschätzungen bittet: (a) die Einschätzung, wie stark ein vorgegebenes Merkmal bei ihnen ausgeprägt ist und (b) wie wichtig ihnen dieses Merkmal ist:

- Schematische Personen kennzeichnen sich dadurch, dass sie im Hinblick auf ein bestimmtes Merkmal ausgeprägt hohe oder niedrige Werte angeben *und* dass ihnen dieses Merkmal subjektiv wichtig ist.
- A-schematische Personen kennzeichnen sich hingegen dadurch, dass sie in einem Merkmal entweder mittlere, d. h. unauffällige Werte angeben und/oder dass ihnen dieses Merkmal subjektiv nicht wichtig ist.

Die Unterscheidung zwischen schematisch und a-schematisch

Die Unterscheidung zwischen schematischen und a-schematischen Personen berücksichtigt, dass nicht alle Personen im Hinblick auf eine Dimension ein klares Selbstschema entwickelt haben (Sportlichkeit beispielsweise mag für den einen relevant sein, für den anderen nicht). Hier folgt Markus den Vorstellungen von Kelly (1955; vgl. Kapitel 6), der davon ausgeht, dass sich Personen in ihren Konstrukten unterscheiden, so auch in Bezug auf die Konstruktion der eigenen Person. Markus nimmt an, dass die psychologische Wirkung von Selbstschemata (siehe dazu den nächsten Abschnitt) nur bei den Personen erwartet werden darf, die im Hinblick auf ein Merkmal ein Schema entwickelt haben. Diese Überlegungen sprechen für ein idiographisches Vorgehen in der Selbstkonzeptforschung, wie es auch von Kihlstrom und Cantor (1984, S. 22) gefordert wird: „If any aspect of personality deserves idiographic assessment, however, it is the self-concept".

Das von Markus (1977) vorgeschlagene methodische Vorgehen zur Identifizierung schematischer Personen sieht allerdings vor, dass Dimensionen vorgegeben werden, auf denen die Personen ihre Merkmalsausprägung einschätzen. Dies ist typisch für nomothetische Ansätze. Lediglich die Selbsteinschätzung im Hinblick auf die subjektive Wichtigkeit eines Merkmals erlaubt die notwendige individuelle Differenzierung. Konsequent idiographisch hingegen wäre die Erfassung von Selbstschemata mit den von Kelly (1955) vorgeschlagenen Verfahren (vgl. Kapitel 6), etwa mit Hilfe der Selbstcharakterisierung oder mit Hilfe des REP-Tests (Walker & Winter, 2007).

Die Untersuchung von „Life stories“

Die Lebensgeschichte als Konstruktion der Identität

Ein alternativer Ansatz zur Beschreibung des Selbstkonzepts einer Person liegt in der Erfassung ihre „narrativen Identität“ (McAdams, 2008). McAdams geht davon aus, dass Personen sich ab der späten Adoleszenz um die Konstruktion einer mehr oder weniger integrativen Erzählung ihrer Person bemühen, die ihrem Leben Einheit und Sinn verleiht. Diese Lebensgeschichte kann auch als ein Versuch betrachtet werden, die eigene Identität in Form einer Erzählung zu konstruieren. Lebensgeschichten stellen nach McAdams *psychosoziale Konstruktionen* dar, da sie als ein gemeinsames Produkt der subjektiven Konstruktion einer Person und der Kultur, in der und für die sie erzählt werden, erachtet werden können. Lebensgeschichten können nach McAdams als Charakteristikum einer Person verstanden und hinsichtlich bestimmter Merkmale auch gemessen werden. Die Nutzung der Lebensgeschichte als Datum wird vor allem dann möglich, wenn Personen gebeten werden, ihre Lebensgeschichte in einer ganz bestimmten Form zu erzählen.

Die Analyse der Biografie einer Person ist der Prototyp idiographischer Forschung, da sich in der Lebensgeschichte die postulierte Einzigartigkeit einer Person in besondere Weise manifestiert. In dem Forschungsansatz von McAdams werden Lebensgeschichten durch ein halbstrukturiertes, zwei- bis dreistündiges Interview erfasst, in dem eine Serie von Fragen gestellt wird, mit denen wesentliche Aspekte der „self-defining life story“ angeregt werden (z. B. McAdams, Diamond, Aubin & Manfield, 1997). Die teilnehmenden Personen werden gebeten, sich ihr Leben als ein Buch vorzustellen und dieses Buch in einzelne Kapitel mit Titel und Kurzfassung einzuteilen. Für jedes „Lebenskapitel“ schildern die Teilnehmer in bestimmten Details acht Schlüsselszenen, beispielsweise den Höhe- oder Tiefpunkt. Es folgt die Beschreibung der vier für ihr Leben einflussreichsten Personen, zukünftige „Lebenskapitel“ (Pläne, Hoffnungen, Träume), zwei gegenwärtig erlebte Konfliktbereiche sowie Schilderungen ihres Wertesystems.

Die derart strukturierten und idiographisch erfassten Lebensgeschichten können nach übergreifenden inhaltlichen Aspekten ausgewertet werden und als Personmerkmale in eine nomothetische Forschungsstrategie einfließen. Beispielsweise wurde in der Studie von McAdams et al. (1997) untersucht, inwieweit sich die Lebensgeschichten von Personen, die sich durch eine hohe Generativität, d. h. Sorge für die nachkommende Generation auszeichnen, von einer Kontrollgruppe im Hinblick auf bestimmte Erfahrungen unterscheiden.

7.2 Funktionen des Selbstkonzepts

Es wird angenommen, dass das Selbstkonzept bzw. Selbstschemata die Wahrnehmung und Interpretation selbstbezogener Informationen strukturieren; sie sind – wie Konstrukte bei Kelly – Grundlage für Bewertungen, Entscheidungen, Folgerungen oder Vorhersagen im Hinblick auf die eigene Person. Epstein (1973) vergleicht das Selbstkonzept sehr anschaulich mit einer Theorie, die eine Person über sich selbst gebildet hat. Die Funktionen dieser Selbst-Theorie liegen nach Epstein darin, dass sie im Hinblick auf die eigene Identität Stabilität herstellt, eine positive Bewertung der eigenen Person aufrecht erhält und eine adaptive Verhaltensregulation ermöglicht.

Selbstschemata beeinflussen die Verarbeitung selbstbezogener Informationen

In ihrer einflussreichen Studie von 1977 hat Markus die Wirkung von Selbstschemata im Hinblick auf die Verarbeitung von selbstbezogenen Informationen dokumentiert. Aus dieser Studienserie geht hervor, dass Personen, die im Hinblick auf ein bestimmtes Merkmal *schematisch* waren, im Vergleich zu *a-schematischen* Personen

- schema-konsistente Informationen schneller verarbeiteten (schema-konsistente Eigenschaften aus einer vorgegebenen Liste schneller als für die eigene Person zutreffend einschätzten),
- mehr schema-konsistente Episoden aus ihrer Vergangenheit beschreiben konnten,
- die Wahrscheinlichkeit, schema-konsistentes Verhalten zu zeigen, als höher einschätzten,
- schema-inkonsistente Informationen stärker abwehrten, indem sie beispielsweise einen Test, dessen (vorgebliche) Ergebnisse dem Schema widersprachen, als wenig valide einstuften.

7.3 Stabilität des Selbstkonzepts

Unterschiedliche Motive beeinflussen die Stabilität des Selbstkonzepts

Die Abwehr schema-inkonsistenter Informationen führt zu der zumal für die Persönlichkeitspsychologie wichtigen Frage, wie stabil Selbstschemata sind bzw., in welchem Maße sie offen für Veränderungen sind. Würde man Kellys (1980) Idealvorstellungen von einem experimentellen Umgang mit den eigenen Konstrukten heranziehen, so wäre es optimal, wenn die Bereitschaft bestände, Selbstschemata als Hypothese zu betrachten, sie an Erfahrungen zu überprüfen und gegebenenfalls zu verändern. Selbstschemata wären damit offen für Veränderungen. Hier legen jedoch Forschungsergebnisse nahe, dass unterschiedliche Motive existieren, die im einen Fall Veränderungen eher abblocken, im anderen Fall eher begünstigen.

7.3.1 Selbstverifikation

Swann (1983; 1990) geht von einer starken Neigung zur Konsistenz oder zur Bestätigung bestehender Schemata aus, selbst um den Preis, dass ein bestehendes negatives Konzept unverändert bleibt. Er bezeichnet diese Neigung als *Selbstverifikation*. Forschungsergebnissen zufolge manifestiert sich eine solche Neigung auf vielfältige Weise: Personen bevorzugen beispielsweise die Interaktion mit anderen, die ihr Selbstkonzept bestätigen; sie verhalten sich auf eine Art und Weise, die zu selbstverifizierenden Rückmeldungen durch andere führt, und sie suchen und erinnern bevorzugt Informationen, die ihre Selbstsicht bestätigen (Leary, 2007).

Die Neigung zur Selbstverifikation erhöht die Stabilität

Warum bemühen wir uns um eine Bestätigung unseres Selbstkonzepts? In einer Studie von Swann, Stein-Seroussi und Giesler (1992) beispielsweise bevorzugten über 70 % aller Teilnehmer die spätere Interaktion mit einer Person, die sie in ihrer Selbsteinschätzung bestätigte, selbst wenn diese negativ war (in diesem Falle die Einschätzung einer geringen sozialen Kompetenz). Dabei zeigten sich in dieser Studie zwei Typen von Gründen für die Bevorzugung der Bestätigung: Zum einen Gründe *epistemischer* Natur (die Bestätigung der eigenen Einschätzung *als solche* wird bevorzugt), zum anderen Gründe *pragmatischer* Natur (die bevorstehende Interaktion mit einer anderen Person wird als einfacher eingeschätzt, wenn diese schon weiß, mit wem sie es zu tun hat).

7.3.2 Selbst-Enhancement

Im Unterschied zur Selbstverifikation betonen andere Ansätze die Neigung zu *self-enhancement*, d. h. dem Bedürfnis, die positiven Aspekte des Selbstkonzepts zu erhalten oder fortzuentwickeln und die negativen Aspekte zu reduzieren. Schon James (1890) hatte die Motivation beschrieben, ein positives Selbstkonzept zu bewahren. Im Falle des *Selbst-Enhancements* ist zu erwarten, dass Personen vor allem für positive Rückmeldung offen sind.

Die Neigung zur „Selbsterhöhung" ist aus sozialer Sicht problematisch

Die Frage stellt sich jedoch, ob das Streben nach einer „Erhöhung" des Selbstkonzepts unbedingt förderlich ist. Eine unangemessen hohe Selbsteinschätzung, die in der Regel dadurch erfasst wird, dass die Selbsteinschätzung mit der Fremdeinschätzung verglichen wird, erweist sich vor allem in sozialer Hinsicht als problematisch. Studienergebnissen zufolge werden Personen mit einem unangemessen positiven Selbstkonzept von anderen eher abgelehnt (Colvin, Block & Funder, 1995).

Unabhängig von der Frage, ob eine positive Selbsteinschätzung angemessen oder unangemessen ist, dokumentiert die Selbstkonzeptforschung eine beträchtliche Neigung, das Selbstkonzept zu schützen. Es liegt eine Fülle an Forschungsarbeiten vor, in denen Strategien aufgezeigt werden, die Personen nutzen, um ein positives Selbstkonzept zu bewahren oder zu steigern. Zu diesen empirisch nachgewiesenen Strategien, die als *self-serving* oder „Selbst-dienlich" bezeichnet werden, gehören beispielsweise (Leary, 2007):

Selbstwertdienliche Strategien

- Sich im Vorfeld von Bewährungssituationen ein Handicap zulegen, um im Falle eines Versagens einen Grund präsentieren zu können, der nicht die eigene Leistungsfähigkeit berührt *(self-handicapping).*
- Erfolge sich selbst zuschreiben, Misserfolge hingegen externen Faktoren *(self-serving attributions).*
- Sich im Hinblick auf Eigenschaften und Fähigkeiten als besser als eine durchschnittliche Person einschätzen *(better-than-average effect).*
- Sich mit anderen vergleichen, die im Hinblick auf ein bestimmtes Merkmal schlechter sind.

Selbstschemata und Eigenschaften

Es stellt sich die Frage, wie sich das Konzept des Selbstschemas von dem der Eigenschaft (vgl. Kapitel 11) abgrenzen lässt, die stabiles und konsistentes Verhalten in einem definierten Inhaltsbereich beschreibt. Einige Autoren sehen in der geringeren Stabilität des Selbstkonzepts den entscheidenden Unterschied (z. B. Marsh & Hattie, 1996). Allerdings legen Forschungsergebnisse zur Selbstverifikation beispielsweise nahe, dass Personen dazu neigen, schema-inkonsistente Informationen abzuwehren und sich damit gegenüber Veränderungen des Selbstkonzepts zu immunisieren. Eine gewisse Stabilität des Selbstkonzepts ist schon allein deshalb zu erwarten, weil sie die Grundlage für ein stabiles Bewusstsein der eigenen Identität ist.

Der entscheidende konzeptuelle Unterschied zwischen Selbstschema und Eigenschaft liegt vor allem darin, dass im Falle des Selbstkonzepts explizit die Perspektive der Person im Mittelpunkt steht. Eigenschaften hingegen werden im Allgemeinen so verstanden, dass es sich um eine Charakterisierung einer Person handelt, die über Selbstaussagen der Person hinausgeht und in diesem Sinne „objektiv" auf der Grundlage von unabhängigen Quellen (etwa physiologischer Prozesse oder Aussagen anderer) möglich ist. Wenn eine Person sich beispielsweise als „ängstlich" konstruiert, so *ist* dies ihr Selbstkonzept (mit entsprechenden Folgen für das Erleben und Verhalten), selbst wenn sich ihr Ausmaß an Ängstlichkeit im sozialen Vergleich, etwa in einem normierten Testverfahren, als unauffällig herausstellen würde, oder sie in einer bedrohlichen Situation keine erhöhte messbare Erregung zeigt.

7.4 Pluralität in der Selbstkonzeption

Das allgemeine Verständnis des Selbstkonzepts als eine mentale Repräsentation der eigenen Person legt nahe, dass eine Person über ein – und zwar genau ein – kognitives Modell ihrer Person verfügt. Diese Vorstellungen können zwar trotz einer Neigung zur Selbstverifikation über die Zeit hinweg Veränderungen unterliegen. Zu einem gegebenen Zeitpunkt aber, so könnte man folgern, liegt *ein* Selbstkonzept bzw. die jeweils für eine Situation relevanten Ausschnitte aus dem Selbstkonzept vor. Markus und Wurf (1987) nennen dies das *working self*.

Eine Reihe von Ansätzen unterstellt hingegen, dass neben der Vorstellung einer Person, wie sie aus ihrer Sicht tatsächlich ist, parallele Varianten ihres Selbstkonzepts vorliegen, die von dem realen Selbst (deutlich) abweichen können. Pluralität in der Selbstkonstruktion findet sich in unterschiedlichen Formen. So hat Rogers (vgl. Kapitel 8) zwischen dem *Real-* und *Ideal-Selbst* unterschieden; Freud führte das *Ich-Ideal* als Bestandteil des *Über-Ichs* ein. Higgins (1987) ergänzt die Vorstellung eines *Soll-Selbst*, das im Unterschied zum *Ideal-Selbst* („so wäre ich gerne") die Vorstellungen einer Person beinhaltet, wie sie sein *sollte* (und damit dem Freud'schen *Ich-Ideal* nahe kommt).

Possible selves

Possibles selves sind zukunftsgerichtete Selbstbilder

Während *Ideal-* und *Soll-Selbst* normative Varianten der Selbstkonstruktion darstellen, beinhaltet das Konzept der *possible selves* auf die Zukunft bezogene Projektionen. *Possible selves* beinhalten nach Markus und Nurius (1986) die Vorstellung der eigenen Person in der Zukunft, und hier sowohl im Hinblick auf erwünschte oder erhoffte Modelle („Ich als Psychologische Psychotherapeutin in meiner eigenen Praxis") als auch gefürchtete Modelle („Ich als arbeitslose Psychologin"). Markus und Nurius erwarten, dass solche visualisierten Zukunftsentwürfe der eigenen Person eine unmittelbar motivierende Wirkung auf das aktuelle Verhalten entfalten. Sie spornen dazu an, erwünschte *possible selves* zu realisieren und unerwünschte *possible selves* zu verhindern.

Das Konzept der *possible selves* hat zu zahlreichen Forschungsarbeiten inspiriert, die einen breiten Anwendungsbereich umspannen, darunter Arbeiten im Bereich der Gesundheitspsychologie und der Pädagogischen Psychologie (Oyserman, Bybee & Terry, 2006). Die Mehrzahl der Arbeiten befasst sich mit der inhaltlichen Ausgestaltung der *possible selves*. Die Inhalte werden entweder offen erfragt („Ich einem Jahr werde ich … sein") oder es werden Merkmale vorgegeben, anhand derer sich die Personen einschätzen (Quinlan, Jaccard & Blanton, 2006). Neben der inhaltlichen Ausgestaltung von *possible selves* wird diskutiert, in welcher Form sie sich auf das Verhalten auswirken. Hoyle und Sherrill (2006) beispielsweise schlagen vor, *possible selves* als Verhaltensstandards zu interpretieren und ihren Stellenwert im Rahmen der Selbstregulation des Verhaltens zu untersuchen. In der Studie von Oyserman et al. (2006) werden schulbezogene *possible selves* (Schulabschluss erreichen) als Ziele verstanden, zu deren Erreichung entsprechende Strategien vermittelt werden.

Erikson (2007) hingegen wendet sich gegen ein Verständnis von *possible selves*, das diese auf Ziele, Hoffnungen oder Befürchtungen verkürzt. Er betont, dass sich *possible selves* von Zielen gerade darin unterscheiden, dass sie Bestandteil des Selbstkonzepts sind. Ihre Bedeutung ist daher nur im Kontext des aktuellen Selbstkonzepts zu verstehen, aus dem heraus sie entwickelt werden und auf das sie zurückwirken. Erikson schlägt vor, *possible selves* nicht nur als abstrakte Hoffnungen oder Befürchtungen zu verstehen, sondern als Zukunftsbilder, in denen sich Personen als eine konkrete, in der Zukunft aktiv handelnde Person sehen.

7.5 Quellen des Selbstkonzepts

Was sind die Grundlagen der Selbstkonstruktion? Woher beziehen wir die Informationen, aus denen wir unser Selbstkonzept aufbauen? Eine nahe liegende Antwort auf diese Fragen ist, dass wir Wissen über uns selbst ebenso erwerben wie Wissen über andere Sachverhalte, also in erster Linie über *soziales Lernen* (Kihlstrom & Cantor, 1984).

Die Quellen des Selbstkonzepts sind vor allem sozialer Natur

Hier haben schon frühe philosophische und soziologische Ansätze ausgeführt, dass das Selbstkonzept in erster Linie aus der Interaktion mit anderen entsteht. In dem eingängigen Bild des *looking-glass self* beschrieb der Soziologe Charles Cooley (1902), dass wir für uns gegenseitig einen Spiegel darstellen, aus dem wir „ersehen", wie wir sind: Wir schließen (oder besser: wir interpretieren) aus dem Verhalten der anderen Menschen uns gegenüber, wie wir wahrgenommen werden und übernehmen diese vermutete Einschätzung als unser Selbstkonzept. Mit anderen Worten: Wir sehen uns so, wie wir vermuten, dass uns die anderen sehen. Interpretiere ich beispielsweise, dass mein Interaktionspartner in einer Auseinandersetzung zu mir auf Distanz geht, schließe ich daraus, dass ich bedrohlich bin. Felson (1985) nannte dies *reflected appraisal*.

George Herbert Mead (1934), Philosoph und Psychologe, hat in seiner Theorie des Symbolischen Interaktionismus noch stärker betont, dass Identität aus der gegenseitigen Interpretation des Verhaltens in einer Interaktionssituation entsteht. In neuerer Zeit hat vor allem der Sozialpsychologe Kenneth Gergen in seinem Konzept des *relationalen Selbst* die Abhängigkeit der Selbstdefinition von den jeweiligen sozialen Interaktionen betont, die aus seiner Sicht bewirkt, dass Selbstkonstruktionen mit den sozialen Kontexten variieren (Gergen, 2002).

Entscheidend ist in allen Ansätzen die *subjektive* Interpretation des Verhaltens der anderen. Dies impliziert, dass die erschlossenen Selbst-

Merkmale nicht unbedingt mit der faktischen Einschätzung der eigenen Person durch andere zusammenhängen müssen. In der Tat ist die Korrelation zwischen Selbsteinschätzungen und Fremdeinschätzungen in der Regel moderat, sie erreicht beispielsweise für zentrale Eigenschaften lediglich Werte bis .60, wenn die Fremdeinschätzung von vertrauten Personen vorgenommen wird (vgl. Kapitel 11).

Weitere soziale Quellen, aus denen sich das Selbstkonzept speist, sind soziale Vergleiche („Ich bin im Unterschied zu anderen eher

Abbildung 8: Reflected appraisal vs. direkte Rückmeldung (Abdruck erfolgt mit freundlicher Genehmigung von Ina Gajewski)

klein") und direkte Rückmeldungen von anderen („Du bist sehr einfühlsam"). Allerdings gebieten soziale Regeln der Höflichkeit, vor allem im Erwachsenenalter, dass wir anderen Personen nur selten offen sagen, wie wir sie wahrnehmen und welche Eigenschaften und Merkmale wir ihnen zuschreiben. Daher dürfte dem Prozess des *reflected appraisal* im sozialen Alltag ein höherer Stellenwert zukommen (vgl. Abb. 8).

Selbstwahrnehmung als Quelle des Selbstkonzepts

Der starke soziale Einfluss auf das Selbstkonzept ist dem Alltagsdenken eher fremd. Er widerspricht der gängigen Vorstellung von einer introspektiven Selbsterkenntnis, der zufolge wir „in uns hineinschauen" müssen, um uns zu erkennen. Auch eine weitere Quelle des Selbstkonzepts widerspricht der Vorstellung von introspektiv gewonnenem Selbstwissen. Nach der Selbstwahrnehmungstheorie von Bem (1972) gelangen wir zu Rückschlüssen über uns selbst, indem wir unser eigenes Verhalten beobachten – wie wir es auch im Falle anderer Personen tun. Nehme ich beispielsweise wahr, dass ich vor bestimmten Situationen zurückschrecke, sie vermeide oder aber mit allen Anzeichen hoher Erregung durchstehe, so schließe ich daraus, dass ich ein ängstlicher Mensch bin (zumindest im Hinblick auf bestimmte Situationen).

7.6 Selbstwertgefühl und Selbstwertschätzung

Das Selbstwertgefühl als affektiv-bewertende Komponente des Selbstkonzepts

Schon William James (1890) hatte den kognitiven Bestandteilen des empirischen Selbst die Gefühle und Emotionen zur Seite gestellt, die sich mit dem Selbstkonzept verbinden. Die affektiv-bewertende Komponente des Selbstkonzepts wird in der Literatur als *self-esteem* beschrieben. In der deutschen Literatur wird *self-esteem* in der Regel als Selbstwertgefühl übersetzt, doch Schütz und Schröder (2005; Schütz, 2003) ziehen aus guten Gründen den Begriff der *Selbstwertschätzung* vor, da es weniger um Gefühle, sondern um eine selbstbezogene Evaluation geht.

Explizite und implizite Erfassung des Selbstwertgefühls

Das Konzept des Selbstwertgefühls impliziert, dass es sich dabei um ein bewusst wahrgenommenes subjektives Gefühl oder eine Bewertung handelt, die nur in der Form angemessen erfasst werden kann, dass Personen offen um ihre Einschätzung gebeten werden. Dies geschieht zum einen in Form einer *summarischen*

Bewertung; hier dominiert in der Forschung vor allem die Skala von Rosenberg (1965), die 10 Items umfasst, darunter Aussagen wie „On the whole, I am satisfied with myself" oder „I feel I do not have much to be proud of".

Die Erfassung des Selbstwertgefühls berücksichtigt unterschiedliche Facetten

Für Ansätze, die davon ausgehen, dass das Selbstwertgefühl über unterschiedliche Inhaltsbereiche hinweg variiert, ist hingegen eine multidimensionale Erfassung des Selbstwertgefühls konsequent. In ihrem Fragebogenverfahren *Multidimensionale Selbstwertskala* unterscheiden Schütz und Sellin (2006) Selbstwertschätzung im Hinblick auf soziale Erfahrungen, Leistung und körperbezogene Aspekte (physische Attraktivität und Sportlichkeit).

Einige Ansätze gehen davon aus, dass Personen nicht immer bewusst ist, wie sie selbstbezogene Informationen bewerten. Bosson (2006) beschreibt das anschauliche Beispiel einer Person, die zufällig ihr Spiegelbild in einem Schaufenster sieht und deren Stimmung sich sofort rapide verschlechtert. Sie ist sich zwar ihres plötzlichen Stimmungswandels bewusst, bringt diesen aber nicht bewusst mit ihrem Spiegelbild in Zusammenhang. Implizite Verfahren bemühen sich daher, nicht bewusste Aspekte der Selbstbewertung zu erfassen (Rudolph, Schröder-Abé, Schütz, Gregg & Sedikides, 2008). Dazu gehört der *Implizite Assoziationstest IAT* (Greenwald, McGhee & Schwartz, 1998), der die Assoziationsstärke zwischen Kategorien erfasst und mit dem geprüft werden kann, ob eine Person die Kategorien „Selbst" oder „Ich" schneller mit positiven als mit negativen Merkmalen verbindet (siehe Kapitel 11 für eine ausführliche Darstellung des IAT).

Die Selbstbewertung kann sich sowohl auf die gesamte Person (in Form einer summarischen, emotional getönten Einschätzung der eigenen Person) als auch auf einzelne Facetten des Selbstkonzepts beziehen. Einige Autoren (z. B. Marsh & Hattie, 1996) vertreten die Auffassung, dass die summarische Bewertung der eigenen Person als globales Selbstkonzept verstanden werden kann, das an der Spitze eines hierarchisch organisierten Selbstkonzepts steht. Sinnvoller ist es jedoch, zwischen dem Selbstkonzept als der kognitiven Repräsentation der Person auf der einen Seite und der globalen oder facettenspezifischen Selbstbewertung in Form des *self-esteem* auf der anderen Seite zu trennen.

7.7 Selbstwertgefühl und psychosoziales Wohlbefinden

Selbstwertgefühl und Wohlbefinden

An das Konzept des Selbstwertgefühls bindet sich eine reiche Forschungstradition, in der vor allem der Frage nach den Zusammenhängen zwischen dem Selbstwertgefühl und dem psychischen und sozialen Wohlbefinden nachgegangen wird (Schütz, 2003; Kernis, 2006). Hier bestätigen zahlreiche Studien, dass eine positive Selbstbewertung im Allgemeinen mit einem höheren psychosozialen Wohlbefinden und mit einer adaptiven Stress- und Emotionsregulation einhergeht. Dabei bleibt jedoch offen, ob Wohlbefinden Folge oder Voraussetzung für ein positives Selbstgefühl ist, da in der Regel nur Korrelationen festgestellt werden, die keine Kausalaussagen erlauben. Baumeister, Campbell, Krueger und Vohs (2003) kommen in einer Übersichtsarbeit zu dem Schluss, dass ein hohes Selbstwertgefühl keine oder nur geringe Effekte hat. Die stärksten Effekte finden sich dabei noch für positives emotionales Empfinden.

Hohe Schwankungen im Selbstwertgefühl sind ungünstig

Studien zeigen auch, dass nicht nur die *Höhe* der Selbstwertschätzung relevant ist, sondern auch ihre *Stabilität*, hier vor allem kurzfristige Schwankungen und nicht längerfristige Veränderungen (Kernis & Goldman, 2006). Das Ausmaß, in dem das Selbstwertgefühl schwankt, kann dadurch erfasst werden, dass Personen über mehrere Tage hinweg ihr jeweils momentanes Selbstwertgefühl einschätzen. Eine Alternative ist es, Personen direkt zu fragen, wie sehr ihr Selbstwertgefühl variiert. Dabei erweist sich eine hohe Fluktuation als eher ungünstig und kann Zeichen für ein fragiles Selbstwertgefühl sein. So war beispielsweise in der Studie von Kernis, Granneman und Barclay (1989) ein hohes, aber instabiles Selbstgefühl mit einer höheren Neigung verbunden, auf Provokationen und Angriffe mit erhöhtem Ärger zu reagieren, da in diesem Fall offenbar eine erhöhte Vulnerabilität für Kritik und Angriffe besteht.

Schwankungen im Selbstwertgefühl können auch an die Erfüllung von persönlichen Standards gebunden sein, die eine Person sich setzt (z. B. für ihre physische Attraktivität oder ihre Leistungsfähigkeit) und an die soziale Anerkennung, die ihr zuteil wird (Crocker & Wolfe, 2001). Schon James (1890) hatte das Selbstwertgefühl als das Verhältnis von dem Erreichten in Abhängigkeit von den eigenen Ansprüchen definiert. Hier stellt sich jedoch ebenfalls die Frage, wie fragil ein derart erfolgsabhängiges oder „kontingentes“ Selbstwertgefühl ist (Kernis & Goldman, 2006). Eine spezifische Variante des kontingenten

Selbstwertgefühls beinhaltet die „Soziometertheorie" von Leary, Tambor, Terdal und Downs (1995), der zufolge das Selbstwertgefühl die wahrgenommene soziale Akzeptanz und Anerkennung widerspiegelt.

Wie schon im Hinblick auf ein positives Selbstkonzept beschrieben wurde, stellt sich auch für die Selbstbewertung die Frage, inwieweit eine unangemessen hohe Bewertung negative Konsequenzen hat. So stellen beispielsweise Baumeister, Smart und Boden (1996) eine Fülle an Forschungsergebnissen zusammen, denen zufolge eine unangemessen hohe Selbsteinschätzung aggressives Verhalten begünstigt. Diese Befundlage widerspricht der für lange Zeit vorherrschenden Auffassung, dass ein niedriges Selbstwertgefühl einen Risikofaktor für aggressives Verhalten darstellt.

7.8 Bewertung

Das Selbstkonzept stellt ein zentrales Konstrukt in der psychologischen Forschung dar, das in einer Reihe von Teildisziplinen Anwendung findet und für die Praxis von erheblicher Relevanz ist. In allen Anwendungsbereichen sind Psychologen und Psychologinnen mit den Vorstellungen konfrontiert, die Personen implizit oder explizit über sich gebildet haben und die mehr oder weniger offen für Veränderungen sind. Vor allem dort, wo Verhalten geändert werden sollte, ist die Kenntnis des Selbstkonzepts Voraussetzung für erfolgreiche Interventionen. Das gilt für die Psychotherapie ebenso wie für die Pädagogische Psychologie, wo der Einfluss des schulbezogenen und fächerspezifischen Selbstkonzepts im Sinne wahrgenommener Leistungsfähigkeit auf das Lern- und Leistungsverhalten untersucht wird (einen Überblick gibt Dickhäuser, 2006).

Theorien zur Entstehung und zur Dynamik des Selbstkonzepts sind vor allem in der Sozialpsychologie entstanden. Das verwundert nicht, wenn man die weitgehend soziale Genese des Selbstkonzepts bedenkt. Auffallend ist hingegen, dass Themen der Selbstkonzeptforschung nicht stärker in der Persönlichkeitspsychologie verankert sind.

Zusammenfassung

Das Selbstkonzept wird als die mentale Repräsentation der eigenen Person verstanden. Innerhalb des globalen Selbstkonzepts lassen sich die Vorstellungen einer Person im Hinblick auf einen umgrenzten Merkmalsbereich als *Selbstschemata* abgrenzen. Selbstschemata stellen kognitive Generalisierungen des eigenen Erlebens und Verhaltens im Hinblick auf einen bestimmten Inhaltsbereich dar. Sie beeinflussen, wie selbstbezogene Informationen verarbeitet werden. Ein wichtiger, empirisch nachgewiesener Effekt ist die Abwehr schema-inkonsistenter Informationen, die dazu führt, dass das Selbstkonzept gegenüber Veränderungen – selbst wenn sie positiv sind – immun ist. Einer solchen Neigung zur Selbstbestätigung oder *Selbstverifikation* stehen Theorien und Forschungsbefunde entgegen, denen zufolge Personen bestrebt sind, ein möglichst positives Bild von sich selbst zu erhalten. Eine Reihe von Ansätzen geht davon aus, dass Personen unterschiedliche Selbstbilder von sich entwerfen. Der Pluralismus in der Selbstkonstruktion umfasst neben dem „Real-Selbst" Selbstbildvarianten einer Person, wie sie gerne sein möchte, wie sie aus normativer Sicht sein sollte und wie sie in der Zukunft sein könnte.

Die wesentlichen Quellen für die Entwicklung des Selbstkonzepts sind sozialer Natur. Dazu gehören direkte Rückmeldungen und Merkmalszuschreibungen von anderen und der soziale Vergleich mit anderen. Eine besondere Rolle spielt der Prozess des *reflected appraisal*, bei dem eine Person aus dem Verhalten eines Interaktionspartners erschließt, wie sie wahrgenommen wird und diese vermutete Einschätzung in ihr Selbstkonzept übernimmt. Die affektiv-bewertende Komponente des Selbstkonzepts wird als *Selbstwertgefühl* bezeichnet, das sich in summarischer Form auf die gesamte Person oder spezifisch auf einzelne Inhaltsbereiche beziehen kann. Höhe und Stabilität des Selbstwertgefühls gelten als wichtige Einflussfaktoren auf das subjektive und soziale Wohlbefinden.

Fragen

1. Welche Unterscheidung trifft William James im Hinblick auf das Selbst?
2. Welchen Einfluss haben Selbstschemata auf die Verarbeitung selbstbezogener Informationen?
3. Erläutern Sie motivationale Einflussfaktoren auf die Stabilität des Selbstkonzepts.
4. Welche Rolle spielen *possible selves* für das Verhalten einer Person?
5. Erläutern Sie Möglichkeiten zur Erfassung des Selbstwertgefühls.

Kapitel 8
Humanistische Persönlichkeitstheorien

Thomas Rammsayer

Inhaltsübersicht

8.1 Zur Geschichte der Humanistischen Psychologie

Die humanistischen Persönlichkeitstheorien entstanden als Reaktion auf die Mitte des 20. Jahrhunderts vorherrschenden psychoanalytischen und lerntheoretischen Theorien der Persönlichkeit. Die Vertreter der humanistischen Psychologie wenden sich einerseits gegen das pessimistische Menschenbild von Freud, demzufolge der Mensch seinen irrationalen und unsozialen Trieben hilflos ausgeliefert ist. Anderseits grenzen sie sich auch von der traditionellen lerntheoretischen Auffassung ab, die den Menschen als reines Produkt seiner Umwelt betrachtet. Beide Sichtweisen lehnt die humanistische Psychologie als Konzepte der menschlichen Persönlichkeit ab, da sie das aus ihrer Sicht tatsächliche Potenzial des Menschen zu stark begrenzen. Als sogenannte „dritte Kraft" nimmt die humanistische Psychologie ein sehr viel optimistischeres Menschenbild an, indem sie davon ausgeht, dass jedes Individuum über ein Potenzial für positives Wachstum und psychische wie auch physische Gesundheit verfügt. Gelingt es einem Individuum nicht, dieses Wachstumspotenzial auszuschöpfen, rührt dies in erster Linie von einschränkenden sozialen Einflüssen her, wie z. B. dem elterlichen Erziehungsverhalten oder gesellschaftlichen Normen. Zu den prominentesten Vertretern einer humanistischen Persönlichkeitstheorie gehören Carl R. Rogers und Abraham H. Maslow, deren Persönlichkeitstheorien in diesem Kapitel ausführlicher beschrieben werden sollen.

Existenzialistische Persönlichkeitstheorie

Die humanistische Orientierung hat insbesondere in den USA die Persönlichkeitspsychologie nachhaltig beeinflusst. Im Jahr 1962 wurde die *American Association of Humanistic Psychology* gegründet, zu deren Gründungsmitgliedern neben Carl R. Rogers und Abraham H. Maslow auch die Persönlichkeitstheoretiker Gordon W. Allport (vgl. Kapitel 11), George A. Kelly (vgl. Kapitel 6) und Rollo May zählten. Letzterer gilt als einer der bedeutendsten Vertreter der existenzialistischen Sichtweise von Persönlichkeit. Beim Existenzialismus handelt es sich um eine philosophische Richtung, deren grundlegende Perspektive und Konzepte aber auch in der Persönlichkeitspsychologie ihren Niederschlag gefunden haben. Zu den humanistischen Persönlichkeitstheorien können die existenzialistischen Ansätze insbesondere deshalb gerechnet werden, weil sie nicht nur eine eindeutig phänomenologische Position vertreten, sondern auch vom freien Willen des Menschen als einem zentralen Merkmal der Persönlichkeit ausgehen. Vor diesem Hintergrund soll am Ende dieses Kapitels auch kurz auf die existenzialistische Persönlichkeitstheorie eingegangen werden.

Phänomenologie

Sowohl Rogers als auch Maslow haben eine Persönlichkeitstheorie entwickelt, die auf einem phänomenologisch orientierten Ansatz basiert. Ausgangspunkt einer phänomenologischen Sicht der Persönlichkeit ist die Annahme, dass jeder Mensch einzigartig ist, weil jedes Individuum die Realität auf seine ganz persönliche Art und Weise wahrnimmt und interpretiert. Es ist diese subjektive Wahrnehmung und Interpretation der Realität, die das Denken und Handeln des Individuums beeinflusst. Daraus ergibt sich, dass man das Erleben und Verhalten einer anderen Person nur dann wirklich verstehen kann, wenn man die Welt durch deren „Brille" sieht. Gleichzeitig impliziert eine solche Sichtweise aber auch, dass jeglicher Zugang zur Realität nur über die subjektive Wahrnehmung erfolgen kann.

Der phänomenologische Ansatz

Beim phänomenologischen Ansatz steht die bewusste, unmittelbare Erfahrung, wie sie von einem Individuum erlebt wird, im Mittelpunkt. Eine phänomenologische Sichtweise findet sich nicht nur in der Gestaltpsychologie (z. B. Köhler, 1947), die sich in erster Linie mit kognitiven Prozessen wie Wahrnehmung und Denken befasst, sondern auch in den humanistischen und existenzialistischen Persönlichkeitstheorien.

8.2 Carl R. Rogers (1902–1987)

Die Persönlichkeitstheorie von Carl R. Rogers, dem Begründer der klientenzentrierten Gesprächspsychotherapie, entstand aus seinen Erfahrungen und Erkenntnissen, die er im Rahmen seiner langjährigen Arbeit als Psychotherapeut im Umgang mit Patienten und anderen Ratsuchenden gewonnen hat. Er entwickelte einen phänomenologischen Ansatz, um zu verstehen, wie Individuen sich und ihre Umwelt wahrnehmen.

Klientenzentrierte Gesprächspsychotherapie

Rogers bezeichnet den von ihm entwickelten Therapieansatz als „klientenzentriert". Dieser direkte Bezug auf die zu behandelnde Person spiegelt Rogers phänomenologische Grundeinstellung wider, indem er darauf hinweist, dass es in erster Linie um die subjektive Welt- und Problemsicht des Klienten geht. Dies beinhaltet auch die Annahme, dass nicht der Therapeut, sondern der Klient am besten weiß, was die entscheidenden Probleme sind und welche Veränderungen die Therapie bewirken soll. Der Therapeut unterstützt den Klienten, begegnet ihm mit unbedingter positiver Wertschätzung und bemüht sich um ein empathisches Verstehen des inneren Bezugssystems des Klienten. Dadurch wird der Therapeut in die Lage versetzt, die Spannungen und inkongruenten Gefühle des Klienten zu fühlen und ihm zurückzuspiegeln. Dieses Therapeutenverhalten ermöglicht es dem Klienten, seine Gefühle freier auszudrücken, bestehende Inkongruenzen zwischen Selbstkonzept und Erfahrungen zu erkennen, Selbsterfahrungen genauer zu symbolisieren und schließlich sein Selbstkonzept neu zu organisieren. Dies wiederum versetzt ihn in die Lage, Erfahrungen in Übereinstimmung mit der angeborenen organismischen Bewertung zuzulassen und eine voll funktionierende Persönlichkeit zu entwickeln.

Später erweitert Rogers (1980) den klientenzentrierten Ansatz über die Therapiesituation hinaus zu einer allumfassenden personenzentrierten Sichtweise. Dabei handelt es sich um eine generelle Lebensweise bzw. Philosophie, die sich auf alle Alltagsbereiche anwenden lässt, in denen Wachstum als Entwicklungsziel eines Individuums, einer Gruppe oder einer größeren Gemeinschaft im Vordergrund steht.

8.2.1 Das Erfahrungsfeld als Gegenstand der Persönlichkeitspsychologie

Die Art und Weise, wie ein Individuum seine Umwelt wahrnimmt und erlebt, bezeichnet Rogers als das *phänomenologische Feld* oder das *Erfahrungsfeld* einer Person. Zum Erfahrungsfeld zählen sowohl bewusste Erfahrungen, die durch Reize aus der Außenwelt entstehen, wie beispielsweise visuelle oder akustische Eindrücke, als auch Erfahrungen, die auf Prozesse innerhalb des Körpers zurückgeführt werden können und die sich in Form von erlebten Zuständen oder momentanen Befindlichkeiten wie Hunger, Müdigkeit oder Nervosität äußern können. Nicht zum Erfahrungsfeld einer Person gerechnet werden dagegen physiologische Prozesse, die dem bewussten Erleben nicht zugänglich sind wie beispielsweise Stoffwechselvorgänge oder der Sauerstoffaustausch in der Lunge. Das Erfahrungsfeld einer Person bildet gleichzeitig auch das subjektive innere

Bezugssystem einer Person und stellt damit nach Rogers den bestmöglichen Ausgangspunkt zum Verständnis eines jeden Individuums dar.

8.2.2 Aktualisierungstendenz und organismische Bewertung

Zentrales Postulat von Rogers' (1959, 1969) Persönlichkeitstheorie ist die Annahme einer angeborenen *Aktualisierungstendenz*, eines dynamischen Prinzips, das dem Menschen – ebenso wie allen anderen lebendigen Organismen – dazu dient, lebenswichtige Bedürfnisse zu befriedigen. Neben dieser bedürfnis- oder spannungsreduzierenden Funktion verfügt die Aktualisierungstendenz auch noch über eine spannungssteigernde Komponente, die den Organismus anregt, neue Erfahrungen zu machen, neue, noch unbekannte Situationen aufzusuchen und sein Wachstumspotenzial zu realisieren. Hierbei hilft ein sogenannter *organismischer Bewertungsprozess*, anhand dessen alle Erfahrungen hinsichtlich ihrer positiven oder negativen Auswirkungen auf den Organismus bewertet werden. Diese organismische Bewertung gibt somit dem Individuum Auskunft darüber, ob und inwieweit eine von ihm gemachte Erfahrung für die Aktualisierungstendenz und damit für das persönliche Wachstum förderlich ist.

Selbstaktualisierungstendenz

Bezieht sich die Aktualisierungstendenz auf Erfahrungen im Zusammenhang mit dem eigenen Selbstkonzept, spricht Rogers von *Selbstaktualisierungstendenz*. Auch diese unterliegt einer organismischen Bewertung, die dazu führt, dass positive Selbsterfahrungen angestrebt, negative dagegen vermieden werden. Auf diese Weise gewährleistet die Selbstaktualisierungstendenz mit Unterstützung durch die organismische Bewertung, dass das Selbstkonzept einer Person aufrechterhalten bleibt, sich immer weiterentwickelt und das vorhandene Potenzial umfassend ausschöpft, indem positive Selbsterfahrungen angestrebt und negative Selbsterfahrungen möglichst vermieden werden.

Aktualisierungstendenz als angeborenes Belohnungssystem

Die (Selbst-)Aktualisierungstendenz und die organismische Bewertung können unter diesem Aspekt als zwei Komponenten eines angeborenen Belohnungssystems betrachtet werden, das dafür sorgt, dass der Mensch sein Verhalten und seine Entwicklung entsprechend seiner individuellen Bedürfnisse steuern kann. Zusätzlich zu diesem angeborenen Belohnungssystem verfügt der Mensch noch über zwei weitere Belohnungssysteme, die sich erfahrungsabhängig aufgrund von Lernprozessen ausbilden. Dabei handelt es sich um *„positive Selbsterfahrungen im Zusammenhang mit der Befriedigung des Bedürfnisses nach positiver Wertschätzung durch andere"* sowie *„positive Selbsterfahrungen im Zusammenhang mit der Befriedigung des Bedürfnisses nach positiver Selbstachtung"*.

8.2.3 Das Bedürfnis nach positiver Wertschätzung durch andere

Mit zunehmender Entwicklung des Selbstkonzepts entsteht auch *das Bedürfnis nach positiver Wertschätzung*. Positive Wertschätzung bezieht sich auf die Erfahrung, von anderen Menschen, die einem sehr wichtig sind oder nahe stehen, gelobt und liebevoll angenommen zu werden. Dieses Bedürfnis nach positiver Wertschätzung durch andere wird nach Rogers (1959, 1969) im Laufe der Entwicklung erworben. Gleichzeitig betrachtet er es als ein universelles Bedürfnis, in dem Sinne, dass es bei allen Menschen anzutreffen ist, wenn auch in unterschiedlich starkem Ausmaß.

„Bedürfnis nach positiver Wertschätzung durch andere" als erworbenes Motiv

Das Bedürfnis nach positiver Wertschätzung durch andere entwickelt sich durch die immer wiederkehrende Erfahrung, dass man mittels seines eigenen Verhaltens bei anderen Menschen positive Gefühle und daraus entstehende positive Reaktionen auslösen kann. Dies ist beispielsweise der Fall, wenn ein Säugling seine Mutter anlächelt, die daraufhin positive Gefühle gegenüber dem Kind empfindet, es auf den Arm nimmt und zärtlich streichelt. Dies wiederum wird von dem Kind als positive Wertschätzung durch die Mutter erlebt. Das Kind wird zukünftig versuchen, immer wieder die positive Zuwendung seiner Mutter zu erhalten, d. h. es entwickelt im Laufe der Zeit ein Bedürfnis nach positiver Wertschätzung durch die Mutter. Gleichzeitig lernt es auch, dass diese positive Zuwendung der Mutter durch sein eigenes Verhalten herbeigeführt werden kann.

Konflikt zwischen der Selbstaktualisierungstendenz und dem Bedürfnis nach positiver Wertschätzung

Das Bedürfnis nach Selbstaktualisierung und das Bedürfnis nach positiver Wertschätzung durch andere können miteinander in Konflikt geraten. Dies kann dann geschehen, wenn ein Individuum ein sehr starkes Bedürfnis nach Wertschätzung entwickelt hat und sich deshalb in seinem Verhalten überwiegend daran orientiert, wie viel positive Zuwendung es von anderen bekommt. Auf diese Weise kommt es zu einem hochgradig überangepassten Verhalten, das sich bei Kindern z. B. als stark erwachsenenabhängiges Verhalten äußert und bei Erwachsenen zu einer Neigung führt, anderen zu gefallen und es ihnen recht zu machen. Letzteres drückt sich in Verhaltenstendenzen aus, die im englischsprachigen Raum z. B. als *„everybody's darling"* oder *„please the boss"* bezeichnet werden.

Ein Konflikt mit möglicherweise noch schwerwiegenderen Folgen kann entstehen, wenn das angeborene Belohnungssystem, also die Selbstaktualisierungstendenz in Verbindung mit der organismischen Bewertung, eine andere Verhaltenstendenz unterstützt als das erworbene Bedürfnis nach positiver Wertschätzung durch andere. Dies könnte dann der Fall sein, wenn ein Kind gelernt hat, natürliche Emotionen zu unterdrücken, um die positive Zuwendung wichtiger Bezugspersonen nicht aufs Spiel zu setzen. Beispielsweise erwartet ein Vater von seinem Sohn, dass er dem Leitspruch folgt „Jungen weinen nicht". Um die positive Wertschätzung durch den Vater nicht zu verlieren, zwingt sich der Junge dazu, nicht zu weinen, als sein kleiner Hund von einem Auto überfahren wird. In diesem Fall wird die natürliche emotionale Reaktion („Trauer") nicht zugelassen, obwohl sie im Sinne der Selbstaktualisierungstendenz und der organismischen Bewertung durchaus adaptiv gewesen wäre.

8.2.4 Das Bedürfnis nach Selbstachtung

In einem weiteren Schritt, nach der Entwicklung des Bedürfnisses nach positiver Wertschätzung durch andere, entsteht das *Bedürfnis nach Selbstachtung*, in dem das Kind lernt, seine eigenen Verhaltensweisen als negativ oder positiv einzuschätzen. Diese Einschätzung geschieht auf der Grundlage internalisierter Bewertungsmaßstäbe, die es von anderen Personen übernommen hat. Im Rahmen der Befriedigung des Bedürfnisses nach positiver Wertschätzung durch andere lernt bereits ein Kind, auf welche seiner Verhaltensweisen beispielsweise die Eltern mit positiver Wertschätzung reagieren. Diese Bewertungsmaßstäbe von Personen, die dem Kind etwas bedeuten und ihm wichtig sind, übernimmt das Kind und macht sie sich zu eigen. Auf diese Weise erreicht das Individuum eine gewisse Unabhängigkeit von den Bewertungen anderer, da es sein Verhalten nunmehr selbst beurteilen kann. Dieser erfahrungsabhängige, verinnerlichte Bewertungsmaßstab stellt die Grundlage dar für das dritte Belohnungssystem, das als Bedürfnis nach Selbstachtung bezeichnet wird.

„Bedürfnis nach Selbstachtung" als erworbenes Motiv

Dieses dritte Belohnungssystem ermöglicht dem Individuum ein hohes Maß an Selbstregulation seines Verhaltens, da es nicht mehr von externen Belohnungsquellen abhängig ist. Hat sich beispielsweise ein Kind bisher im Klavierunterricht immer nur deshalb angestrengt, weil es für gute Leistungen von seinen Eltern Lob erwarten durfte (= positive Wertschätzung durch andere), so schöpft es jetzt die Motivation für eine gute Leistung im Klavierunterricht (zusätzlich) aus der Tatsache, dass es sich über seinen Erfolg freut und auf seine Leistung stolz sein kann.

Drei Belohnungssysteme für die Entwicklung des Selbstkonzepts

Mit der *organismischen Bewertung*, dem *Bedürfnis nach positiver Wertschätzung durch andere* und dem *Bedürfnis nach Selbstachtung* verfügt das Individuum über drei Belohnungssysteme, die der Entwicklung und Ausgestaltung des Selbstkonzepts dienen. Der angeborene *organismische Bewertungsprozess* ist weitgehend biologisch determiniert. Das *Bedürfnis nach positiver Wertschätzung durch andere* stellt ebenso wie das *Bedürfnis nach Selbstachtung* ein durch Lernerfahrung erworbenes Belohnungssystem dar.

8.2.5 Die voll funktionierende und die gestörte Person

Als *voll funktionierende* Person wird ein Individuum dann bezeichnet, wenn eine weit gehende Übereinstimmung zwischen der angeborenen organismischen Bewertung und den im Rahmen des Bedürfnisses nach positiver Wertschätzung durch andere sowie des Bedürfnisses nach Selbstachtung erworbenen Bewertungsmaßstäben vorliegt. Eine voll funktionierende Person kann ihr Wachstumspotenzial umfassend ausschöpfen und ihre Selbsterfahrungen angemessen symbolisieren. Dies ist nicht der Fall bei einer *fehlangepassten Person*. Hier kommt es zu einer Diskrepanz zwischen der organismischen Bewertung und dem von außen übernommenen Wertesystem. Hieraus resultiert eine Inkongruenz von Selbst und Erfahrung, die zu psychischer Fehlanpassung und einer erhöhten Anfälligkeit für Angst und Bedrohung führen kann.

Bedingte und unbedingte positive Wertschätzung

Eine wichtige Weichenstellung auf dem Weg zu einer voll funktionierenden Person findet bei der Entstehung des Bedürfnisses nach positiver Wertschätzung durch andere statt. Entscheidend ist hierbei, ob und inwieweit für das Kind bedeutsame Bezugspersonen, im Normalfall insbesondere die Eltern, ihre positive Wertschätzung für das Kind an bestimmte Bedingungen geknüpft haben. In diesem Zusammenhang unterscheidet Rogers zwischen der sogenannten *bedingten* und *unbedingten* positiven Wertschätzung. Im ersten Fall erfährt beispielsweise ein Kind, dass es nur dann von seinen Eltern akzeptiert und geliebt wird, wenn es das von ihnen gewünschte oder geforderte Verhalten zeigt. Dies führt dazu, dass die eigene (organismische) Bewertung verleugnet und durch die Bewertung einer anderen Person ersetzt wird. Die Folge ist eine Inkongruenz zwischen Selbst und Erfahrung, die eine mögliche Ursache für eine gestörte Persönlichkeitsentwicklung darstellen kann.

Dagegen erfährt das Kind im Fall der unbedingten positiven Wertschätzung, dass es auch dann von den Eltern akzeptiert und geliebt wird, wenn diese mit bestimmten Verhaltensweisen des Kindes nicht einverstanden sind. Mit anderen Worten: Unbedingte positive Wertschätzung ermöglicht eine psychische Entwicklung, bei der (Selbst-)Erfahrungen weder verleugnet noch verzerrt werden müssen, sondern in Einklang mit der organismischen Bewertung sind. Dies ist eine wichtige Voraussetzung für die weitere positive psychische Entwicklung hin zu einer *voll funktionierenden Person.*

Verleugnung und Verzerrung von Selbsterfahrungen: Abwehrhaltungen

Rogers verwendet den Begriff „Abwehrhaltungen“, wenn aufgrund einer Inkongruenz zwischen Selbst und Erfahrung bestimmte Erfahrungen unangemessen symbolisiert bzw. kognitiv repräsentiert werden. Die Funktion der Abwehrhaltungen besteht, ähnlich wie bei den von Freud postulierten Abwehrmechanismen, darin, bestimmten Erfahrungen den Zugang zum Bewusstsein zu versagen *(„Verneinung der Bewusstheit einer Erfahrung“)* oder diese so zu verzerren, dass die Diskrepanz zwischen einer Erfahrung und der Selbststruktur möglichst gering bleibt *(„Verzerrung der Bewusstheit einer Erfahrung“)*. Mit Hilfe von Abwehrhaltungen versucht die Person, ihr Selbstkonzept trotz diskrepanter Erfahrungen aufrechtzuerhalten.

Die *Verneinung der Bewusstheit einer Erfahrung* kann erreicht werden, indem man bei unangenehmen oder bedrohlichen Erfahrungen die Augen schließt oder wegschaut. Ebenso kann beispielsweise Emotionen der Zugang zum Bewusstsein verwehrt werden.

Bei der *Verzerrung der Bewusstheit einer Erfahrung* handelt es sich um einen Prozess, bei dem eine Erfahrung lediglich in einer verzerrten Form bewusst erlebt wird, die eine möglichst weitgehende Übereinstimmung zwischen Erfahrung und der Selbststruktur sicher stellt. Beispielsweise erklärt ein Mann, der sich für unwiderstehlich hält, seinen Misserfolg beim Werben um die Gunst einer attraktiven Frau damit, dass sie schrecklich arrogant sei und sowieso nicht auf Männer stehe. Auf diese Weise kann er sein Selbstkonzept als unwiderstehlich aufrechterhalten, ohne sich eingestehen zu müssen, dass er für Frauen längst nicht so attraktiv ist, wie er annimmt.

8.2.6 Real-Selbst und Ideal-Selbst

Derjenige Anteil des Erfahrungsfeldes eines Individuums, der die eigene Person („ich", „mich", „selbst") betreffend erlebt wird, repräsentiert das Selbst. Nach Rogers (1959) ist das Selbst ein überdauerndes Muster von Wahrnehmungen, das durch eine interne Struktur charakterisiert ist. Dies bedeutet jedoch nicht, dass das Selbst deshalb starr und nicht veränderbar ist. Vielmehr weist es darauf hin, dass auch im Falle einer Veränderung des Selbsts bzw. des Selbstkonzepts seine organisierte Qualität erhalten bleibt. Aus diesem Grund wird das Selbst auch als Struktur der Persönlichkeit betrachtet (Pervin, Cervone & John, 2005).

Beim Selbst unterscheidet Rogers zwei verschiedene Konzepte: das *Real-Selbst* und das *Ideal-Selbst*. Als *Real-Selbst* wird das Selbstkonzept bezeichnet, wie es von der betreffenden Person (zu einem bestimmten Zeitpunkt) als ihr tatsächliches Selbst erlebt wird, wohingegen unter *Ideal-Selbst* das Selbstkonzept verstanden wird, das die Person am liebsten besitzen würde. Gestörte oder fehlangepasste Personen sind durch eine im Vergleich zu gesunden oder voll funktionierenden Personen deutlich größere Diskrepanz zwischen *Real-Selbst* und *Ideal-Selbst* gekennzeichnet. Die individuelle Kongruenz von Real- und Ideal-Selbst kann beispielsweise mit Hilfe der Q-Sort-Technik (Stephenson, 1953) erfasst werden.

Q-Sort-Technik

Die Q-Sort-Technik bietet die Möglichkeit, auf systematische Weise Selbstbeschreibungen von Individuen zu erheben. Zu diesem Zweck erhält die Person einen Stapel Karten, die jeweils eine Aussage über ein Persönlichkeitsmerkmal enthalten (z. B. „Ich bin intelligent", „Ich verachte mich", „Ich stehe gewöhnlich zu meinen Entscheidungen"). Dann wird die Person gebeten, die Karten im Hinblick auf das Zutreffen der Aussagen auf die eigene Person zu sortieren. Um die statistische Analyse beim Q-Sort zu erleichtern, müssen die Karten so sortiert werden, dass die Gesamtverteilung annähernd einer Normalverteilung entspricht. Werden beispielsweise 100 Karten vorgegeben, kann die Person gebeten werden, neun verschiedene Stapel zu bilden (von Stapel 1: „Trifft am allerwenigsten auf mich zu" bis Stapel 9: „Trifft am allermeisten auf mich zu"). Die Anzahl der Karten, die den Stapeln 1 bis 9 zugeordnet werden, ist folgendermaßen festgelegt: 1–4–11–21–26–21–11–4–1, d. h. Stapel 1 und 9, also den Extremkategorien, kann jeweils nur eine Karte zugeordnet werden, Stapel 5, der die mittlere Kategorie bildet, jedoch 26 Karten. Auf diese Weise wird die angestrebte Normalverteilung erreicht.

Von Rogers wurde die Q-Sort-Technik eingesetzt, um die individuelle Kongruenz von Real- und Ideal-Selbst zu erfassen. Zur Erfassung des Real-Selbst besteht die Aufgabe der Testperson darin, die Aussagen auf den Karten so zu sortieren, dass diese bestmöglich beschreiben, wie sie sich momentan selbst sieht. Dagegen muss sie zur Beschreibung ihres Ideal-Selbst die Aussagen in Hinblick darauf sortieren, wie sie am liebsten wäre, um sich rundum wohlzufühlen. Die Kongruenz zwischen Real- und Ideal-Selbst kann anhand von Korrelationskoeffizienten überprüft werden. Eine hohe positive Korrelation weist darauf hin, dass das Selbstkonzept einer Person weitgehend mit ihrem Ideal-Selbst übereinstimmt.

In ihrer bekannten Untersuchung stellten Butler und Haigh (1954) fest, dass bei Personen, die sich wegen persönlicher Probleme in psychotherapeutischer Behandlung befanden, eine sehr viel stärkere Inkongruenz zwischen Real- und Ideal-Selbst bestand (durchschnittlicher Korrelationskoeffizient von $r = .0$) als bei einer entsprechenden Kontrollgruppe ohne Therapiebedürfnis, die einen Korrelationskoeffizienten von $r = .58$ aufwies. Nach Abschluss der Psychotherapie konnte jedoch ein signifikanter Zuwachs an Kongruenz zwischen Real- und Ideal-Selbst festgestellt werden (durchschnittlicher Korrelationskoeffizient von $r = .34$), was darauf hinweist, dass die klientenzentrierte Psychotherapie den Betroffenen geholfen hat, ihr Real-Selbst und ihr Ideal-Selbst einander anzunähern.

8.3 Abraham H. Maslow (1908–1970)

Ausgehend von einem positiven Menschenbild, schreibt Maslow (1968, 1987) jedem Individuum ein positives Wachstumspotenzial zu. Psychische Störungen und Fehlentwicklungen der Persönlichkeit, die dazu führen, dass dieses Wachstumspotenzial nicht realisiert werden kann, haben nach seiner Auffassung ihre Ursache in Enttäuschungen und Einschränkungen, die häufig von einer menschenfeindlichen Gesellschaft vermittelt werden. Im Rahmen seiner Persönlichkeitspsychologie sind für Maslow zwei Aspekte von hervorragender Bedeutung: die Struktur der menschlichen Motivation und das sich selbstverwirklichende Individuum. Im Gegensatz zu anderen Persönlichkeitstheoretikern – wie beispielsweise Freud, Adler, Bandura, Kelly und in gewisser Weise auch Rogers – stellt Maslow eine Theorie der Persönlichkeit vor, deren Ausgangspunkt nicht in pathologischen Aspekten des menschlichen Verhaltens liegt, sondern *a priori* die Persönlichkeitsentwicklung des gesunden Menschen als zentrales Thema aufweist.

8.3.1 Maslows Motivationstheorie der Persönlichkeit

Bedürfnishierarchie

Maslow unterscheidet grundsätzlich zwischen physiologischen und psychologischen Bedürfnissen des Individuums. Die Befriedigung biologischer Grundbedürfnisse (z. B. Nahrung, Schlaf, Sexualität) ist notwendig, um das Überleben des Organismus oder der Spezies sicherzustellen. Darüber hinaus existieren zusätzliche psychologische Bedürfnisse, deren Befriedigung das Individuum in die Lage versetzt, sein Wachstumspotenzial zu realisieren und eine zunehmende Selbstverwirklichung zu erreichen. Hierzu zählen das Bedürfnis nach Sicherheit, nach Zugehörigkeit und Liebe, nach Achtung sowie nach Selbstverwirklichung. Die physiologischen und psychologischen Bedürfnisse fasst er in einer hierarchisch angeordneten Bedürfnispyramide zusammen (vgl. Abb. 9).

Abbildung 9: Hierarchische Struktur der menschlichen Bedürfnisse (nach Maslow, 1987)

Annahmen zur Bedürfnishierarchie

Im Zusammenhang mit dieser Bedürfnispyramide trifft Maslow die folgenden grundlegenden Annahmen:

- Alle Bedürfnisse innerhalb der Bedürfnishierarchie sind angeboren.
- Je höher ein Bedürfnis in der Hierarchie angesiedelt ist, desto schwächer ist seine instinkthafte Natur und desto später wird es im Laufe der Persönlichkeitsentwicklung wirksam.
- Ein Bedürfnis auf einer höheren Stufe kann sich erst dann entwickeln, wenn die Bedürfnisse auf darunter liegenden Stufen bereits befriedigt wurden.
- Höhere Bedürfnisse werden subjektiv als weniger drängend erlebt.
- Je höher ein Bedürfnis, desto weniger wichtig ist es für das bloße Überleben und desto eher kann seine Befriedigung zurückgestellt werden.

Aus diesen Annahmen lässt sich ableiten, dass beispielsweise das Bedürfnis nach Selbstverwirklichung nur dann auftreten kann, wenn das Individuum die Bedürfnisse der vier vorangegangenen Stufen erfolgreich befriedigen konnte. Zudem geht Maslow davon aus, dass zumindest in den westlichen Kulturen jüngere Menschen die Stufe der Selbstverwirklichung noch nicht erreichen können, da sie noch keine eigene Identität bzw. Autonomie entwickelt haben und noch viel zu stark damit beschäftigt sind, sich privat und beruflich zu etablieren. Erst ab der fünften Lebensdekade ist nach seiner Ansicht in westlich geprägten Industriestaaten mit dem Erreichen der Stufe der individuellen Selbstverwirklichung zu rechnen.

Kriterien der Selbstverwirklichung

Das Erreichen der Stufe der Selbstverwirklichung stellt nach Maslow das Ziel einer optimalen Persönlichkeitsentwicklung dar. Anhand einer Untersuchung von 60 bekannten und bedeutenden Persönlichkeiten (z. B. Albert Einstein, Johann Wolfgang von Goethe, William James, Abraham Lincoln, Albert Schweitzer), die nach seiner Meinung diese Stufe erreicht hatten, leitete er 15 charakteristische Merkmale für sich selbstverwirklichende Individuen ab. Nach Maslow (1968, 1987) umfassen diese Merkmale:

1. genaue und umfassende Wahrnehmung der Realität,
2. hohe Akzeptanz der eigenen Person, anderer Menschen und der Natur im Allgemeinen,
3. Natürlichkeit, Spontaneität und Einfachheit,
4. problemorientierte anstatt ichzentrierte Einstellung,
5. Fähigkeit, sich von anderen zu lösen, und ein Bedürfnis nach Privatheit,
6. Unabhängigkeit von der jeweiligen sozialen Umwelt,
7. unverbrauchte Wertschätzung,
8. mystische oder Grenzerfahrungen,
9. Gemeinschaftsgefühl,
10. enge, tiefe persönliche Beziehungen zu wenigen ausgewählten Menschen,
11. Akzeptanz demokratischer Werte,
12. starkes ethisches Bewusstsein,
13. philosophischer Humor,
14. Kreativität,
15. Resistenz gegenüber kulturellem Konformitätsdruck.

8.3.2 Mangel- und Wachstumsbedürfnisse

Homöostase- und Heterostaseprinzip

Innerhalb seiner Bedürfnishierarchie grenzt Maslow *Mangelbedürfnisse* von sogenannten *Wachstumsbedürfnissen* ab. Mangelbedürfnisse folgen dem *Prinzip der Homöostase* und zielen darauf ab, einen

Mangelzustand zu beseitigen. Höhere Bedürfnisse, hier insbesondere das Bedürfnis nach Selbstverwirklichung, werden als Wachstumsbedürfnisse bezeichnet, die dem *Prinzip der Heterostase* folgen. Hierbei handelt es sich um ein dynamisches Prinzip der sogenannten gleitenden Sollwertveränderung. Dies bedeutet, dass im Falle von Wachstumsbedürfnissen die Motivation nicht nur solange aufrechterhalten bleibt, bis ein bestehendes Defizit ausgeglichen bzw. ein akutes Bedürfnis befriedigt wurde. Vielmehr versucht das Individuum, wenn ein bestimmtes Ausmaß an Selbstverwirklichung erreicht wurde, seine Selbstverwirklichung in einem nächsten Schritt noch weiter zu vervollkommnen. Auf diese Weise wird eine permanente Weiterentwicklung und Ausdifferenzierung der Persönlichkeit bzw. Realisierung des individuellen Wachstumspotenzials mit dem Ziel der Selbstvervollkommnung ermöglicht. Gleichzeitig folgt daraus, dass eine absolute Selbstverwirklichung nie erreicht wird, weshalb Maslow von „sich selbstverwirklichenden", nicht aber von „selbstverwirklichten" Individuen spricht.

8.4 Existenzialistische Persönlichkeitstheorie

Obwohl der Existenzialismus eine Sichtweise darstellt, die – in unterschiedlichem Maße – die Persönlichkeitstheorien von Rogers und Maslow beeinflusst hat, ist seine Bedeutung im Rahmen der Persönlichkeitspsychologie vergleichsweise gering geblieben. Als Vorläufer des Existenzialismus im 19. Jahrhundert gelten Philosophen und Literaten wie beispielsweise Friedrich Nietzsche und Søren Kierkegaard. Eine bedeutende Rolle bei der Entstehung der existenzialistischen Philosophie des 20. Jahrhunderts kommt dem deutschen Philosophen Martin Heidegger (1889–1976) zu, der auch sehr viel dazu beitrug, dass die existenzialistische Sichtweise Einzug in die Psychologie und Psychiatrie halten konnte. Als eine einflussreiche philosophische Strömung wurde der Existenzialismus kurz nach dem zweiten Weltkrieg insbesondere durch die Schriften von Jean-Paul Sartre und Albert Camus populär. Vor allem in den USA bildeten in dieser Zeit die Ideen der existenzialistischen Psychologie einen Gegenpol zum damals vorherrschenden traditionellen Behaviorismus mit seinem mechanistischen Menschenbild. Die existenzialistische Perspektive stellte den Menschen als Person sowie menschliche Werte in den Mittelpunkt und bot auf diese Weise die Grundlage für eine humanistisch orientierte Psychologie.

Das Leitmotiv der existenzialistischen Sichtweise stellen grundlegende Fragen des menschlichen Daseins und die Bedeutung des Individuums dar. Am deutlichsten tritt diese Sichtweise in der Persönlichkeitstheorie von Rollo May (1909–1994) zu Tage. Teilweise von Sigmund Freud und dem dänischen Schriftsteller und Philosophen Søren Kierkegaard beeinflusst, bilden die Begriffe Dasein, Umwelt, Mitwelt und Eigenwelt zentrale Aspekte in Mays Persönlichkeitstheorie. *Dasein* bezeichnet die Art und Weise, wie eine Person an einem bestimmten Ort und zu einer gegebenen Zeit die Welt erlebt und interpretiert. Der Begriff *Umwelt* bezieht sich auf die physikalische, objektive Welt, wie sie mit naturwissenschaftlichen Methoden erforscht wird, wohingegen *Mitwelt* die Interaktionen mit anderen Menschen beschreibt. Schließlich existiert noch eine *Eigenwelt;* dabei handelt es sich um die intrapersonale Welt bzw. die Bewusstheit hinsichtlich der eigenen Person. Jedes Individuum lebt gleichzeitig in diesen drei Welten. Deshalb ist es nur dann möglich, die menschliche Existenz umfassend zu verstehen, wenn diese drei verschiedenen „Welten" gemeinsam berücksichtigt und in die Betrachtung einer Person mit einbezogen werden. So entsteht beispielsweise *Entfremdung*, die sich als Gefühl der Verzweiflung, Leere oder Hoffnungslosigkeit manifestieren kann, wenn sich das Individuum zu stark von einer seiner drei Existenzen („Welten") distanziert hat. Diese Entfremdung kann sich sowohl auf die Natur *(Umwelt)* als auch auf andere Menschen *(Mitwelt)* oder die eigene Person *(Eigenwelt)* beziehen.

Dilemma der menschlichen Existenz

Nach May (1967) besteht das Dilemma der menschlichen Existenz darin, dass dem Individuum sowohl die Rolle des Objekts, dem Dinge widerfahren, als auch die des Subjekts zukommt, das aktiv Erfahrungen macht und sie interpretiert. Beide Aspekte sind wichtig, um Menschen richtig verstehen zu können. Während das traditionelle lerntheoretische Menschenbild nach Mays Ansicht die objektive Seite zu stark betont, wirft er beispielsweise Rogers vor, die subjektive (positive) Seite überzubetonen, indem er negative Impulse des Menschen zu stark vernachlässigt.

8.5 Bewertung

In der Persönlichkeitstheorie von Rogers werden – u. a. mit den von ihm postulierten drei Belohnungssystemen und dem Konzept der Abwehrhaltungen – sowohl Einflüsse aus der Lerntheorie als auch aus der Psychoanalyse sichtbar. Konzeptuelle Gemeinsamkeiten hat

Rogers' Theorie auch mit den Ansätzen von Alfred Adler (vgl. Kapitel 3), Karen Horney und Gordon W. Allport (vgl. Kapitel 11). Auf diese Einflüsse wird aber von Rogers kaum verwiesen (Hergenhahn & Olson, 2003). Trotz der offensichtlichen Bezüge zu anderen Theorien wäre es verfehlt zu behaupten, Rogers' Theorie der Persönlichkeit sei lediglich eine eklektizistische Version bereits bekannter Ansätze. Im Gegensatz zu Freud betrachtet Rogers Persönlichkeit nicht als aus festgeschriebenen Strukturelementen bestehend, sondern betont stattdessen die Veränderbarkeit und den Veränderungsprozess. Während Freud den Menschen als ein geschlossenes Energiesystem betrachtet, stellt Rogers der Triebbefriedigung und der Spannungsreduktion als Antriebe allen menschlichen Verhaltens ein positives Wachstumspotenzial gegenüber, das die Entwicklung hin zu einer voll funktionierenden Person ermöglicht. Mit der Annahme eines positiven Wachstumspotenzials grenzt sich Rogers zugleich auch von dem behavioristischen Menschenbild ab, das die Entwicklung des Individuums als ausschließlich durch die Umwelt determiniert betrachtet (vgl. Rogers & Skinner, 1956). Nach Rogers besitzt der Mensch grundsätzlich die Fähigkeit, sich in einer unterstützenden psychosozialen Umwelt aus eigener Kraft zu einer voll funktionierenden Person zu entwickeln.

Maslows Theorie der Persönlichkeit ist in erster Linie eine Theorie der menschlichen Bedürfnisse und Motive. Hierbei bedient er sich einer stark vereinfachenden Sichtweise, sowohl für die Beschreibung der menschlichen Natur, als auch für die Begründung von menschlichem Verhalten. Umstritten ist Maslows Annahme, dass eine höhere Stufe der Bedürfnishierarchie erst erreicht werden kann, nachdem die grundlegenden biologischen Bedürfnisse befriedigt sind. Auch sein „unwissenschaftlicher" Ansatz zur Evaluierung der sich selbstverwirklichenden Persönlichkeit wird kritisiert. Im Rahmen seiner Studien zur Erforschung der sich selbstverwirklichenden Persönlichkeit wurde Maslow wegen seiner schlecht kontrollierten und unreliablen Untersuchungsmethoden angegriffen. Insbesondere wurde ihm die Verwendung sehr kleiner Untersuchungsstichproben, blindes Vertrauen in die Selbstberichte seiner Versuchspersonen sowie die Verwendung von eigenen, sehr intuitiven Kriterien für Selbstverwirklichung vorgeworfen.

Die Entwicklung einer humanistischen Orientierung innerhalb der Persönlichkeitspsychologie stellte Mitte des 20. Jahrhunderts zweifelsohne eine wichtige und notwendige Alternative zum Menschenbild der Freud'schen Psychoanalyse und des traditionellen Behaviorismus dar, indem sie explizit positive Aspekte der menschlichen Natur und das Wachstumspotenzial des Menschen zu einem zentralen Gegenstand der Persönlichkeitspsychologie machte.

Als Hauptkritikpunkt an den humanistisch orientierten Persönlichkeitstheorien von Rogers und Maslow wird immer wieder auf die zu optimistische Sichtweise der menschlichen Natur hingewiesen, die destruktive Tendenzen des Menschen vernachlässige. In den humanistischen Ansätzen werden wenige, dafür aber relativ breite Konstrukte (z. B. Wachstumspotenzial, Bedürfnis nach positiver Wertschätzung durch andere, voll funktionierende vs. gestörte Person, Selbstverwirklichung) verwendet, um die menschliche Natur zu erklären und menschliches Verhalten zu begründen. In diesem Zusammenhang wird der Vorwurf erhoben, die verwendeten Konzepte seien zu einfach und zu subjektiv. Damit ist eine angemessene Operationalisierbarkeit als Voraussetzung für die objektive Messung und empirische Überprüfung dieser Konzepte praktisch nicht gegeben.

Zusammenfassung

Humanistische Persönlichkeitstheorien sind durch eine phänomenologisch orientierte Perspektive gekennzeichnet und betonen das positive Wachstumspotenzial des Individuums. Nach Rogers bildet das Erfahrungsfeld einer Person ihr inneres Bezugssystem. Die angeborene Selbstaktualisierungstendenz in Verbindung mit dem organismischen Bewertungsprozess sowie das „Bedürfnis nach positiver Wertschätzung durch andere“ und das „Bedürfnis nach Selbstachtung“ als zwei durch Lernerfahrung erworbene Belohnungssysteme dienen der Entwicklung des Selbstkonzepts. Eine voll funktionierende Person ist charakterisiert durch eine weitgehende Übereinstimmung zwischen der angeborenen organismischen Bewertung und den erworbenen Bewertungen von Erfahrungen. Die gestörte oder fehlangepasste Person zeichnet sich durch eine mehr oder weniger starke Inkongruenz bei der Bewertung von Erfahrungen aus.

Maslow postuliert in seiner Motivationstheorie der Persönlichkeit fünf hierarchisch angeordnete Bedürfnisse. Die Spitze seiner Bedürfnishierarchie bildet das Bedürfnis nach Selbstverwirklichung, dessen Befriedigung von einer dem Menschen innewohnenden positiven Wachstumstendenz abhängig ist, wohingegen tiefer stehende Bedürfnisse Mangelbedürfnisse darstellen.

Fragen

1. Welche Belohnungssysteme zur Entwicklung des Selbstkonzepts unterscheidet Rogers?
2. Erläutern Sie die Begriffe „bedingte Wertschätzung“ und „unbedingte Wertschätzung“.
3. Was versteht Rogers unter „Real-Selbst“ und „Ideal-Selbst”?
4. Erläutern Sie die Bedürfnishierarchie von Maslow.
5. Wie unterscheidet sich mangelmotiviertes Verhalten von der Wachstumsmotivation?

Kapitel 9
Neohumanistische Ansätze

Hannelore Weber

Inhaltsübersicht

Die grundlegende Annahme der humanistischen Theorie, dass der Mensch als ein Organismus zu verstehen ist, dem das Bestreben innewohnt, ein angeborenes Potenzial zur Entfaltung zu bringen und dabei Wachstum mit Integration zu vereinen, wird in der neueren Psychologie vor allem in der *Theorie der Selbstdetermination* aufgegriffen. Sie wird daher im Mittelpunkt dieses Kapitels stehen. Ergänzt wird die Darstellung durch die „Positive Psychologie", deren Anliegen es ist, dass die Psychologie menschlichen Stärken mehr Aufmerksamkeit zuwenden sollte.

9.1 Die Theorie der Selbstdetermination

Die Theorie der Selbstdetermination wurde von Edward Deci und Richard Ryan (1985; Ryan & Deci, 2000, 2002) entwickelt und in den vergangenen zwei Jahrzehnten gestützt auf umfangreiche Forschungsarbeiten systematisch ausgestaltet. Die Theorie geht von einigen wenigen Grundannahmen aus, in denen eine aus Sicht der Autoren „organismische Metatheorie" zum Ausdruck gebracht wird. Für die Persönlichkeitsforschung sind vor allem die vier von Deci und Ryan selbst als „Mini-Theorien" benannten Teiltheorien relevant, die unterhalb der Ebene der Metatheorie angesiedelt sind und den Ausgangspunkt für eine reichhaltige empirische Forschung bilden.

9.1.1 Grundlegende Annahmen

Menschen ist das Bedürfnis nach Wachstum, Synthese und Integration angeboren

Deci und Ryan gehen aus von der Aristotelischen Sicht des Menschen, die ihm ein angeborenes aktives Streben nach Erweiterung seines Wissens und seiner Erfahrungen, nach Wachstum und nach der Realisierung seines Potenzials zuschreibt. Dem Streben nach Wachstum und Erweiterung wird ein Streben nach Synthese und Integration zur Seite gestellt, die ein kohärentes Gefühl der eigenen Identität oder des Selbst begründen.

Das Streben nach Integration und Kohärenz beinhaltet zwei komplementäre Prozesse, die sich im Falle einer gesunden Entwicklung ergänzen. Deci und Ryan nehmen an, dass Personen danach streben, zum einen Aspekte ihres psychischen Erlebens in einen Zusammenhang zu bringen und zum anderen eine enge Verbundenheit mit ihrer sozialen Umwelt herzustellen. Sie beschreiben die Tendenz zu einer inneren Organisation und einer ganzheitlichen Selbstregulation als das Streben nach *Autonomie*, während *Homonomie* das Streben nach einer Integration der eigenen Person in den sozialen Kontext beinhaltet.

Wachstum und Integration sind von Umweltbedingungen abhängig

Die unterstellte Integrationstendenz ist jedoch an geeignete Kontextbedingungen gebunden, um sich entfalten zu können. Umweltbedingungen, und hier insbesondere soziale Faktoren, tragen zu einem breiten Spektrum an unterschiedlichen Entwicklungsmöglichkeiten bei. Sie reichen von dem Ideal eines aktiven und integrierten Selbst bis hin zu einem stark fragmentierten, passiven, reaktiven und entfremdeten Selbst. Anliegen der Theorie der Selbstdetermination ist es, Kontextfaktoren zu spezifizieren, die Wachstum und Integration fördern oder aber blockieren und behindern.

Mit diesem Bild eines um Wachstum und Integration bestrebten Menschen sehen sich Deci und Ryan in der Tradition einer organismischen Metatheorie, wie sie ähnlich auch von der humanistischen und der psychoanalytischen Theorie sowie von einigen entwicklungspsychologischen Theorien vertreten wird. Gemeinsam ist diesen Theorien, dass sie den Menschen als einen aktiven Organismus verstehen, dem eine angeborene Motivation und Verhaltenstendenzen zugeschrieben werden. Im Falle der humanistischen Theorie ist dies die Tendenz zur (Selbst-)Aktualisierung (vgl. Kapitel 8). Im Gegensatz dazu stehen Deci und Ryan zufolge Ansätze, die auf eine ganzheitliche Sicht verzichten und sich auf einzelne Phänomene konzentrieren, beispielsweise auf Lernprozesse oder auf die Entstehung und Aktivierung kognitiver Schemata. Deci und Ryan verstehen ihre Theorie der Selbstdetermination als eine Synthese aus beiden Ansätzen. Ausgehend von einer ganzheitlichen Sicht des Menschen wollen sie aufzeigen, wie einzelne, empirisch prüfbare Phänomene aus ihr abgeleitet werden können.

9.1.2 Die psychologischen Grundbedürfnisse

Eine Vielzahl von Ansätzen aus der Entwicklungspsychologie und der Persönlichkeitspsychologie ist bemüht, die Bedingungen zu spezifizieren, unter denen eine positive und gesunde Entwicklung der Persönlichkeit erfolgen kann.

Drei psychologische Grundbedürfnisse

Nach der Theorie der Selbstdetermination entscheidet die Befriedigung psychologischer Grundbedürfnisse über eine gelingende Entwicklung, die durch Wachstum und Integration gekennzeichnet ist. Die Theorie postuliert drei solcher Grundbedürfnisse: Autonomie, Kompetenz und Verbundenheit. Umwelten lassen sich danach kennzeichnen, in welchem Maße sie eine Befriedigung dieser Bedürfnisse unterstützen oder ihr entgegenstehen und damit zu einer optimalen Entwicklung der Persönlichkeit beitragen oder sie verhindern.

Grundbedürfnisse sind angeboren und universell

Deci und Ryan vergleichen die Erfüllung der von ihnen postulierten Grundbedürfnisse mit der Versorgung des Organismus mit materiellen Nährstoffen, die für das Überleben notwendig sind. Sie betrachten diese Grundbedürfnisse als angeborene, d. h. nicht erworbene oder gelernte Bedürfnisse, die universell und damit in allen Kulturen und zugleich in allen Phasen der Persönlichkeitsentwicklung präsent sind. Der Anspruch auf universelle Gültigkeit schließt dabei nicht aus, dass bedürfnisrelevante Ziele nicht sehr wohl über Entwicklungsphasen oder über Kulturen hinweg in ihren konkreten Inhalten variieren können – in ihrem Kern bleiben sie jedoch unverändert. Die Wirkung der Grundbedürfnisse muss zudem nicht bewusst sein, aber es existiert ein allgegenwärtiges Bestreben nach ihrer Befriedigung.

Kompetenz

Das Kompetenzbedürfnis motiviert zur Optimierung eigener Fähigkeiten

Das Bedürfnis nach Kompetenz bezieht sich auf das Bestreben, sich in der Auseinandersetzung mit der (sozialen) Umwelt kompetent zu fühlen und Möglichkeiten zu erleben, die persönlichen Fähigkeiten zum Ausdruck bringen zu können. Das Kompetenzbedürfnis motiviert Personen dazu, Situationen und Gelegenheiten aufzusuchen, in denen sie ihre Fähigkeiten erproben, beweisen und optimieren können. Das Bedürfnis nach Kompetenz manifestiert sich dabei nicht in erworbenen Fertigkeiten oder Fähigkeiten, sondern in einem subjektiv erlebten Gefühl von Vertrauen und Wirksamkeit in die eigene Handlungsfähigkeit. In ähnlicher Weise hatte bereits White (1959) ein Grundbedürfnis nach Kompetenz postuliert. Das Bedürfnis nach Kompetenz ähnelt zudem dem Konzept der Selbstwirksamkeit von Bandura (vgl. Kapitel 5).

Verbundenheit

Das Bedürfnis nach Verbundenheit ist Ausdruck der Homonomie

Das Bedürfnis nach Verbundenheit bezieht sich auf das Gefühl der Verbundenheit mit anderen und auf das Gefühl der Zugehörigkeit zu einer Gemeinschaft. Es beinhaltet das Interesse und die Fürsorge für andere und umgekehrt die Erfahrung, selbst Gegenstand des Interesses und der Fürsorge von anderen zu sein. Verbundenheit ist Ausdruck der *Homonomie*, also derjenigen Komponente der Integrationstendenz, die sich auf die Einbindung in soziale Kontexte bezieht. Das Bedürfnis nach Verbundenheit bezieht sich dabei nicht auf konkrete Beziehungserfahrungen oder auf die Übernahme bestimmter sozialer Rollen, beispielsweise als Partner oder Partnerin oder als Mitglied einer Gruppe. Entscheidend ist das subjektive Gefühl, mit anderen in Gemeinschaft zu leben.

Autonomie

Autonomie und Abhängigkeit bilden keine Gegensätze

Das Bedürfnis nach Autonomie bezieht sich auf die subjektive Erfahrung, selbst Ursprung und Quelle des eigenen Handelns zu sein. Autonomie impliziert, dass das eigene Verhalten persönlichen Interessen und Wertmaßstäben entspringt und als Ausdruck der eigenen Persönlichkeit erlebt wird. Aber auch wenn das Verhalten von äußeren Bedingungen beeinflusst wird, kann sich eine Person als autonom erleben, wenn sie mit den äußeren Vorgaben übereinstimmt. In dieser Hinsicht unterscheidet sich Autonomie von Unabhängigkeit, die beinhaltet, dass man nicht auf externe Quellen angewiesen ist. Nach der Theorie der Selbstdetermination stehen Autonomie und Abhängigkeit nicht in einem Widerspruch zueinander. Eine Person kann sich durchaus als autonom erleben, wenn sie Vorgaben von anderen folgt (und in diesem Sinne nicht unabhängig ist), solange diese mit ihren eigenen Bedürfnissen und Werthaltungen übereinstimmen. Abhängigkeit kann allerdings auch mit fehlender Autonomie verbunden sein, wie es für reine Compliance oder Konformität kennzeichnend ist.

Die grundlegenden Annahmen der Theorie der Selbstdetermination bilden einen allgemeinen theoretischen Rahmen, innerhalb dessen sich vier „Mini-Theorien" abgrenzen lassen, die sich gegenseitig ergänzen. Den Mini-Theorien ist gemeinsam, dass sie spezifizieren, unter welchen Bedingungen es einer Person ermöglicht wird, ihre psychologischen Grundbedürfnisse zu befriedigen und auf diese Weise persönliches Wachstum und Integrität zu erfahren.

9.1.3 Die Theorie der kognitiven Evaluation

Intrinsische und extrinsische Motivation

Im Mittelpunkt der Theorie der kognitiven Evaluation *(Cognitive evaluation theory)* steht das Konzept der *intrinsischen* Motivation. Intrinsische Motivation beschreibt den Prototyp selbstbestimmten Handelns, indem Personen im Zustand intrinsischer Motivation frei agieren und nur durch Interesse und Freude an einer Tätigkeit geleitet werden. Die Tätigkeit wird allein aufgrund der Befriedigung, die sie *als solche* auslöst, ausgeübt, während bei *extrinsischer* Motivation das Handeln auf Ziele gerichtet ist, die außerhalb der Tätigkeit liegen. Intrinsische Motivation sehen Deci und Ryan (1985) vor allem mit den beiden Grundbedürfnissen nach Autonomie und Kompetenz verbunden.

Die Theorie der kognitiven Evaluation wurde mit dem Ziel formuliert, Einflussfaktoren des sozialen Kontextes (beispielsweise Belohnungen oder Feedback) zu identifizieren, die eine intrinsische Motivation stützen. Nach Deci und Ryan sind es *zwei* kognitive Prozesse, durch die Kontextfaktoren intrinsische Motivation beeinflussen:

Wahrnehmung internaler Kontrolle verstärkt intrinsische Motivation

1. Der erste kognitive Prozess beinhaltet Änderungen in der wahrgenommenen Kontrolle *(perceived locus of causality)*, einem Konzept, das von Heider (1958) übernommen wird. Wahrgenommene Kontrolle steht in einem Zusammenhang mit dem Bedürfnis nach Autonomie. Intrinsische Motivation wird verstärkt, wenn Kontextfaktoren die Wahrnehmung internaler Kontrolle stützen, während intrinsische Motivation untergraben wird, wenn Kontextfaktoren den Fokus auf externale Kontrolle (z. B. Belohnungen) richten. Deci, Koestner und Ryan (1999) haben in einer Metaanalyse Studien zusammengestellt, die den Einfluss von externer Belohnung auf intrinsische Motivation untersuchen. Die Ergebnisse belegen, dass externe Belohnung intrinsische Motivation wie erwartet untergräbt, während verbale Bekräftigungen oder Lob sie bestärken.
2. Der zweite kognitive Prozess bezieht sich auf die wahrgenommene Kompetenz *(perceived competence)* und ist mit dem Bedürfnis nach Kompetenz verbunden. Vermittelt der Kontext Kompetenz, erhöht dies die intrinsische Motivation, vermittelt der Kontext eine geringere Kompetenz, untergräbt dies die intrinsische Motivation.

Kontrolle mindert, Information erhöht intrinsische Motivation

Kontextfaktoren können die Motivation zudem in der Form beeinflussen, dass entweder *Kontrolle* ausgeübt oder aber *Information* vermittelt wird. Kontrolle, beispielsweise äußerer Druck, ein bestimmtes Ergebnis zu produzieren, verstärkt die wahrgenommene externale Kontrolle und mindert damit die intrinsische Motivation. Informationen hingegen können die wahrgenommen Kompetenz und damit die intrinsische Motivation erhöhen. Dabei hängt es auch von der Person ab, inwieweit sie beispielsweise eine Rückmeldung eher als Kontrolle oder als Information konstruiert. Studienergebnisse belegen, dass die Androhung von Bestrafung, Abgabetermine, Überwachung, Wettbewerbsituationen und Evaluationen intrinsische Motivation untergraben, da sie vermutlich als Kontrolle (und weniger als Information) wahrgenommen werden (für einen Überblick siehe Ryan & Deci, 2002). Eine Rolle spielt auch, in welcher sozialen Atmosphäre *(interpersonal climate)* solche Botschaften übermittelt werden (Reeve & Deci, 1996). Ein positives Feedback kann beispielsweise als Kontrolle (statt Information) erlebt werden, wenn es in einer Atmosphäre vermittelt wird, in der zugleich Druck ausgeübt wird.

9.1.4 Die Theorie der organismischen Integration

Intrinsische Motivation stellt den Prototyp selbstbestimmten Handelns dar. Weite Teile unseres Alltagshandelns sind jedoch zweifellos nicht intrinsisch motiviert, da wir Vorgaben und Verpflichtungen folgen, die sich aus der Übernahme sozialer Rollen und Funktionen ergeben. Damit müssen diese Aufgaben nicht gleich extrinsisch motiviert sein. Die Theorie der organismischen Integration *(Organismic integration theory)* beschäftigt sich mit der Frage, wie Personen Tätigkeiten, zu denen sie ursprünglich von anderen (beispielsweise Eltern, Lehrern, Arbeitgebern) aufgefordert oder gezwungen werden, zunehmend internalisieren, als Teil ihres Selbst betrachten und mit dem Gefühl von Autonomie und wahrgenommener internaler Kontrolle ausüben.

Intrinsische und extrinisische Motivation bilden ein Kontinuum

Anders als in anderen Ansätzen stellt die extrinsische Motivation nach Deci und Ryan keinen Gegensatz zu autonomem Handeln dar. Vielmehr unterscheiden sie mehrere Formen extrinsischer Motivation, die auf einem Kontinuum wahrgenommener Autonomie oder wahrgenommener internaler Kontrolle angesiedelt werden können. Das Kontinuum reicht vom Zustand der „Amotivation“ über eine zunehmend durch internale Kontrolle bestimmte extrinsische Motivation bis hin zur intrinsischen Motivation in ihrer reinsten Form. In diesem Modell ist *Amotivation* dadurch gekennzeichnet, dass eine Person eine Tätigkeit völlig mechanisch, d. h. ohne jede Handlungsintention ausübt, weil sie beispielsweise keinen Sinn in ihr sieht, sie nicht schätzt oder sich als nicht kompetent erlebt. Amotivation beschreibt damit eine maximale Entfremdung einer Person von ihrer Tätigkeit (vgl. Abb. 10).

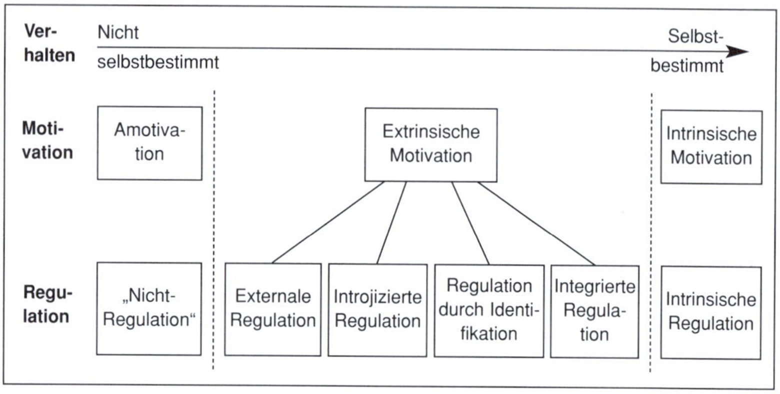

Abbildung 10: Typen der Motivation nach Deci und Ryan (2000)

Vier Formen der extrinisischen Motivation

Im Falle der extrinsischen Motivation werden vier Formen unterschieden, die sich neben dem Ausmaß an wahrgenommener internaler Kontrolle über die Art der Regulation des Verhaltens definieren:

- Im Falle der *externalen Regulation* wird das Verhalten allein durch externe Belohnungen und Bestrafungen gesteuert.
- Im Falle der *introjizierten Regulation* erfolgt hingegen ein Wechsel zur Selbstverstärkung und damit zur Selbstkontrolle. Das Verhalten wird jedoch nicht als Teil des eigenen Selbst erlebt: Man tut etwas, um beispielsweise Schuldgefühle zu vermeiden oder auf ein Handlungsergebnis stolz sein zu können.
- Im Unterschied dazu zeichnet sich *Regulation durch Identifikation* dadurch aus, dass ein vorgegebenes Verhaltensziel von der Person bewusst akzeptiert und als persönlich relevant übernommen wird.
- Die am meisten autonome Form der extrinsischen Motivation beinhaltet die *integrierte Regulation*. In diesem Fall werden die vorgegebenen Verhaltensziele völlig übernommen und sind kongruent mit den Wertmaßstäben und Zielen einer Person. Im Unterschied zur intrinsischen Motivation sind sie allerdings immer noch extrinsisch, da Verhalten ausgeführt wird, um ein außerhalb der Handlung selbst liegendes Ziel zu erreichen.

Studienergebnissen zufolge sind die zunehmende Internalisierung und Integration ursprünglich extern vorgegebener Tätigkeiten und Handlungen mit einer Vielzahl positiver Folgen verbunden. Dazu gehören die zunehmende Effektivität des Verhaltens, vermehrte Ausdauer, höheres Wohlbefinden und eine stärkere Verbundenheit mit der Gruppe, zu der eine Person gehört (einen Überblick geben Ryan & Deci, 2002).

Gesundheitsverhalten aus der Perspektive der Theorie der Selbstdetermination

Ein Anwendungsgebiet der Theorie der Selbstdetermination, in dem Prozesse der Internalisierung und Integration externer Vorgaben besonders deutlich zum Ausdruck kommen, ist das Aufgeben von gesundheitsriskantem Verhalten.

Williams et al. (2006) haben in einer umfangreichen Studie überprüft, in welcher Weise das Aufgeben des Rauchens durch eine Form der Intervention gefördert werden kann, die eine Internalisierung und Integration der Vorgabe „Nicht mehr Rauchen“ erleichtert. In der auf Selbstdetermination zielenden Intervention wurden Interviews mit den Studienteilnehmern geführt, in denen die trainierten Interviewer sich bemühten, Nichtrauchen als eine autonome Entscheidung zu fördern. Dies geschah, indem sie mit den Teilnehmern ausführlich deren „Rauchergeschichte“ besprachen und die Funktion, die das Rauchen für sie hat. Zudem informierten sie über den persönlichen Risikostatus, der aus ihrem Rauchverhalten resultierte. Die Intervention zielte damit auf Information (statt Kontrolle).

Ein Vergleich mit einer Gruppe von Studienteilnehmern, die lediglich allgemeine Hinweise und Informationen erhielten, wie sie in ihrem Bemühen um Nichtrauchen unterstützt werden können, ergab signifikante Unterschiede zwischen den beiden Gruppen: Der Anteil der dauerhaften Nichtraucher in der „Selbstdeterminationsgruppe“ war um das Dreifache höher und sie benötigten auch weniger Medikamente, um die Nebenwirkungen des Nicht-mehr-Rauchens zu lindern.

9.1.5 Die Theorie der kausalen Orientierung

Die Theorie der kausalen Orientierung *(Causality orientations theory)* ergänzt den Einfluss des sozialen Kontextes auf Motivation und Verhalten um Einflussfaktoren auf Seiten der Person. Sie beschreibt interindividuelle Unterschiede in der Tendenz, sich im Hinblick auf die Verhaltensregulation an der sozialen Umwelt zu orientieren. Deci und Ryan (1985) unterscheiden drei solcher Orientierungen, zu deren Erfassung sie einen Fragebogen entwickelt haben:

- *Autonomie-Orientierung* (autonomy orientation) beinhaltet eine Verhaltensregulation auf der Grundlage von persönlichen Interes-

Interindividuelle Unterschiede in der Orientierung an der sozialen Umwelt

sen und Wertmaßstäben und spiegelt damit die Neigung zu intrinsischer Motivation und integrierter extrinsischer Motivation.
- *Kontroll-Orientierung* (controlled orientation) beinhaltet eine Orientierung an vorgegebenen Richtlinien und Standards für normatives Verhalten; sie ist mit einer externen und introjizierten Regulation verbunden.
- *Unpersönliche Orientierung* (impersonal orientation) spiegelt den Zustand der Amotivation, d. h. der Abwesenheit intentionalen Handelns, wider.

Wie theoretisch zu erwarten, ist Studienergebnissen zufolge eine Autonomie-Orientierung mit höherem Wohlbefinden verbunden, wie es beispielsweise durch höhere Werte für Selbstaktualisierung und Selbstwertgefühl angezeigt wird. Kontroll-Orientierung geht einher mit einer erhöhten Aufmerksamkeit für die Wirkung des Verhaltens nach außen. Unpersönliche Orientierung verbindet sich mit einem niedrigeren Selbstwertgefühl, der Neigung, sich selbst herabzusetzen, und erhöhter Depressivität (Ryan & Deci, 2002).

9.1.6 Die Theorie der Grundbedürfnisse

Die Theorie der Grundbedürfnisse *(Basic needs theory)* wurde mit dem Ziel entwickelt, Zusammenhänge zwischen Motivation und Gesundheit und Wohlbefinden zu erklären. Nach der Theorie der Selbstdetermination müssen Bedürfnisse nach Kompetenz, Autonomie und Verbundenheit erfüllt sein, damit eine Person das Gefühl persönlichen Wachstums und Integrität erfahren kann. Die Erfüllung der Bedürfnisse ist zugleich Voraussetzung dafür, dass Wohlbefinden erlebt wird, und dies sowohl im Sinne eines „hedonistischen“ Wohlbefindens als auch im Sinne der „Eudämonie“.

Wohlbefinden: Hedonismus vs. Eudämonie

Im Hinblick auf die Definition von Wohlbefinden lassen sich zwei Sichtweisen unterscheiden (Ryan & Deci, 2001):
- Bei einem **hedonistischen Verständnis** wird Wohlbefinden über das Erleben positiver Gefühle und die Abwesenheit negativer Gefühle sowie über Lebenszufriedenheit definiert. Diese Definition beherrscht die Forschung zum *subjektiven Wohlbefinden* oder zu „Happiness“ (Diener & Lucas, 1999).

- Nach der **eudämonischen Sichtweise** hingegen, die auf Aristoteles zurückgeführt wird, resultiert Wohlbefinden, wenn Ziele erreicht wurden, die Bestandteil eines „guten" Lebens sind. Aus dieser Sicht ist Wohlbefinden gebunden an die Entfaltung des persönlichen Potenzials, an persönliches Wachstum und an die Kongruenz zwischen den erreichten Zielen und den eigenen Wertmaßstäben. Ryff und Keyes (1995) grenzen dieses Verständnis von Wohlbefinden als *psychologisches Wohlbefinden* von dem über positiven Affekt definierten subjektiven Wohlbefinden ab. Sie erfassen psychologisches Wohlbefinden über Aspekte wie Autonomie, persönliches Wachstum, Selbstakzeptanz, Sinnfindung, erlebte Kompetenz und Verbundenheit mit anderen.

Persönliche Ziele und Wohlbefinden

In einer Reihe von Studien wurden Zusammenhänge zwischen den Zielen, die eine Person verfolgt, und Indikatoren des Wohlbefindens untersucht. Aus Sicht der Theorie der Selbstdetermination wird angenommen, dass Ziele, die sich auf die Erfüllung der Grundbedürfnisse richten, mit höherem Wohlbefinden einhergehen als Ziele, die ihnen eher entgegenstehen.

Studien von Kasser und Ryan (1993, 1996) belegen, dass Ziele, die einer intrinsischen Motivation nahe stehen und sich auf Dinge richten, die mit den Grundbedürfnissen im Einklang stehen (z. B. Verbundenheit mit anderen, persönliches Wachstum), mit höherem Wohlbefinden einhergehen als solche, die eher extrinsischer Natur sind und sich auf Dinge richten wie Streben nach materiellem Besitz. Damit stehen ihre Ergebnisse in einem klaren Widerspruch zu dem „American Dream", der Glück durch Ruhm, Schönheit und Reichtum verheißt. Allerdings ist es umstritten, ob es wirklich allein auf den Inhalt der Ziele ankommt, oder ob nicht auch die Motivation eine Rolle spielt, mit der die Ziele angestrebt werden (Sheldon, Ryan, Deci & Kasser, 2004).

Zusammenhänge zwischen Zielen und Wohlbefinden wurden auch auf der Ebene der Von-Tag-zu-Tag-Schwankungen des Wohlbefindens untersucht. Auch hier zeigt sich, dass das Ausmaß, in dem Grundbedürfnisse befriedigt werden, die Variation im täglichen Befinden vorhersagen kann, wie es durch positive Gefühle, erlebte Vitalität und Symptomfreiheit angezeigt wird (Reis, Sheldon, Gable, Roscoe & Ryan, 2001).

9.2 Positive Psychologie

Die Positive Psychologie plädiert für eine stärkere Beachtung menschlicher Stärken

Das erste Heft des *American Psychologist* zur Jahrtausendwende versammelte eine Reihe von Beiträgen, in denen die Autoren und Autorinnen sich für eine stärkere Berücksichtigung positiver Merkmale der Persönlichkeit stark machen. Federführend für diese Bewegung ist Martin Seligman, der über Jahrzehnte die psychologische Depressionsforschung mitgeprägt hat. In seiner späteren Schaffensperiode plädiert er nun dafür, dass sich die Psychologie nicht nur darauf konzentrieren sollte, Personen zu helfen, denen es schlecht geht (beispielsweise deren Depressivität zu überwinden), sondern auch dazu beizutragen, dass Personen positiv definiertes Wohlbefinden erleben (Seligman & Csikszentmihalyi, 2000).

Negative Gefühle im Fokus psychologischer Forschung

Wie berechtigt die Klage der Vertreter und Vertreterinnen der Positiven Psychologie ist, dass sich die psychologische Forschung allzu sehr auf Defizite und negative Erfahrungen konzentriert, zeigt die Auszählung von Forschungsarbeiten zu Emotionen, über die Myers (2000) in seinem Beitrag zum Sonderheft des *American Psychologist* zur Positiven Psychologie berichtet.

Ihm zufolge ergab eine elektronische Stichwortsuche in den „Psychological Abstracts", beginnend mit dem Jahr 1887, *70 856* Treffer zum Suchwort Depression und *57 800* Treffer für Angst, die damit eine Spitzenposition unter den erforschten Gefühlen belegten. Für Ärger ergaben sich immerhin noch *8 072* Treffer. Völlig abgeschlagen folgten Arbeiten zur Lebenszufriedenheit *(5 071)*, zu Happiness *(2 958)* und zu Freude *(851)*.

Die Positive Psychologie ist vor allem als ein Appell zu verstehen, sich verstärkt Merkmalen zuzuwenden, die Wohlbefinden zum Ausdruck bringen, sowie den personalen und situativen Bedingungen, die Wohlbefinden fördern. Mit ihr verbindet sich – im Unterschied etwa zur Theorie der Selbstdetermination – keine Theorie der Persönlichkeit, wohl aber ein Verständnis davon, was unter einer „positiven Persönlichkeit" zu verstehen ist. Das geht aus der Zusammenstellung von Persönlichkeitsmerkmalen hervor, die als menschliche Stärken erachtet werden. Dazu zählen zum einen die habituelle Neigung zu Wohlbefinden oder zu positiven Einschätzungen und Erwartungen (beispielsweise Optimismus und Selbstwertgefühl) und zum anderen Persönlichkeitsmerkmale wie Humor, Weisheit, Kreativität und „reife" Formen der Abwehr. In einem Handbuch, das sich der Erfassung von Merkmalen widmet, die unter einer Positiven Psychologie firmieren, finden sich weiterhin Merkmale wie Dankbarkeit, Mut, Bereitschaft zu Verzeihen und Religiosität bzw. Spiritualität (Lopez & Snyder, 2003).

Vor allem die zuletzt genannte Merkmalsgruppe vereint Merkmale, die zumindest in der westlichen Kultur hoch geachtet sind und aus der Sicht vieler menschliche Stärken und Tugenden zum Ausdruck bringen. Indem sie solche Merkmale als Ausdruck einer positiven Persönlichkeit hervorheben, schließen die Vertreter und Vertreterinnen der Positiven Psychologie insbesondere an die Arbeiten von Maslow an. Maslow (1968) hatte in seiner Analyse von Personen, die sich aus seiner Sicht durch Selbstaktualisierung auszeichnen, ganz ähnliche Merkmale herausgestellt (vgl. Kapitel 8). Zugleich stellt sich mit der Selektion „positiver" Persönlichkeitsmerkmale das Problem, dass die Psychologie mit einer solchen „Tugendlehre" ihre Rolle als empirische Wissenschaft verlässt.

Die Psychologie als Lehrende?

Ist es Aufgabe der Psychologie, Vorgaben für ein erfülltes Leben zu machen?

Kann es Aufgabe der Psychologie sein, Vorgaben zu machen, wie ein aus ihrer Sicht erfülltes Leben zu leben ist? Welche Ziele anzustreben sind? Barry Schwartz (2000) ist der Auffassung, dass es durchaus Aufgabe einer Positiven Psychologie sein kann zu vermitteln, welche Ziele im Leben anzustreben sind, um ein optimales Leben zu führen:

> „I think that a richly developed positive psychology must do more than teach people how to do things – it must to do more than teach people effective techniques for getting what they want out of life. It must also tell them something about what they should be trying to get. That is it must be informed by a vision of what a good human life contains." (S. 87)

Mit der normativen Vorgabe für ein „gutes menschliches Leben" ändert sich aus Sicht von Schwartz die Stellung der Psychologie in der Gesellschaft. Die Klinische Psychologie beispielsweise, so Schwartz, implizierte lange Zeit ein Bild des Menschen als das eines *Patienten*, der Störungen oder Krankheiten aufweist und dem zu einer durch die Psychologie definierten Gesundheit verholfen werden soll. Später wurde daraus das Bild eines *Klienten*, der seine Ziele selbst definiert, aber der Hilfe der Psychologie bei ihrer Erreichung bedarf. Eine Positive Psychologie hingegen sieht nach Schwartz die Menschen weder als Patienten noch Klienten, sondern als *Schüler* – d. h. die Psychologie übernähme die Rolle einer Lehrerin, die der Gesellschaft Ziele und Werte vermittelt. Damit spricht Schwartz die normativen Implikationen der Positiven Psychologie (und der humanistischen Psychologie im weiteren Sinne) offen aus und zeigt ihre Konsequenzen auf. Seine Position lädt zu einer offenen Auseinandersetzung darüber ein, ob es Aufgabe der Psychologie sein kann, ein „gutes Leben" zu lehren – eine Position, die wohl nur von wenigen Vertretern und Vertreterinnen des Faches geteilt wird.

9.3 Bewertung

Die Theorie der Selbstdetermination kennzeichnet sich dadurch, dass sie von angeborenen Grundbedürfnissen ausgeht, deren Befriedigung Voraussetzung für eine positive Entwicklung im Hinblick auf Wachstum, Wohlbefinden und ein kohärentes Selbst ist. Diese grundlegende Sicht des Menschen teilt die Theorie der Selbstdetermination mit den früheren humanistischen Theorien, die ganz ähnlich von einer angeborenen Tendenz zur (Selbst-)Aktualisierung ausgehen (vgl. Kapitel 8). Anders jedoch als Carl Rogers, der seine Theorie vor allem auf den Bereich der Psychotherapie konzentrierte und darüber hinaus keine empirische Forschung initiierte, zeichnet sich die Theorie der Selbstdetermination durch eine umfangreiche empirische Forschung aus. Für die Persönlichkeitspsychologie sind vor allem die vier „Mini-Theorien" und die daraus abgeleiteten Forschungsarbeiten zur Motivation und zur Selbstregulation sowie zum Zusammenhang zwischen Motivation und Wohlbefinden bedeutsam.

Die Positive Psychologie hingegen schließt eher an Maslow an und seine Arbeiten zu den Merkmalen einer sich selbst aktualisierenden (selbstverwirklichenden) Persönlichkeit. Die Positive Psychologie ist in ihrem Appellcharakter im Hinblick auf eine Förderung der menschlichen Stärken und Tugenden normativ und wirft damit die Frage auf, ob es Aufgabe der Psychologie sein kann, ein erfülltes menschliches Leben zu definieren.

Zusammenfassung

Die Theorie der Selbstdetermination von Deci und Ryan geht von drei angeborenen und universellen menschlichen Grundbedürfnissen aus, den Bedürfnissen nach Autonomie, Kompetenz und Verbundenheit. Deren Befriedigung erachten sie als Voraussetzung für eine positive Entwicklung der Persönlichkeit, die durch Wachstum und Integration, d. h. ein kohärentes Selbst und die Einbindung der Person in ihren sozialen Kontext gekennzeichnet ist, die wiederum Voraussetzung für Gesundheit und Wohlbefinden sind. In den vier „Mini-Theorien" innerhalb der Theorie der Selbstdetermination werden die personalen und situativen Bedingungen spezifiziert und empirisch überprüft, unter denen eine positive Entwicklung gelingen kann. Im Mittelpunkt steht dabei die Förderung intrinsischer Motivation und die Internalisierung und Integration von extern vorgegebenen Aufgaben und Tätigkeiten.

Die Positive Psychologie versteht sich als ein Appell an die Psychologie, ihre Aufmerksamkeit vermehrt menschlichem Wohlbefinden und menschlichen Stärken zuzuwenden. Sie bietet keine eigenständige Theorie der Persönlichkeit, sehr wohl aber ein Verständnis von einer „positiven Persönlichkeit" und wirft damit die Frage auf, inwieweit es Aufgabe der Psychologie sein kann, ein erfülltes menschliches Leben zu definieren.

Fragen

1. Von welchen Grundbedürfnissen geht die Theorie der Selbstdetermination aus?
2. Was ist Gegenstand der vier „Mini-Theorien" innerhalb der Theorie der Selbstdetermination?
3. Wie kann intrinsische Motivation gefördert werden?
4. Welche Formen der extrinsischen Motivation unterscheiden Deci und Ryan?
5. Was ist das Anliegen der Positiven Psychologie?

Kapitel 10
Konstitutionspsychologische Ansätze

Thomas Rammsayer

Inhaltsübersicht

Im Alltag, aber auch in der Kunst, Literatur und Wissenschaft trifft man immer wieder auf das Phänomen, dass mit einem bestimmten Körperbau ganz spezifische Erwartungen in Hinblick auf die Persönlichkeit der betroffenen Person verbunden werden. So erwähnen beispielsweise Cortés und Gatti (1965) das Stereotyp des gut gelaunten, freigebigen Dicken, des zurückhaltenden, introvertierten Dünnen oder die Selbstsicherheit des Mannes mit einem kräftigen Körper. Ein solcher Zusammenhang zwischen Körperbau und Persönlichkeit ist die zentrale Annahme von konstitutionspsychologischen Ansätzen.

Aus persönlichkeitspsychologischer Sicht besonders interessant sind die konstitutionspsychologischen Ansätze von Ernst Kretschmer und William H. Sheldon. Bei diesen beiden Ansätzen handelt es sich nicht nur um die bei weitem populärsten Körperbau- bzw. Konstitutionstypologien, vielmehr stellen sowohl Kretschmer als auch Sheldon eine Beziehung zwischen Körperbau und Temperament her. Auf diese Weise wird auch der Frage nach einer gemeinsamen biologischen Grundlage von Körperbau und Persönlichkeit besondere Bedeutung beigemessen. Zugleich repräsentieren diese beiden Ansätze einen typologischen Zugang zur Persönlichkeit.

Der typologische Ansatz

Typologische Ansätze haben eine lange Tradition in der Differentiellen und Persönlichkeitspsychologie und erfahren in jüngster Zeit eine beachtliche Renaissance (Kagan, 1994; Robins, John & Caspi, 1998). Beim eigenschaftstheoretischen oder dimensionalen Ansatz (vgl. Kapitel 11 und 12) wird die Persönlichkeit mit Hilfe von Merkmalsdimensionen (wie beispielsweise Extraversion-Introversion oder Gewissenhaftigkeit) beschrieben, indem jeder Person ein individueller Wert auf den jeweiligen Persönlichkeitsdimensionen zugewiesen wird. Demgegenüber besteht die Vorgehensweise beim typologischen Ansatz darin, grundlegende (Persönlichkeits-)Typen zu identifizieren, denen die zu beurteilenden Personen zugeordnet werden können. Für William Stern (1911) ist ein psychologischer Typus „eine vorwaltende Disposition psychischer oder psychophysisch neutraler Art, die einer Gruppe von Menschen in vergleichbarer Weise zukommt, ohne daß diese Gruppe eindeutig und allseitig gegen andere Gruppen abgegrenzt wäre“ (S. 168). Mit dem Begriff „psychisch oder psychophysisch neutrale Art“ weist Stern darauf hin, dass eine Beschränkung auf das rein Psychische nicht möglich ist, weil der psychologische Typus auch physische Aspekte des Individuums umfasst. So beinhalten beispielsweise Geschlechts- oder Konstitutionstypen sowohl körperliche als auch psychische Aspekte einer Person. Bis heute gibt es allerdings weder eine allgemein akzeptierte Klassifikation von Persönlichkeitstypen, noch sind die methodischen Probleme im Rahmen der Entwicklung von Persönlichkeitstypologien umfassend gelöst (z. B. Mendelsohn, Weiss & Feimer, 1982; Waller & Meehl, 1997).

10.1 Ernst Kretschmer (1888–1964)

Als Psychiater machte Ernst Kretschmer die Beobachtung, dass ein Zusammenhang zu bestehen scheint zwischen dem Körperbau einer Person und der Art ihrer psychischen Störung. Ausgehend von Kraepelins (1899) Unterscheidung von zwei Formen der endogenen Psychose, nämlich der Schizophrenie und der manisch-depressiven Erkrankung, fiel Kretschmer die unterschiedliche Verteilung der Körperbauformen auf diese beiden Krankheitsgruppen auf. Viele seiner schizophrenen Patienten waren schmal und hoch gewachsen, während sich unter den manisch-depressiven Patienten relativ viele rundlich-breitwüchsige Personen befanden. Später bezog er auch noch die Epilepsie in seine Betrachtung ein. In seinem Bemühen, grundlegende Körperbautypen zu identifizieren und mit den drei genannten psychischen Störungen in Beziehung zu setzen, unterschied Kretschmer drei Konstitutionstypen, denen er später noch jeweils spezifische Temperaments- und Charaktereigenschaften zuordnete.

10.1.1 Kretschmers Konstitutionstypologie

Kretschmer unterscheidet drei Haupttypen des Körperbaus, die er als leptosomen, pyknischen und athletischen Typ bezeichnete (vgl. Abb. 11). Daneben identifizierte er noch verschiedene kleinere Gruppen, die er unter der Bezeichnung „dysplastische Spezialtypen" zusammenfasste.

Leptosomer Typ

Der *Leptosome* ist gekennzeichnet durch geringes Dickenwachstum bei relativ großem Längenwachstum. Es handelt sich um einen mageren, schmal aufgeschossenen Menschen mit mageren, muskel-

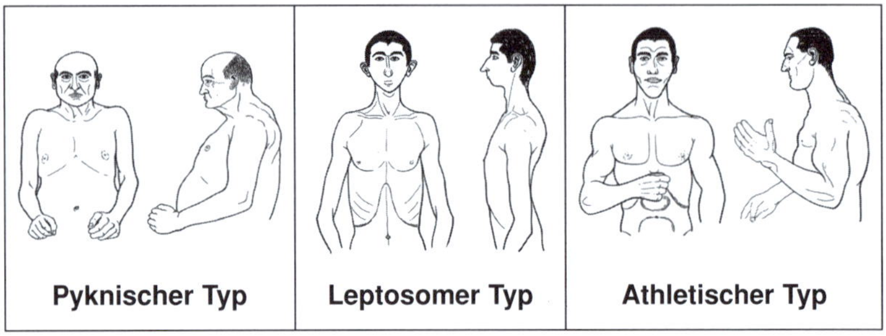

Abbildung 11: Schematische Darstellung des pyknischen, leptosomen und athlethischen Typs nach Kretschmer (aus Kretschmer, 1977; Abdruck erfolgt mit freundlicher Genehmigung des Springer-Verlags, Heidelberg)

dünnen Armen, knochenschlanken Händen und langem, flachen Brustkorb, an dem man die Rippen zählen kann.

Pyknischer Typ

Der *Pykniker* weist eine starke Umfangsentwicklung von Kopf, Brust und Bauch sowie eine Tendenz zum Fettansatz am Körperstamm bei eher graziler Ausbildung des Bewegungsapparates auf. Bei ausgeprägten Fällen fallen insbesondere die gedrungene Figur, ein stattlicher Fettbauch sowie das weiche, breite Gesicht und der kurze, etwas eingezogene, breite Hals auf.

Athletischer Typ

Der *Athletiker* ist mittel bis hoch gewachsen mit breiten ausladenden Schultern, stark ausgeprägtem Brustkorb, straffem Bauch und einer sich nach unten verjüngenden Brustform. Auffallend ist die starke Entwicklung des Skeletts und der Muskulatur sowie die Derbheit der Haut.

Dysplastischer Typ

Beim *dysplastischen Typ* handelt es sich um einen Spezialtyp, zu dem verschiedene kleine Gruppen zusammengefasst werden, die mehr oder weniger stark von den drei Haupttypen und dem Bevölkerungsdurchschnitt abweichen. Diesem Typ liegen angeborene oder erworbene – teilweise krankhafte – Formstörungen zugrunde und er weist Körperformen mit Über- oder Unterentwicklung einzelner Körperregionen bei normaler Entwicklung des übrigen Körpers auf. Damit lässt sich dieser Typ weder der Durchschnittsnorm noch den drei Grundtypen zuordnen. Dysplastische Merkmale umfassen nach Kretschmer u. a. Riesen- oder Zwergwuchs, unter- oder überdurchschnittliche Ausbildung der Extremitäten, abnormer Fettansatz, abnorme Behaarung sowie weibliche Züge beim Mann bzw. männliche Züge bei der Frau.

Konstitutionstyp und Körperbau

Obwohl auch Kretschmer selbst häufig von *Körperbau* spricht, ist eigentlich stets die *Konstitution* gemeint. Konstitution bezieht sich auf die Gesamtheit aller Erbanlagen eines Menschen, die sich im körperlichen Erscheinungsbild niederschlagen. Insbesondere beim Körperbau jüngerer Menschen kann nie mit Sicherheit davon ausgegangen werden, dass bereits alle Erbanlagen zur Entwicklung gekommen sind. Zudem unterliegt der Körperbau in sehr viel stärkerem Maße Umwelteinflüssen. Somit ist die Konstitution, wie sie Kretschmer aus verschiedenen körperlichen Merkmalskonfigurationen ableitet, mehr als nur eine Einschätzung des Körperbaus. Zwar räumt Kretschmer ein, dass auch Ernährungsfaktoren und körperliche Beanspruchung den Konstitutionstyp beeinflussen können, beherrschende Bedeutung „aber haben sie nur da, wo sie exzessive Grade erreichen. Wenn wir einen Pykniker nur mit Kohlrüben ernähren, so wird auch er mager; lassen wir einen schlanken Athletiker von früh bis spät essen und Münchner Bier trinken, so wird er wohl auch ein aufgeschwemmtes Äußeres bekommen ... und junge Leptosome sieht man zuweilen etwas Muskelrelief bekommen, wenn sie mit schizoider Pedanterie jahrelang turnen und Zimmergymnastik treiben. ... Ebenso sehen wir aber, dass jene Arbeits- und Ernährungsmomente innerhalb eines Spielraums, in welchem sie unter natürlichen Verhältnissen auf die Menschen einwirken, die beherrschende Konstitution, jene endogenen Wachstumstendenzen nur in mäßigem Grad hemmen oder fördern können" (Kretschmer, 1977, S. 109/110).

10.1.2 Körperbau und psychische Störung

Als Kretschmer den Konstitutionstyp seiner Patienten einschätzte, konnte er feststellen, dass sich unter seinen schizophrenen Patienten besonders viele Leptosome fanden, während bei den manisch-depressiven Patienten die Pykniker dominierten. Für die epileptischen Patienten war die Zuordnung zu einem bestimmten Konstitutionstyp weniger eindeutig (vgl. Tab. 4). Kretschmer argumentierte überwiegend mit deskriptiven Zahlenangaben für einen Zusammenhang zwischen Konstitutionstyp und Art der psychischen Störung. Eine von

Hofstätter (1971) nachträglich durchgeführte statistische Überprüfung der von Westphal (1931) zusammengestellten Daten konnte jedoch einen statistisch signifikanten positiven Zusammenhang zwischen dem leptosomen Konstitutionstyp und Schizophrenie ($r = .46$) sowie zwischen dem pyknischen Konstitutionstyp und manisch-depressiver Erkrankung ($r = .78$) belegen.

Tabelle 4: Prozentuale Verteilung verschiedener Konstitutionstypen auf psychische Störungen (nach Westphal, 1931)

Konstitutionstyp	Psychische Störung		
	Schizophrenie	Manisch-depressive Erkrankung	Epilepsie
	(n = 5 233)	(n = 1 361)	(n = 1 505)
Leptosom	50.3	19.2	25.1
Pyknisch	13.7	64.6	5.5
Athletisch	16.9	6.7	28.9
Dysplastisch	10.5	1.1	29.5
Uncharakteristisch	8.6	8.4	11.0

10.1.3 Temperaments- und Charaktertypen

Seinen drei Konstitutionstypen wies Kretschmer jeweils spezifische Temperaments- und Charaktertypen zu. Unter *Temperament* versteht Kretschmer relativ umweltstabile Persönlichkeitsmerkmale, wohingegen *Charakter* solche Merkmale bezeichnet, die vergleichsweise formbar sind, also einem gewissen Umwelteinfluss unterliegen. Der Identifizierung der jeweiligen Merkmale für die von Kretschmer postulierten Temperamentstypen lagen u. a. ebenfalls Beobachtungen an psychiatrischen Patienten sowie Informationen über ihre prämorbiden Persönlichkeitsmerkmale zugrunde. Für den normal-gesunden Menschen unterscheidet Kretschmer folgende drei Temperamentstypen:

Schizothymes Temperament

- Den *schizothymen Temperamentstyp*, den er als feinfühlig, empfindlich, eigenwillig, ungesellig und still beschreibt, und den er dem Leptosomen zuordnet.

- Den *zyklothymen Temperamentstyp*, der den Pykniker kennzeichnet und dessen charakteristische Verhaltensweisen die gegensätzlichen Eigenschaften von hypomanen und depressiven Zuständen einschließen. Daraus resultiert, dass der zyklothyme Typ als gesellig, freundlich, heiter, gutherzig, gemütlich, humoristisch, lebhaft, hitzig, still, ruhig und schwernehmend beschrieben wird.

Zyklothymes Temperament

- Der *bradykinetische Temperamentstyp* wird als ruhig, ernsthaft, langsam und bedächtig beschrieben und zeichnet sich durch eine geringe Reizempfindlichkeit, eine starke Beharrungstendenz sowie eine schwer bewegliche Affektivität aus. Dieses Temperament, früher auch als *viskös* bezeichnet, schreibt Kretschmer dem Athletiker zu.

Bradykinetisches Temperament

Bei diesen Temperamentstypen geht Kretschmer von fließenden Übergängen von normal-gesund über ein Zwischenstadium bis hin zur akut manifesten psychischen Störung aus. Diese *Kontinuitätsannahme* besagt, dass es beispielsweise nicht nur den akut schizophren erkrankten und den gesunden Menschen gibt, sondern dass auch ein Übergangs- oder Grenzbereich existiert, der im Fall des schizothymen Temperaments als *schizoid*, im Fall des zyklothymen Temperaments als *zykloid* und im Fall des bradykinetischen Temperaments als *epileptoid* bezeichnet wird (vgl. Tab. 5). Dieser Grenzbereich wird u. a. der Tatsache gerecht, dass auch der normal-gesunde Mensch manchmal sehr bizarre Gedanken, eine depressive Stimmung oder Phasen äußerster Erregtheit haben kann. Meist werden solche Zustände durch äußere Ereignisse ausgelöst und halten nur vorübergehend an, sie können aber auch ein Übergangsstadium hin zu einer manifesten psychischen Störung darstellen.

Tabelle 5: Zuordnung von Konstitutions- und Temperamentstyp (nach Kretschmer, 1977)

Konstitutionstyp	**Temperamentstyp**		
	normal-gesund	Grenzbereich	psychische Störung
Leptosom	schizothym	schizoid	schizophren
Pyknisch	zyklothym	zykloid	manisch-depressiv
Athletisch	bradykinetisch	epileptoid	epileptisch

Experimentelle Typenpsychologie

Schon bald nach dem ersten Erscheinen von Kretschmers Hauptwerk „Körperbau und Charakter“ im Jahr 1921 wurde begonnen, mit Hilfe von experimentalpsychologischen Verfahren verschiedene Konstitutionstypen – meist normal-gesunde Leptosome und Pykniker – miteinander zu vergleichen. So weisen beispielsweise Leptosome im Vergleich zu Pyknikern ein schnelleres persönliches Tempo, bessere feinmotorische Fähigkeiten, eine geringere Ablenkbarkeit, plötzlich einsetzende Ermüdung sowie eine geringere und schneller abklingende Erregbarkeit auf. Allerdings weist Hofstätter (1971) auf methodologische Mängel bei einer nicht geringen Anzahl dieser Untersuchungen hin.

10.1.4 Kritik und Bewertung des Ansatzes von Kretschmer

Kontinuitätsannahme

Ohne Zweifel hat Kretschmer mit seiner Konstitutionstypologie die wissenschaftliche Aufmerksamkeit in einer von weitgehend abiologischen Milieu- bzw. Lerntheorien dominierten Zeit auf die biologischen Grundlagen des individuellen Verhaltens gelenkt. Seine Kontinuitätsannahme zum Übergang von der normal-gesunden zur psychopathologischen Persönlichkeit hat die Persönlichkeitsforschung nachhaltig beeinflusst und wurde beispielsweise von Eysenck (1952; Eysenck & Eysenck, 1976) und von Zerssen (2002) weiter ausgearbeitet.

Reine Typen

Bei seiner Unterscheidung des leptosomen, pyknischen und athletischen Konstitutionstyps geht Kretschmer von sogenannten „reinen“ Typen aus, die nur für etwa 10 % aller Menschen Gültigkeit haben. Die sehr viel häufiger vorkommenden Mischformen lassen sich somit keinem Konstitutionstyp zuordnen. Damit lässt sich mit Kretschmers Ansatz für den Großteil aller Menschen auch keine Aussage machen über den Zusammenhang zwischen körperlicher Konstitution und Temperament.

Subjektive Einschätzung und Übertragbarkeit auf Gesunde

Weiterhin wird die methodische Vorgehensweise von Kretschmer kritisiert, weil er den Konstitutionstyp in erster Linie aufgrund des allgemeinen Eindrucks, also durch bloße Betrachtung, gewonnen hat. Häufig wird Kretschmer auch vorgeworfen, der von ihm postulierte Zusammenhang zwischen Konstitutions- und Temperamentstyp, wie er ihn in erster Linie aus seinen Beobachtungen an psychiatrischen Patienten abgeleitet hat, sei nicht ohne weiteres auf eine normal-gesunde Population übertragbar.

Alterskonfundierung

Schließlich sei noch auf das Problem der Alterskonfundierung hingewiesen. Mit zunehmendem Lebensalter nimmt die Tendenz zur Ausbildung eines eher pyknischen Körperbaus zu. Gleichzeitig liegt die höchste Prävalenzrate für die manisch-depressive Erkrankung in einem höheren Lebensalter als für die Schizophrenie. Wenn folglich mit zunehmendem Lebensalter die Wahrscheinlichkeit, einen pyknischen Körperbau zu entwickeln und manisch-depressiv zu erkranken ansteigt, die Wahrscheinlichkeit einen leptosomen Körperbau zu entwickeln und an Schizophrenie zu erkranken dagegen abnimmt, kann nicht ausgeschlossen werden, dass es primär diese Alterskonfundierung ist, die dem von Kretschmer beschriebenen Zusammenhang zwischen Körperbau und Temperament zugrunde liegt.

10.2 William H. Sheldon (1898–1977)

Ebenso wie Kretschmer war der US-amerikanische Psychologe und Mediziner William H. Sheldon daran interessiert, die Primärkomponenten des Körperbaus zu identifizieren und deren Zusammenhang mit bestimmten Temperamentsausprägungen zu überprüfen. Bei den Primärkomponenten handelt es sich um grundlegende Dimensionen zur Beschreibung der körperlichen Konstitution. Im Gegensatz zu Kretschmer ging Sheldon vom gesunden Menschen aus und strebte mit dem von ihm entwickelten *Somatotype Performance Test* eine quantitative Erfassung der Primärkomponenten des Körperbaus an, die es ihm erlaubte, nicht nur reine, sondern auch Mischtypen zu erfassen. Mit dem von Sheldon geprägten Begriff „Somatotyp“ wird die quantifizierte Konstitution eines Individuums bezeichnet.

10.2.1 Die drei Primärkomponenten des Körperbaus

Um die Primärkomponenten des Körperbaus zu identifizieren, ließ Sheldon (1940) von 4000 männlichen Studierenden im Alter zwischen 16 und 20 Jahren unter standardisierten Bedingungen jeweils drei Fotografien anfertigen: jeweils nackt von vorne, seitlich und von hinten. Diese Aufnahmen wurden dann von mehreren Beurteilern bewertet mit dem Ziel, die Primärkomponenten des Körperbaus zu identifizieren. Auf diese Weise konnten drei Primärkomponenten gewonnen werden, die Sheldon auf die drei verschiedenen Keimblätter bezog, die sich bei der Teilung der befruchteten Eizelle während der frühen embryonalen Entwicklung unterscheiden lassen. Diese Verbindung zu den drei Keimblättern spiegelt sich auch in den Bezeichnungen der drei Primärkomponenten als *Endomorphie*, *Mesomorphie* und *Ektomorphie* wider.

Endomorpher Typ

Endomorphie ist gekennzeichnet durch das Vorherrschen einer weichen Rundlichkeit der verschiedenen Körperregionen, eine starke Entwicklung der Verdauungsorgane und damit verbunden ein stattlicher Bauch, kurzer Hals, rundliche Schenkelpartien und Oberarme, relativ zierliche Hände und Füße. Die starke Entwicklung der Verdauungsorgane bringt Sheldon mit dem *Entoderm* in Verbindung, das als inneres Keimblatt für die Entwicklung des Verdauungstrakts und der inneren Organe zuständig ist.

Mesomorpher Typ

Mesomorphie weist als zentrale Merkmale eine starke Knochen- und Muskelentwicklung, einen harten, festen Körper, dicke Haut und starkes Bindegewebe auf. Das gesamte Körperbild wird von Gewebe beherrscht, das aus dem mittleren Keimblatt, dem *Mesoderm*, entsteht, das u. a. an der Entwicklung der Muskulatur und des Skeletts beteiligt ist.

Ektomorpher Typ

Ektomorphie zeichnet sich durch einen fast schon zerbrechlich wirkenden Körper mit wenig und schwach entwickelten Muskeln und relativ langen Extremitäten aus. Im Verhältnis zur Körpermasse besitzt der Ektomorphe sowohl das größte Gehirn als auch die größte Körperoberfläche. Aus letzterem Sachverhalt folgert Sheldon, dass deshalb der Ektomorphe auch den relativ stärksten sensorischen Kontakt zur Außenwelt aufweist. Diese Primärkomponente sieht Sheldon in Verbindung mit dem äußeren Keimblatt, dem *Ektoderm*, aus dem sich das zentrale Nervensystem sowie die Haut und die Sinnesorgane entwickeln.

Die Quantifizierung des individuellen Körperbaus:
Der Somatotype Performance Test

Zur quantitativen Erfassung der individuellen Ausprägung in den drei Primärkomponenten zieht Sheldon fünf Körperregionen heran: Hals und Kopf, Brustkorb, Arme und Hände, Bauch, Beine und Füße). Für jede dieser Regionen wird ihr Ausprägungsgrad in Hinblick auf jede einzelne der drei Primärkomponenten (Endomorphie-Mesomorphie-Ektomorphie) auf einer siebenstufigen Skala

(1 = keine Ausprägung vorhanden, 7 = Ausprägung extrem vorhanden) eingeschätzt – bzw. anhand der drei standardisierten Fotografien einer Person ausgemessen. Somit ergeben sich für jede Körperregion drei Beurteilungen. Addiert man diese über alle fünf Körperregionen und dividiert die jeweilige Summe durch 5, ergibt sich als Maß für den Somatotyp einer Person eine dreistellige Zahlenkombination: 7–1–1 = extreme Endomorphie; 1–7–1 = extreme Mesomorphie; 1–1–7 = extreme Ektomorphie. Eine Person mit einer mittleren Ausprägung in allen drei Primärkomponenten wird entsprechend als 4–4–4 eingeschätzt. Sheldon schränkt allerdings den Variationsbereich des Summenwerts der Zahlenkombination für den Somatotyp auf einen Wertebereich zwischen 9 und 12 ein, sodass Kombinationen wie beispielsweise 1–3–2 oder 6–7–5, die eine sehr schwache bzw. sehr starke Ausprägung in allen drei Primärkomponenten indizieren würden, nicht möglich sind. Für eine Stichprobe von 4 000 männlichen Studierenden konnte Sheldon aufzeigen, dass insgesamt nur 76 von den theoretisch möglichen 343 verschiedenen Somatotypen auftraten und dass bereits dreizehn verschiedene Somatotypen in der Lage waren, über die Hälfte aller untersuchten Personen zu beschreiben.

Es war Sheldon bewusst, dass die Ernährung und andere Umwelteinflüsse den tatsächlichen Somatotyp maskieren können. Um die Validität der Bestimmung des Somatotyps zu erhöhen, plädiert Sheldon deshalb dafür, wenn immer möglich, Veränderungen des Körpergewichts über die Zeit zu berücksichtigen und zusätzlich Fotografien aus verschiedenen Lebensaltern für die Somatotypisierung mit heranzuziehen.

10.2.2 Sekundärkomponenten des Körperbaus

Neben den Primärkomponenten unterscheidet Sheldon auch noch sogenannte Sekundärkomponenten, zu denen die Dysplasie, die Gynandromorphie sowie die strukturellen Komponenten zählen.

Dysplasie

Dysplasie bezeichnet eine Körperform, bei der verschiedene Körperregionen starke Ausprägungen aufweisen, die aber unterschiedlichen Konstitutions- bzw. Somatotypen entsprechen. Beispielsweise können bei einem dysplastischen Körperbau Kopf und Hals endomorphe, Rumpf und Beine ektomorphe Züge aufweisen. Auf diese

Weise stellt Dysplasie ein Maß für die Disharmonie zwischen verschiedenen Körperregionen dar. Den Begriff *Dysplasie* hat Sheldon von Kretschmer übernommen.

Gynandromorphie

Gynandromorphie gibt an, in welchem Umfang ein Körper durch Merkmale gekennzeichnet ist, die normalerweise für das jeweils andere Geschlecht typisch sind. So könnte z. B. ein Mann mit einem hohen Gynandromorphie-Index ein breites Becken, eine schlanke Taille und weitere typisch feminine körperliche Merkmale aufweisen. Die extremste Ausprägung der Gynandromorphie stellt der Hermaphroditismus (Zwitterbildung) dar.

Strukturelle Komponente

Die *strukturelle Komponente* leitete Sheldon (1940) zunächst aus der Oberflächenbeschaffenheit des Körpers ab. Die körperliche Struktur innerhalb eines jeden Somatotyps kann sehr grob, aber auch sehr fein sein. Eine stark ausgeprägte strukturelle Komponente steht für eine feine körperliche Struktur, die sich anhand der Feinheit der Haut oder der Haare erkennen lässt. Später fasste er den Begriff weiter, indem er ihn als Maß für die ästhetische Anziehungskraft *(aesthetic pleasingness)* einer Person interpretierte (Sheldon, 1949). Eine feine körperliche Struktur, ebenso wie ein hohes Maß an ästhetischer Anziehungskraft, ist für Sheldon (1949) ein Hinweis auf die biologische Fitness einer Person. In diesem Zusammenhang sieht er jedes Individuum als ein biologisches Experiment an, das er als besonders gut gelungen betrachtet, wenn die strukturelle Komponente einen hohen Wert aufweist.

10.2.3 Primärkomponenten des Temperaments

Scale for Temperament

Ähnlich wie für den Körperbau stellte sich Sheldon die Frage nach Primärkomponenten des Temperaments. Um diese Frage zu beantworten, untersuchte Sheldon (1942) eine Stichprobe von 33 männlichen Studierenden und wissenschaftlichen Mitarbeitern über ein akademisches Jahr hinweg. In dieser Zeit wurden mit jedem Untersuchungsteilnehmer nicht nur 20 Tiefeninterviews geführt, sondern sie wurden auch in verschiedenen Alltagssituationen und bei sozialen Interaktionen beobachtet. Aus dieser Untersuchung resultierte eine Taxonomie mit drei Primärkomponenten des Temperaments, einschließlich 20 typischer Verhaltensmerkmale für jede dieser Primärkomponenten. Diese jeweils 20 Verhaltensmerkmale fasste Sheldon zu einer sogenannten *Scale for Temperament* zusammen.

Nachfolgend werden die drei Primärkomponenten des Temperaments aufgeführt und anhand exemplarischer Verhaltensmerkmale, die der *Scale for Temperament* entnommen sind, kurz beschrieben:

- *Viszerotonie:* Hang zur Bequemlichkeit, Freude am Essen, Bedürfnis nach Zuneigung und Anerkennung, Bedürfnis nach anderen Menschen bei Sorgen und Kummer, tiefer Schlaf.

Viszerotones Temperament

- *Somatotonie:* Selbstsichere Körperhaltung, energisches Auftreten, Dominanz, Bedürfnis nach körperlicher Aktivität, ungedämpfte, laute Stimme, Bedürfnis nach Taten bei Sorgen und Kummer.

Somatotones Temperament

- *Zerebrotonie:* Gehemmtheit in der Körperhaltung, Vorliebe für Zurückgezogenheit, stimmliche Zurückhaltung und generelle Abneigung gegen alles Laute, Bedürfnis nach Einsamkeit bei Sorgen und Kummer, schlechte Schlafgewohnheiten, chronische Müdigkeit.

Zerebrotones Temperament

10.2.4 Zusammenhang zwischen den Primärkomponenten des Körperbaus und des Temperaments

Um den Zusammenhang zwischen den Primärkomponenten des Körperbaus und des Temperaments empirisch zu überprüfen, untersuchte Sheldon (1942) in einer fünfjährigen Studie eine Stichprobe von Studenten und Personen mit einem Universitätsabschluss im Alter zwischen 17 und 31 Jahren. Bei allen Teilnehmern dieser Studie wurde mittels des *Somatotype Performance Tests* und der *Scale for Temperament* sowohl der Somatotyp als auch der Temperamentstyp bestimmt. In Tabelle 6 sind die Korrelationen zwischen den Primärkomponenten des Körperbaus und des Temperaments dargestellt. Die Ergebnisse sprechen für eine psychologische Charakterisierung des Endomorphen als viszeroton, des Mesomorphen als somatoton und des Ektomorphen als zerebroton.

Tabelle 6: Korrelationen zwischen den Primärkomponenten des Körperbaus und des Temperaments (nach Sheldon, 1942)

Körperbau	Temperament		
	Viszerotonie	Somatotonie	Zerebrotonie
Endomorph	.79	–.29	–.32
Mesomorph	–.23	.82	–.58
Ektomorph	–.40	–.53	.83

10.2.5 Kritik und Bewertung des Ansatzes von Sheldon

Ziel von Sheldons Forschung war es nicht, eine reine Konstitutionstypologie zu entwickeln. Vielmehr ging es ihm um die Beantwortung der grundlegenden Frage, welcher Zusammenhang zwischen dem Körperbau einer Person und ihren individuellen Erlebens- und Verhaltensweisen – also ihrem Temperament bzw. ihrer Persönlichkeit – besteht.

Erfassung von Mischtypen

Die dimensionale Konzeption seiner Skalen zur Einschätzung des Somatotyps erlaubt es Sheldon, auch Mischtypen quantitativ zu erfassen. Im Gegensatz zu Kretschmer hat Sheldon seine konstitutionspsychologischen Konzepte aus Untersuchungen mit gesunden Versuchspersonen entwickelt (einschränkend sei erwähnt, dass es sich bei seinen Versuchspersonen fast ausschließlich um Studierende gehandelt hat). Auch bezog er in stärkerem Maße als Kretschmer beide Geschlechter in seine Untersuchungen ein. Der wahrscheinliche Grund, warum nach seinem Atlas zur Somatotypisierung von Männern (Sheldon, 1954) nicht auch ein entsprechendes Werk für die Somatotypisierung von Frauen veröffentlicht wurde, waren Sheldons Befürchtungen, dass ein solches Werk einen öffentlichen Aufschrei im prüden Amerika hätte auslösen können.

Replikationsversuche

Wie Kretschmer sah sich Sheldon mit dem Vorwurf konfrontiert, dass häufig ein und derselbe Beurteiler – oftmals Sheldon selbst – sowohl die Bewertung des Somatotyps als auch die des Temperaments vorgenommen habe, was die Gefahr eines Beurteiler-Bias in sich berge. Ein solch subjektiver Beurteilereinfluss könnte auch die Ursache sein für die überraschend hohen positiven Korrelationen zwischen Körperbau und Temperament in Tabelle 6. Korrelationskoeffizienten in dieser Höhe sind für Persönlichkeitsmerkmale ungewöhnlich hoch, insbesondere dann, wenn man auch noch die mangelhafte Reliabilität der Messinstrumente berücksichtigt. Unter diesem Aspekt sind insbesondere Untersuchungen mit einer unabhängigen Einschätzung von Körperbau und Temperament interessant, die versucht haben, die Ergebnisse von Sheldon zu replizieren (vgl. Tab. 7). Diese Studien konnten größtenteils die Richtung des von Sheldon berichteten Zusammenhangs zwischen Körperbau und Temperament bestätigen, wenngleich die Stärke des Zusammenhangs deutlich schwächer ausfiel als bei Sheldon (1942).

Eingeschränkte Variationsbreite

Da beim *Somatotype Performance Test* die Kennwerte nicht frei variieren können, sondern ihre Quersumme auf den Bereich zwischen

Tabelle 7: Ergebnisse verschiedener Untersuchungen zum Zusammenhang zwischen Primärkomponenten des Körperbaus und des Temperaments bei jungen männlichen Erwachsenen

Körperbau	Temperament	Sheldon (1942)	Child (1950)	Cortés & Gatti (1965)	von Zerssen (1965)
Endomorph	viszeroton	.79	.13	.32	–.12
Mesomorph	somatoton	.82	.38	.42	.31
Ektomorph	zerebroton	.83	.27	.31	.10

9 und 12 begrenzt ist (s. o.), bedingen hohe Ausprägungsgrade auf einer Primärkomponente stets niedrige Werte auf den beiden anderen Primärkomponenten. Daraus können als Artefakt die beobachteten negativen Korrelationen sowohl zwischen den drei Primärkomponenten des Körperbaus als auch zwischen Körperbau und Temperament resultieren (Hofstätter, 1971).

Unterschiede zwischen den Konstitutionstypologien von Kretschmer und Sheldon

Unterschiede zwischen diesen beiden Konstitutionstypologien beziehen sich nicht nur auf die methodische Vorgehensweise und die hypothetische Herleitung der verschiedenen Konstitutionstypen (s. o.), sondern es gibt auch teilweise erhebliche Unterschiede in Hinblick auf die Charakterisierung der entsprechenden Konstitutions- und Temperamentstypen, auf die u. a. von Zerssen (1965, S. 523/524) hinweist:

„Der Pykniker i. S. Kretschmers ist keineswegs – wie oft angenommen ... – ein Endomorpher, sondern enthält etwa in gleichem Maße endo- und mesomorphe Anteile, während der rein Endomorphe im Kretschmerschen System als ‚fetter Dysplastiker' zu klassifizieren wäre; der typische Leptosome ist kein ausgeprägt Ektomorpher; dieser ist vielmehr eine asthenisch-hypoplastische Extremvariante des leptosomen Habitus (in einigen Fällen ein ‚Dysplastiker' mit eunuchoider Überlänge der Extremitäten); und im Verhältnis zu den von Kretschmer beschriebenen athletischen Typen weisen die Mesomorphen deutliche pyknische Einschläge auf ... Entsprechend ist das viscerotone Temperament nicht völlig mit dem zyklothymen identisch (obwohl hier stärkere Übereinstimmung besteht als bei den zugehörigen Somatotypen). Das cerebrotone Temperament könnte man zwar als schizothym im Sinne Kretschmers ansprechen; die psychologische Charakteristik der Mesomorphen ... steht aber in krassem Gegensatz zu dem Bild, das Kretschmer und Enke (1936, ergänzt vom Verfasser) von der nach ihren Forschungen ausgesprochenen schwerfällig-‚viskösen' Wesensart der Athletiker entworfen haben."

10.3 Vermittlungsfaktoren für den Zusammenhang zwischen Körperbau und Temperament

Obwohl Kretschmer und Sheldon von einer biologischen Ursache für den Zusammenhang zwischen Körperbau und Temperament ausgehen, sind auch alternative Erklärungen denkbar. Einige mögliche Vermittlungsfaktoren für den Zusammenhang zwischen Körperbau und Temperament werden hier kurz dargestellt.

Biologische Faktoren

Als Ursache der individuellen Konstitution nimmt Kretschmer genetisch bedingte hormonelle Mechanismen an, ist sich aber des spekulativen Charakters dieser Annahme durchaus bewusst. Dagegen führt Sheldon seine drei Primärkomponenten des Körperbaus auf drei verschiedene Keimblätter zurück, die sich bei der Teilung der befruchteten Eizelle unterscheiden lassen (s. o.). Diese Sichtweise Sheldons ist allerdings empirisch nicht bestätigt und wurde verschiedentlich scharf kritisiert. Mehr oder weniger explizit gehen jedoch Kretschmer und Sheldon von der grundsätzlichen Annahme aus, dass genetische bzw. biologische Determinanten existieren, die sowohl den Körperbau (die Konstitution bzw. den Somatotyp) als auch das Temperament (die Persönlichkeit) beeinflussen und auf diese Weise den beobachteten Zusammenhang zwischen Körperbau und Verhalten bedingen.

Reaktionsweisen in Abhängigkeit vom Körperbau

Je nach individuellem Körperbau erfährt eine Person im Alltag ganz bestimmte Verhaltensweisen als besonders effektiv zum Erreichen ihrer Ziele. Möglicherweise erlebt eine körperlich große und starke Person, dass sie durch dominantes Auftreten und klares Formulieren ihrer Forderungen am besten ihre Ziele erreichen kann, wohingegen eine körperlich eher kleine und schwächliche Person sehr viel eher durch diplomatisches Geschick und strategisches Vorgehen ihre Ziele erreicht. Wenn in Abhängigkeit vom individuellen Körperbau bestimmte Verhaltensweisen überzufällig häufig zur erfolgreichen Zielerreichung eingesetzt werden, ergibt sich daraus ein entsprechender Zusammenhang zwischen Körperbau und Verhalten.

Soziale Stereotype

Andererseits könnte ein Zusammenhang zwischen Körperbau und Verhalten auch durch gängige Stereotype vermittelt werden, indem die soziale Umwelt von einem Individuum mit einem bestimmten Körperbau ganz spezifische Verhaltenstendenzen erwartet (beispielsweise der gemütliche und gesellige Dicke oder der eher verdrießliche und introvertierte Dünne). Wenn wir solche Erwartungen haben, ist es durchaus möglich, dass wir andere dazu veranlassen, sich so zu verhalten, wie wir es von ihnen erwarten (Gacsaly & Borges, 1979; Yates & Taylor, 1978). Offen bleibt allerdings die Frage, wodurch solche sozialen Stereotype entstanden sind.

Umweltfaktoren

Schließlich wäre es durchaus denkbar, dass es Umweltfaktoren gibt, die sowohl den Körperbau als auch das Verhalten einer Person wirksam beeinflussen. Eine solche Kovariation von Körperbau und Verhalten könnte beispielsweise durch ein elterliches Erziehungsverhalten bedingt sein, bei dem die Eltern auf jede Unmutsäußerung ihres Kindes mit übertriebener Zuwendung und Süßigkeiten reagieren. Als Folge entwickeln sich ein adipöser Körperbau und Persönlichkeitsmerkmale wie Abhängigkeit von anderen, Selbstunsicherheit und Ängstlichkeit.

10.4 Bewertung des konstitutionspsychologischen Ansatzes

Selbst wenn sich der Zusammenhang zwischen konstitutionellen Merkmalen des Körperbaus und der Persönlichkeit empirisch als weniger eindeutig und weniger stark ausgeprägt erwiesen hat als von den Vertretern des konstitutionspsychologischen Ansatzes postuliert, handelt es sich hierbei um ein Phänomen, das unser zwischenmenschliches Verhalten im Alltag mit beeinflusst. Von daher erscheint es nicht nur nahe liegend, sondern auch wissenschaftlich bedeutsam, die potenziellen Vermittlungsfaktoren zu identifizieren.

Obwohl die konstitutionspsychologischen Ansätze innerhalb der Differentiellen und Persönlichkeitspsychologie im Laufe der letzten Jahrzehnte mehr und mehr an Bedeutung verloren haben, wiesen sie schon früh auf einen Aspekt der Persönlichkeitsforschung hin, der seit einiger Zeit zunehmend in den Fokus des wissenschaftlichen Interesses gelangt, nämlich die Frage nach der genetischen Basis von Persönlichkeit(smerkmalen) (vgl. Weber & Rammsayer, in Vorb., Kapitel 5). So weist bereits Sheldon (1942) darauf hin, dass für ein umfassendes Verständnis von Persönlichkeit sowohl genetische als auch umweltbedingte Einflussfaktoren berücksichtigt und in die Analyse einbezogen werden müssen – eine Sichtweise, die von der modernen Verhaltensgenetik gestützt wird.

Zusammenfassung

Dem konstitutionspsychologischen Ansatz liegt die mehr oder weniger explizite Annahme zugrunde, dass nicht nur der Körperbau, sondern auch die Persönlichkeit genetischen Einflüssen unterliegt. Die beiden populärsten Vertreter dieses Ansatzes, Ernst Kretschmer und William H. Sheldon, identifizierten – weitgehend unabhängig voneinander – jeweils drei grundlegende Konstitutions- und drei damit korrespondierende Temperamentstypen. Die von Kretschmer und Sheldon gefundenen Zusammenhänge zwischen Körperbau und Persönlichkeit wurden aus methodischer Sicht immer wieder kritisiert. Zudem sind neben biologisch-genetischen Einflüssen auch noch andere Vermittlungsfaktoren vorstellbar, die einen Zusammenhang zwischen Körperbau und Persönlichkeit erklären können.

Fragen

1. Welche Konstitutions- und Temperamentstypen unterscheidet Kretschmer?
2. Erläutern Sie die Vorgehensweise von Sheldon zur Quantifizierung des Somatotyps.
3. Beschreiben Sie die Primär- und Sekundärkomponenten des Körperbaus nach Sheldon.
4. Erläutern Sie potenzielle Vermittlungsfaktoren für den Zusammenhang zwischen Körperbau und Temperament.

Kapitel 11
Eigenschaftstheorie

Hannelore Weber

Inhaltsübersicht

Die Eigenschaftstheorie kommt den Alltagsvorstellungen von der menschlichen Persönlichkeit zweifellos am nächsten. Sie geht davon aus, dass sich die Persönlichkeit eines Menschen durch seine Ausprägung in *Eigenschaften* (Persönlichkeitsmerkmale, Dispositionen oder „Traits" in der englischen Sprache) kennzeichnen lässt. Dabei unterscheiden sich Eigenschaftheorien darin, von welchen und wie vielen Eigenschaften sie ausgehen, die sie für eine umfassende Beschreibung und Erklärung der menschlichen Persönlichkeit als grundlegend erachten (vgl. Kapitel 12).

11.1 Das Konzept der Eigenschaft

Stabilität und Konsistenz des Verhaltens als Kennzeichen der Eigenschaft

Eigenschaften beschreiben eine Klasse von funktional äquivalenten Verhaltens- und Erlebensweisen, die relativ beständig gezeigt werden, und zwar über die Zeit hinweg *(Stabilität)* und über unterschiedliche Situationen hinweg *(Konsistenz)*. Die Eigenschaft *Ängstlichkeit* beinhaltet beispielsweise, dass eine Person dazu neigt, eine Vielzahl an unterschiedlichen Situationen (Besuch beim Zahnarzt, Prüfung, Referat vor einer größeren Gruppe) als bedrohlich wahrzunehmen und in diesen Situationen mit einem erhöhten Zustand der Angst zu reagieren, wobei sie diese Neigung im Verlauf ihres Lebens weitgehend beibehält.

Eigenschaftstheorien unterscheiden sich darin, welche Ursachen sie für die Stabilität und Konsistenz des Verhaltens annehmen. Biologisch orientierte Theorien sehen die individuelle Ausprägung in einer Eigenschaft in erster Linie durch genetisch vermittelte neurophysiologische Prozesse begründet, die sie an ausgewählten Merkmalen zu ergründen suchen (vgl. Kapitel 12 sowie in Weber & Rammsayer, in Vorb., Kapitel 5 und 12). Andere Theorien sind in dieser Frage eher offen und folgen dem allgemeinen Konsens, dass die individuelle Ausprägung in einer Eigenschaft aus dem Zusammenspiel von genetischen Faktoren und Umweltfaktoren resultiert.

Im Allgemeinen wird unterstellt, dass es möglich und sinnvoll ist, *alle* Personen im Hinblick auf eine Eigenschaft – beispielsweise Ängstlichkeit – zu beschreiben. Der Ansatz ist damit vom Grundsatz her *nomothetisch*. Gordon Allport (1937), einer der „Urväter" des Eigenschaftsansatzes, vertrat hingegen eine *idiographische* Position. Ihm zufolge ist es zwar möglich, Personen im Hinblick auf allgemeine Dimensionen (den *allgemeinen Eigenschaften*) zu beschreiben, doch dies geht nach seiner Auffassung an dem Kern der Persönlichkeit und ihrer Einzigartigkeit vorbei. Nach Allport sind Eigenschaften individuumsspezifisch ausgeprägt, d. h. Personen unterscheiden sich im Hinblick auf ihre Eigenschaften weniger in *quantitativer* Hinsicht (Person P ist ängstlicher als Person R), sondern vor allem in *qualitativer* Hinsicht (Person P ist auf andere Weise ängstlich als Person R). Eine auf dem Konzept personspezifischer Eigenschaften oder „persönlicher Dispositionen" basierende Persönlichkeitsforschung käme jedoch über den Vergleich einzelner Individuen nicht hinaus und könnte somit keine Aussagen über allgemeine Funktionsprinzipien ermöglichen.

Persönliche Dispositionen

Idiographische und nomothetische Konzepte von Eigenschaften

Allport (1937) war ein leidenschaftlicher Verfechter des *idiographischen Ansatzes* (vgl. Kapitel 6). Er forderte von der Persönlichkeitspsychologie, dass sie sich vor allem mit der Einzigartigkeit einer Person und ihrer individuumsspezifischen Struktur und Dynamik zu beschäftigen habe. Er schlug vor, dass die bestmögliche Analyseeinheit einer solchen idiographischen Persönlichkeitsforschung die *persönliche Disposition* sei. Persönliche Dispositionen sind nach Allport Eigenschaften, die allein für ein spezifisches Individuum zutreffen und damit seine Einzigartigkeit charakterisieren. Die Idee der persönlichen Dispositionen illustrierte Allport durch literarische oder historische Persönlichkeiten, wie Marquis de Sade, deren herausragende Dispositionen sogar entsprechende Eigenschaftsnamen (Sadismus) geprägt haben. Die Idee der persönlichen Disposition wurde in der Folgezeit nicht mehr ernsthaft verfolgt, zumal Allport selbst keine tragfähigen methodischen Ansätze zu ihrer Erfassung und Analyse vorgeschlagen hatte.

11.2 Erfassung von Eigenschaften

Unterschiedliche Methoden zur Erfassung von Eigenschaften

Die Vertreter der Eigenschaftstheorie verfolgen in der Regel einen psychometrischen Ansatz, d. h. sie gehen davon aus, dass die Ausprägung einer Person in einer Eigenschaft gemessen und quantifiziert werden kann. Zur Messung von Eigenschaften werden unterschiedliche Methoden herangezogen. Am häufigsten werden Selbstberichte oder Selbsteinschätzungen verwendet. Zur Ergänzung oder als Alternative bieten sich Fremdeinschätzungen durch Dritte und die Vorgabe von standardisierten Testaufgaben an, aus deren Bearbeitung auf Persönlichkeitsmerkmale geschlossen wird. Cattell (1957), ein prominenter Vertreter der Eigenschaftstheorie, nannte diese drei Datenquellen:

- L-Daten (*Life record data*; Daten aus der Lebensgeschichte einer Person und Fremdauskünfte),
- Q-Daten (*Questionnaire data*; Selbstauskünfte einer Person in Form von Fragebögen),
- T-Daten (*Test data*; Daten aus standardisierten Testverfahren).

11.2.1 Selbsteinschätzungen

Das Standardverfahren zur Erfassung von Eigenschaften ist der *Fragebogen*. Bei diesem Verfahren gibt eine Person an, in welchem Ausmaß bestimmte Verhaltensweisen, Gefühle, Gedanken, Erwartungen oder Einstellungen auf sie zutreffen, die in Form von Aussagen, sogenannten „Items", als Indikatoren für eine Eigenschaft aufgeführt werden. Eine Variante der Selbsteinschätzung sind *Adjektiv-Listen*, auf denen Personen unmittelbar einschätzen, wie sehr vorgegebene Merkmale (z. B. freundlich, unsicher, aktiv) sie beschreiben.

Fragebogen als das Standardverfahren zur Erfassung von Eigenschaften

Fragebogen zur Erfassung von Persönlichkeitsmerkmalen werden mit unterschiedlicher Zielsetzung entwickelt. Eine Vielzahl von Fragebogen dient der Erfassung einzelner Persönlichkeitsmerkmale, die einen umgrenzten Verhaltensbereich abbilden (z. B. Optimismus oder Ängstlichkeit). Andere Verfahren streben hingegen eine möglichst umfassende, vollständige Beschreibung der Persönlichkeit an. Diese zuletzt genannte Vorgehensweise kennzeichnet das *Fünf-Faktoren-Modell* der Persönlichkeit, das im nächsten Kapitel beschrieben wird (vgl. Kapitel 12). Unabhängig von der inhaltlichen Breite ist allen Ansätzen gemeinsam, dass sie sich des mathematischen Verfahrens der Faktorenanalyse bedienen, um die Zahl der erfassten Indikatoren (Items) auf grundlegende Dimensionen zu reduzieren.

Faktorenanalyse

Ein zentrales Verfahren zur Identifikation von Eigenschaften oder Dimensionen ist die Faktorenanalyse (für eine kurze Einführung siehe Moosbrugger & Schermelleh-Engel, 2006). Dieses mathematische Verfahren geht aus von den Interkorrelationen zwischen einzelnen Variablen (z. B. Fragebogenitems), die an einer Stichprobe von Personen erfasst werden. Als Datenquelle kommen vor allem Selbst- und Fremdeinschätzungen in Betracht.

Aus den Interkorrelationen werden Faktoren extrahiert, wobei die Faktorenextraktion sukzessiv nach dem Kriterium möglichst hoher erklärter Varianz erfolgt. Dabei lassen sich vor allem zwei unterschiedliche Techniken unterscheiden, die *Hauptachsenanalyse* und die *Hauptkomponentenanalyse*. Es gibt unterschiedliche Konventionen im Hinblick auf die Entscheidung, wie viele Faktoren extrahiert werden.

Die *Faktorladung* gibt an, wie hoch die einzelnen Variablen mit dem Faktor, dem sie zugeteilt wurden, korrelieren. Durch Methoden der *Faktorenrotation* (eine Drehung des durch die Faktoren gebildeten Raums) wird die Interpretierbarkeit der Faktoren optimiert, indem ein Ladungsmuster erreicht wird, bei der jede Variable nur auf einem Faktor eine hohe Ladung und auf allen anderen Faktoren nur eine geringe Ladung aufweist. Variablen sollten mindestens eine Ladung von .30 aufweisen, um einem Faktor zugeordnet zu werden. Diejenigen Variablen, die hoch auf einem Faktor laden, zeigen an, durch welche Inhalte sich ein Faktor kennzeichnen lässt. Daher erfolgt die Benennung eines Faktors auf der Grundlage der auf ihm ladenden Variablen, wobei es dem jeweiligen Untersucher überlassen bleibt, die Variablen in ein gemeinsames inhaltliches Konzept zu integrieren. Dieser Prozess der Benennung eines Faktors ist sehr subjektiv. Im Falle von Faktorenanalysen, die der Identifikation von Eigenschaften dienen, ist der Faktorname zugleich der Name der Eigenschaft (der damit von der subjektiven Konstruktion der Forscher abhängt).

Die Bedeutung der Faktorenanalyse für die Eigenschaftstheorie liegt zum einen darin, dass eine Fülle an einzelnen Verhaltens- und Erlebensweisen auf eine kleinere Anzahl an Dimensionen (die Faktoren) reduziert wird. Wenn ein möglichst umfassendes Spektrum an Verhaltens- und Erlebensweisen als Variablen eingegeben wird (wie im Falle des *psycholexikalischen Ansatzes*; vgl. Kapitel 12), kann mit den Faktoren beansprucht werden, dass sie die grundlegenden Dimensionen „der" Persönlichkeit abbilden. Für die Erfassung von Eigenschaften ist die Faktorenanalyse weiterhin wichtig, weil sie darüber informiert, welche Items eines Fragebogens mehr oder weniger geeignet sind (indiziert durch ihre Ladungen), eine bestimmte Dimension zu erfassen.

Fragebögen in der Psychologischen Diagnostik

Für die praktische Anwendung von Persönlichkeitsfragebögen in der Einzelfalldiagnostik ist es wichtig, dass Fragebögen *normiert* werden, um die individuelle Merkmalsausprägung interpretieren zu können. Grundlage von Normen sind Daten, die an einer möglichst repräsentativen Stichprobe gewonnen werden, deren Werte in Normen transformiert werden (vgl. Weber & Rammsayer, in Vorb., Kapitel 4). Der individuelle Testwert, den eine Person erhält, kann so mit einer Referenzgruppe verglichen werden. Die durch den Testwert indizierte Ausprägung in einer Eigenschaft kann beispielsweise daraufhin beurteilt werden, ob sie gemessen an der Referenzpopulation durchschnittlich, unter- oder überdurchschnittlich ist.

Zu den gegenwärtig gebräuchlichen, normierten Persönlichkeitsfragebogen in der diagnostischen Praxis gehören das *Freiburger Persönlichkeitsinventar* (FPI-R, Fahrenberg, Hampel & Selg, 2001) und zwei Verfahren zur Erfassung der fünf Dimensionen des Fünf-Faktoren Modells (vgl. Kapitel 12), das *NEO-Fünf-Faktoren-Inventar* (NEO-FFI; Borkenau & Ostendorf, 2008) und eine differenziertere Variante, das *NEO-Persönlichkeitsinventar* nach Costa und McCrae (NEO-PI-R; Ostendorf & Angleitner, 2004).

Die Grenzen der Selbsteinschätzung

Die Selbstbeschreibung unterliegt Beschränkungen

Die Selbstbeschreibung von Personen auf der Grundlage von Fragebögen unterliegt einer Reihe von Beschränkungen (Paulhus & Vazire, 2007). Personen können sich überfordert fühlen, relativ spontan Aussagen über sich zu treffen, die sich auf Verhaltensweisen beziehen, über die sie bisher nicht nachgedacht haben, die relativ komplex sind oder die sie für sich selbst als nicht relevant erachten (immer vorausgesetzt, dass die getesteten Personen eine Aussage überhaupt verstehen). Hinzu kommen bestimmte Antwortstile, die sich darin äußern können, dass Personen dazu neigen, generell Extremwerte auf der Antwortskala zu vermeiden, mittlere, „neutrale" Werte zu bevorzugen oder Fragen generell eher mit „ja" oder „nein" zu beantworten.

Zum anderen können sich Probleme ergeben, indem Personen bewusst oder unbewusst davor zurückschrecken, bestimmte Verhaltensweisen als für sie zutreffend anzugeben. Das gilt vor allem für *sozial unerwünschtes* Verhalten, z. B. aggressives oder launenhaftes, emotional unstabiles Verhalten. Mit einer bewussten Verfälschung in Richtung eines sozial erwünschten Verhaltens oder einer gezielten Form der Selbstdarstellung ist insbesondere dann zu rechnen, wenn aus der

Fragebogenbeantwortung nachhaltige Konsequenzen für die Person entstehen, wie es bei der beruflichen Eignungsdiagnostik der Fall ist. Hier ist beispielsweise kaum vorstellbar, dass sich eine Bewerberin als faul, unordentlich, unzuverlässig, aufbrausend und reizbar beschreibt.

Defensive Prozesse beeinflussen die Selbstbeschreibung

Bei der Beantwortung eines Fragebogens können nicht nur gewünschte Darstellungen der eigenen Person gegenüber anderen eine Rolle spielen, sondern auch defensive Strategien (vgl. Kapitel 3), indem Personen – ohne *bewusst* die Angaben verfälschen zu wollen – unerwünschtes Verhalten bei sich nicht wahrnehmen (wollen). Solche Verzerrungen können konsistente motivationale und kognitive Dispositionen widerspiegeln, zum Beispiel das Bedürfnis nach sozialer Zustimmung, und daher selbst als ein *Persönlichkeitsmerkmal* verstanden werden (Paulhus, 2002; Paulhus & Trapnell, 2008). Erfasst wird die Neigung zu sozial erwünschtem Verhalten wiederum mit Fragebögen (und demzufolge mit all ihren Problemen). Ein traditionelles Verfahren ist die *Marlowe-Crowne-Skala* (Crowne & Marlowe, 1960).

Soziale Erwünschtheit (Social Desirability)

Skalen zur Erfassung von sozial erwünschtem Verhalten geben Verhaltensweisen vor, von denen angenommen werden kann, dass sie sozial sehr erwünscht bzw. sehr unerwünscht sind. Personen erhalten auf diesen Skalen hohe Werte, wenn sie angeben, dass sie unerwünschtes Verhalten nie, erwünschtes Verhalten stets zeigen.

In einer von Stöber (1999) entwickelten Skala zur Erfassung sozialer Erwünschtheit finden sich folgende Aussagen als Beispiele für sozial (un)erwünschtes Verhalten:

- Manchmal werfe ich Müll einfach in die Landschaft oder auf die Straße.
- Ich lästere gelegentlich über andere hinter deren Rücken.
- Wenn ich etwas versprochen habe, halte ich es ohne Wenn und Aber.
- Im Streit bleibe ich stets sachlich und objektiv.

Die Probleme, die sich bei der Eigenschaftsmessung über Fragebögen ergeben, lassen es angeraten erscheinen, den Selbstbeschreibungen alternative Methoden zur Seite zu stellen. Dazu zählen insbesondere die Einschätzung durch Dritte und – in jüngerer Zeit verstärkt – standardisierte Testverfahren.

11.2.2 Fremdeinschätzungen

Fremdeinschätzungen können zum einen auf Fragebögen beruhen, indem Dritte die Ausprägung von Persönlichkeitsmerkmalen einer Person anhand derselben Items einschätzen, die auch zur Selbsteinschätzung genutzt werden. Der NEO-PI-R (Ostendorf & Angleitner, 2004) sieht beispielsweise eine solche „Er ist …“ oder „Sie ist …“ Version zur Fremdeinschätzung vor.

Fremdeinschätzungen und Verhaltensbeobachtung

Eine Alternative sind Verhaltensbeobachtungen, bei der Beobachter auf der Grundlage von Verhaltensausschnitten der beobachteten Person bestimmte Eigenschaften zuschreiben. Verhaltensbeobachtungen standen lange Zeit im Schatten der weitaus ökonomischeren Erfassung von Eigenschaften über Fragebogen. Dabei ist das Verhalten einer Person vom Grundsatz her in besonderem Maße zur Erfassung ihrer Eigenschaften geeignet, da diese sich ja in konkretem Verhalten manifestieren (Furr, 2009).

Assessment Center

In der praktischen Diagnostik wird die Verhaltensbeobachtung beispielsweise im Rahmen des *Assessment Centers* zur Einschätzung berufsrelevanter Persönlichkeitsmerkmale eingesetzt. Beim *Assessment Center* handelt es sich um ein Verfahren zur Diagnostik von Berufseignung, bei dem die Bewerber und Bewerberinnen über mehrere Tage hinweg eine Reihe von Aufgaben erfüllen müssen, die für die späteren beruflichen Anforderungen repräsentativ sind. Ihr Verhalten wird von Beobachtern daraufhin eingeschätzt, in welchem Ausmaß sich die für die zu besetzende Stelle relevanten Merkmale (Selbstsicherheit, Führungsstärke, Empathie) im Verhalten manifestieren.

In der Persönlichkeitsforschung verbindet sich mit der Verhaltensbeobachtung die Frage, in welchem Ausmaß die Ergebnisse von Verhaltensbeobachtungen mit den Einschätzungen durch die Person selbst oder Einschätzungen durch Dritte konvergieren. Besonders spannend sind Arbeiten zu der Frage, inwieweit selbst auf der Grundlage von relativ kleinen Verhaltensausschnitten eine mit Selbst- oder Fremdeinschätzungen übereinstimmende Beurteilung erfolgt.

11.2.3 Übereinstimmung zwischen Selbst- und Fremdeinschätzung

Visibilität des Verhaltens und Vertrautheit erhöhen die Übereinstimmung zwischen Selbst- und Fremdeinschätzung

Zu den Faktoren, die die Übereinstimmung zwischen Selbst- und Fremdeinschätzung erhöhen, gehören die Visibilität der Eigenschaft (d. h. des Verhaltens, in dem sich eine Eigenschaft manifestiert) und das Ausmaß an Vertrautheit zwischen den beteiligten Personen (Funder, 1995; Watson, Hubbard & Wiese, 2000). Bei hoher Visibilität und Vertrautheit (z. B. bei verheirateten Paaren) werden Korrelationen bis zu .60 erreicht. Diese Übereinstimmung ist einerseits beachtlich, lässt jedoch auch erkennen, dass Selbst- und Fremdeinschätzung unterschiedliche Perspektiven darstellen und auf unterschiedlichen Quellen beruhen können.

Angesichts der Ergebnisse, dass Vertrautheit die Übereinstimmung zwischen Selbst- und Fremdeinschätzung erhöht, verblüffen Befunde, die belegen, dass fremde Beobachter selbst dann, wenn sie nur einen kleinen Ausschnitt aus dem Verhalten einer Person sehen *(thin slices of behavior)*, deren Persönlichkeit überzufällig korrekt einschätzen können. „Korrekt" bedeutet dabei die Übereinstimmung mit anderen Fremdurteilen oder Selbsteinschätzungen der Person. Offenbar nutzen Personen bei ihrer Einschätzung valide „Cues", d. h. beobachtbare Verhaltenskennzeichen, die relativ korrekt eine Eigenschaft anzeigen (Borkenau & Liebler, 1995; Borkenau et al., 2004; Funder, 1995). Auf solchen Signalen beruht auch die schnelle und häufig implizite Einschätzung der Persönlichkeit von unbekannten Personen im Alltag (Uleman, Saribay & Gonzalez, 2008).

Das „Linsenmodell" von Brunswik

Ein sehr anschauliches Modell zum Stellenwert von beobachtbaren Verhaltenssignalen für die auf Beobachtung basierende Merkmalseinschätzung ist das „Linsenmodell" von Brunswik (1956). Brunswik geht davon aus, dass beobachtbare Verhaltenssignale als eine „Linse" wirken, durch die an sich nicht beobachtbare Merkmale einer Person wahrgenommen werden. Die Nutzung solcher *Cues* durch Beobachter nannte Brunswik *cue utilization*, den

Zusammenhang zwischen den *Cues* und der tatsächlichen Ausprägung des Merkmals (gemessen an der Selbsteinschätzung) bezeichnete er als *cue validity*. Nach diesem Modell würde eine hohe Übereinstimmung erreicht, wenn Selbst- und Fremdeinschätzer darin übereinstimmen, an welchen *Cues* sie eine Eigenschaft festmachen.

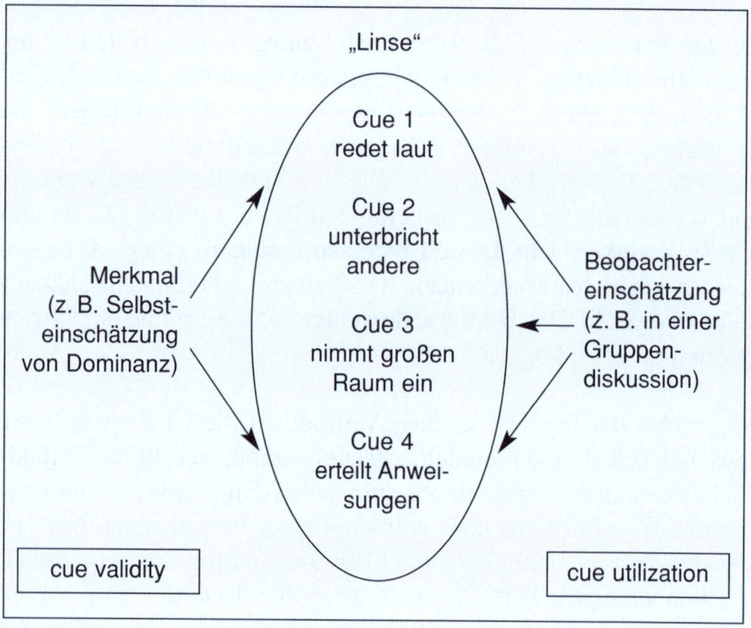

Abbildung 12: Das Linsenmodell nach Brunswik (1956)

11.2.4 Testdaten

Cattell (1957) führte unter standardisierten Bedingungen erhobene Testdaten als eine Möglichkeit an, Persönlichkeitsmerkmale zu erfassen, ohne dass die Testpersonen wissen oder erahnen können, um welche Merkmale es sich dabei handelt. Testdaten sind nach Cattell im Unterschied zu Selbsteinschätzungen nicht verfälschbar und in diesem Sinne *objektiv*. Als objektive Merkmalsindikatoren gelten beispielsweise Reaktionszeiten oder die Anzahl von Extremantworten, die eine Person in einem Test gibt.

Objektive Tests und implizite Tests

Eine Variante der objektiven Tests zur Erfassung von Eigenschaften, die sich in jüngerer Zeit großer Beliebtheit in der Forschung erfreut, sind *implizite* Testverfahren. Im Falle der impliziten Testverfahren wird davon ausgegangen, dass sich Persönlichkeitsmerkmale unmittelbar in der Reaktion auf relevante Reize zeigen (vor allem in der Schnelligkeit der Reaktion), ohne dass sich eine Person ihrer Reaktion bewusst wird und sie daher kontrollieren kann. In diesem Sinne gelten implizite Verfahren als unverfälschbar und damit im Cattell'schen Sinne als *objektiv* (Ortner, Proyer & Kubinger, 2008). Implizite Verfahren wurden zunächst zur Erfassung von Einstellungen entwickelt (Greenwald, McGhee & Schwartz, 1998) und in der Folge auch auf die Erfassung von Persönlichkeitsmerkmalen übertragen, darunter beispielsweise Ängstlichkeit und Selbstwertgefühl.

Der Implizite Assoziationstest zur Erfassung von Ängstlichkeit

Der *implizite Assoziationstest* (IAT) basiert auf der Annahme, dass Merkmale schneller zugeordnet werden, wenn eine Person sie implizit, d. h. auf der Grundlage impliziter kognitiver Schemata, als einander zugehörig wahrnimmt. Verfügt eine Person beispielsweise über ein positives Selbstwertgefühl, so wird sie positive Attribute schneller der Kategorie *Ich* zuordnen, als negative Attribute.

Der IAT beinhaltet eine Kategorisierungsaufgabe (Wörter, die auf einem Bildschirm präsentiert werden, sind einer von zwei Kategorien zuzuordnen, was jeweils durch Drücken einer linken oder rechten Taste angezeigt wird) und erfolgt in mehreren Blöcken. Übertragen auf die Erfassung von Ängstlichkeit wird wie folgt vorgegangen (Egloff & Schmukle, 2008):

- Im ersten Block übt die Testperson die Zuordnung von Wörtern zu den beiden Kategorien *Ich* und *Andere*, indem Wörter, die der Kategorie *Ich* zugehörig sind, mit der linken Taste und Wörter, die der Kategorie *Andere* zugehörig sind, mit der rechten Taste zu beantworten sind.
- Im zweiten Block übt die Testperson die Zuordnung von Wörtern zu den beiden Kategorien *Angst* und *Gelassenheit*.
- Im dritten Block sind die beiden Kategorien *Ich* und *Angst* mit *einer* Taste belegt, ebenso die beiden Kategorien *Andere* und *Gelassenheit*. Nun ist es Aufgabe der Testperson, Wörter, die den beiden jeweiligen Kategorien zugehören, mit der entsprechenden Taste zu beantworten.
- Im vierten Block wird die umgekehrte Tastenbelegung von *Angst* (rechts) und *Gelassenheit* (links) vorgegeben und geübt.

- Im fünften Block erfolgt erneut eine Doppelbelegung von Kategorien; nun aber sind *Ich* und *Gelassenheit* mit einer gemeinsamen Taste belegt, *Andere* und *Angst* mit der anderen Taste.

Implizite Ängstlichkeit zeigt sich darin, dass Personen ich- und angstrelevante Wörter schneller zuordnen können, wenn sie mit derselben Taste belegt sind (Block 3), als wenn sie mit unterschiedlichen Tasten belegt sind (Block 5).

Implizite und explizite Verfahren korrelieren nur gering

Implizite Verfahren korrelieren in der Regel nur sehr gering mit expliziten Verfahren, z. B. der Selbstbeschreibung auf der Grundlage von Fragebögen. Dies legt nahe, dass die beiden Verfahren unterschiedliche Merkmale oder Aspekte eines Persönlichkeitsmerkmals messen. Studienergebnissen zufolge sind explizite Verfahren besser geeignet, kontrollierbares Verhalten vorherzusagen (z. B. selbstberichtete Angst nach einer negativen Rückmeldung), während implizite Verfahren spontanes Verhalten (z. B. fremdeingeschätzte Angst und Leistungsabfall) besser vorhersagen können (Egloff & Schmukle, 2008). Nach wie vor steht aber zur Diskussion, *was* letztendlich mit impliziten Tests gemessen wird. Eine alternative Erklärung liegt darin, dass aufgrund der mit dem Test verbundenen *kognitiven* Anforderungen keine impliziten Persönlichkeitsmerkmale erfasst werden, sondern Unterschiede in der Fähigkeit, einen Wechsel in der Kategorisierung vorzunehmen (Klauer & Mierke, 2005).

11.3 Stabilität

Das Konzept der Eigenschaft unterstellt eine hohe zeitliche Stabilität des Verhaltens, zumindest ab einem gewissen Lebensalter. Der empirische Nachweis erfolgt in Längsschnittstudien, in denen Personen nach einem mehr oder weniger langen Zeitraum erneut untersucht werden.

Varianten der Stabilität

Im Hinblick auf die Stabilität von Eigenschaften sind mehrere Formen zu unterscheiden, wobei zwischen der *intraindividuellen* Stabilität auf der Ebene der einzelnen Person und der Stabilität eines Merkmals auf der Ebene der Gruppe oder Population zu trennen ist (Roberts & DelVecchio, 2000).

Intraindividuelle Stabilität beziehen sich darauf, wie stabil das Verhalten bzw. die Eigenschaft einer Person über die Zeit hinweg bleibt. Im Falle der *absoluten* Stabilität würde das Niveau der Ausprägung beibehalten werden, d. h. das Ausmaß an Ängstlichkeit einer Person beispielsweise würde sich nicht ändern.

In der Persönlichkeitsforschung wird in der Regel das Ausmaß an Stabilität auf der Ebene von *Gruppen* untersucht. Hier lassen sich zwei Formen unterscheiden. Die erste Form beinhaltet die Frage, ob und in welcher Weise sich der *Mittelwert* (oder das Niveau) der Gruppe in Bezug auf eine Eigenschaft ändert. Hier zeigt beispielsweise eine Studie von Helson, Kwan, John und Jones (2002), dass mit zunehmendem Alter höhere Mittelwerte in den Eigenschaften Gewissenhaftigkeit und Sozialverträglichkeit erreicht werden. Im Hinblick auf das Niveau erweisen sich die beiden Eigenschaften damit als nicht stabil.

Die zweite Form der Stabilität bezieht sich auf die *relative* Position der einzelnen Person innerhalb der Gruppe und das Ausmaß, in dem die Rangfolge auch bei einer Niveauveränderung beibehalten wird. In diesem Falle könnte sich beispielsweise das Niveau der Ausprägung innerhalb der Gruppe über die Zeit hinweg verändern, aber die Unterschiede zwischen den Personen im Hinblick auf ihre Ausprägung blieben erhalten, d. h. ihre *Rangfolge* änderte sich nicht und damit wäre eine *relative* Stabilität gegeben. Der in der Forschung zur Stabilität üblicherweise benutzte Korrelationskoeffizient nach Pearson beruht auf Rangfolgen, daher spiegeln die Ergebnisse die *relative* Stabilität von Eigenschaften wider.

Längsschnittstudien belegen Stabilität erst im Erwachsenenalter

Roberts und DelVecchio (2000) haben die Ergebnisse von 152 Längsschnittstudien zusammengetragen. Die Ergebnisse belegen, dass das Ausmaß an *relativer Stabilität* (oder Rangfolgen-Stabilität) von dem Alter abhängt, in dem die erste Messung erfolgt. Im Kindesalter erweisen sich Eigenschaften als nicht stabil. Bei 3- bis 6-Jährigen beispielsweise erreicht die Stabilität zwischen der Erstmessung und der Zweitmessung (im Durchschnitt nach 7 Jahren) lediglich Werte um .50 und fällt danach sogar wieder etwas ab. Erst ab dem frühen Erwachsenenalter (Alter bei der Erstmessung zwischen 30 und 39 Jahren) zeigen sich höhere Stabilitätskoeffizienten um .60, und im Alter zwischen 50 und 60 werden die „Spitzenwerte“ in Höhe von .70 bis .80

erreicht. Diese Daten können durchaus als Nachweis der unterstellten Stabilität interpretiert werden, sie sprechen aber ebenso für eine beträchtliche Dynamik und Veränderbarkeit im Verlauf der Persönlichkeitsentwicklung.

Person und Umwelt tragen zur Stabilität bei

Gründe für die Stabilität (und ihre Zunahme im Erwachsenenalter) sehen Roberts und DelVecchio (2000) in folgenden Faktoren:

- Die Konstanz der Umwelt, in der eine Person lebt, und die abnehmende Anzahl an neuen Erfahrungen und Wechseln in der Umwelt (Beruf, Freunde, Familie) im Laufe des erwachsenen Lebens.
- Der konstante Einfluss von genetischen Faktoren.
- Bestimmte Eigenschaften einer Person, die unmittelbar zur Stabilität beitragen (z. B. emotionale Stabilität und Zuverlässigkeit).
- Die Passung zwischen Person und Umwelt in der Form, dass Merkmale einer Umwelt und die Anforderungen, die sie stellt, zu den Fähigkeiten, Merkmalen und Verhaltensstilen der Person passen.
- Ein klar ausgeprägtes Selbstkonzept, das zu einer Bevorzugung konsistenter Informationen führt (vgl. Kapitel 7) und sich auf diese Weise selbst stabilisiert und gegen Veränderungen immunisiert.

11.4 Konsistenz

Die Frage, ob sich Personen über unterschiedliche Situationen hinweg im Hinblick auf das mit einer Eigenschaft beschriebene Verhalten konsistent verhalten, hat zu lebhaften Diskussionen in der Persönlichkeitsforschung geführt. Eine solche Konsistenz würde beispielsweise vorliegen, wenn eine Person mit einer hohen Ausprägung in Ängstlichkeit in potenziell bedrohlichen Situationen tatsächlich mit erhöhter Angst reagiert, und zwar beim Zahnarzt ebenso wie vor einer Prüfung oder bei der Abfahrt in einem steilen Skihang. Dabei kann – wie im Falle der Stabilität – unterschieden werden, ob es sich um eine *relative* Konsistenz handelt (Personen verhalten sich in unterschiedlichen Situationen möglicherweise unterschiedlich, aber ihre Rangfolge hinsichtlich der Ausprägung des Verhaltens bleibt gleich), oder aber um *absolute* Konsistenz (Personen verhalten sich in allen Situationen gleich).

Verhalten variiert mit der Situation

Das Ausmaß an Konsistenz wird üblicherweise dadurch überprüft, dass der Wert, den Personen in einer Eigenschaft erhalten (beispielsweise in einem Fragebogen), mit ihrem Verhalten in relevanten Situationen korreliert wird. Die vorliegenden Studienergebnisse sind ernüchternd: In der Regel werden zwar die erwarteten positiven Korrelationen erreicht, diese liegen aber selten über der von Mischel (1968) bereits konstatierten Grenze von .30. Dies bedeutet, dass Personen sich über unterschiedliche Situationen hinweg wenig konsistent verhalten und dass eine Eigenschaft das Verhalten einer Person in einer konkreten Situation nur in einem moderaten Umfang vorhersagen kann, der jedoch dem Einfluss der Situation entspricht (Funder, 2008).

Methodisch ergibt sich jedoch das Problem, dass die Messung des Verhaltens in einer einzigen Situation mit Messfehlern behaftet ist. Daher wäre es nach Epstein (1979) angemessen, Verhaltensmessungen über mehrere Situationen hinweg zu aggregieren und diese Aggregat-Werte mit den Eigenschaftsmaßen zu korrelieren, was zu deutlich höherer Korrelation führte. In Falle aggregierter Messungen würde beispielsweise die allgemeine Prüfungsängstlichkeit nicht mit der Angst in einer einzigen Prüfung, sondern mit dem über mehrere Prüfungen hinweg aggregierten Angstwert korreliert.

11.4.1 Interaktionistische Ansätze

Die bescheidene Höhe der empirisch ermittelten Konsistenzkoeffizienten legt nahe, dass das Verhalten einer Person nicht nur von ihren Dispositionen, sondern stark von situativen Faktoren beeinflusst wird. Dem Einfluss der Situation wird in *interaktionistischen* Ansätzen Rechung getragen, die davon ausgehen, dass sich das Verhalten einer Person aus dem Zusammenspiel stabiler Verhaltensdispositionen (Eigenschaften) und Merkmalen der Situation ergibt.

Interaktionistische Ansätze berücksichtigen Person und Situation

Der Einfluss der Situation kann in unterschiedlicher Form berücksichtigt werden. Eine Möglichkeit liegt darin, bestimmte Subklassen von Situationen zu unterscheiden und Stabilität und Konsistenz im Verhalten nur auf der Ebene der Subklasse zu erwarten. Das Konzept der allgemeinen Ängstlichkeit würde in dem Fall ersetzt (oder ergänzt) durch bereichsspezifische Ängstlichkeiten, die sich auf umgrenzte Situationsklassen beziehen, also beispielsweise Ängstlichkeit im Hinblick auf physische Gefährdung und Ängstlichkeit im Hinblick auf soziale Situationen.

Kohärenzprinzip und Verhaltenssignatur

Eine radikalere Form des Interaktionismus findet sich in Ansätzen, die die Verhaltensvorhersage unter Zuhilfenahme *idiographischer* Elemente verbessern wollen. Magnusson und Endler (1977) schlugen das „Kohärenzprinzip" als eine mögliche Lösung vor. Dieses Prinzip besagt, dass sich das Verhalten einer Person in einer gesetzmäßigen und damit vorhersagbaren Weise von Situation zu Situation verändert. Das Verhalten einer Person lässt sich somit als ein *Muster* von individuumsspezifischen Reaktionen beschreiben.

Beispiel

Person 1 reagiert in Situationen vom Typ A mit einem Angstanstieg, nicht jedoch in Situation vom Typ B. Person 2 zeigt das umgekehrte Muster, während Person 3 in beiden Situationstypen mit erhöhter Angst reagiert, Person 4 bleibt in beiden Situationstypen unberührt.

Das Modell der Verhaltenssignatur

In der aktuellen Persönlichkeitspsychologie hat vor allem Walter Mischel in seinem Modell der *Verhaltenssignatur* die Idee einer personspezifischen Stabilität und Konsistenz von Verhalten ausgearbeitet (z. B. Mischel, 2004; Mischel & Shoda, 1995; 2008). In diesem Modell lässt sich das Verhalten einer Person in Form von beständigen „Wenn Situation X – dann Verhalten Y"-Beziehungen darstellen. Wie eine Unterschrift eine Person kennzeichnet, so erweist sich auch ihr Verhaltensmuster über unterschiedliche Situationen hinweg als eine personspezifische *Verhaltenssignatur*. Dabei geht Mischel unter Bezugnahme auf George Kelly (1955) von den psychologischen Merkmalen einer Situation aus, d. h. von der subjektiven Wahrnehmung oder Konstruktion einer Situation (vgl. Kapitel 6). Das Modell der Verhaltenssignatur „rettet" damit die für die Persönlichkeitspsychologie zentrale Annahme von Stabilität und Vorhersagbarkeit von Verhalten, indem es sie mit der empirisch nachgewiesenen Situationsabhängigkeit des Verhaltens und einer personspezifischen Variabilität verbindet (vgl. Abb. 13).

Eine Beispielstudie zur Verhaltenssignatur

Ein anschauliches Beispiel für das Modell der Verhaltenssignatur liefert die Studie von Shoda und LeeTiernan (2002). In dieser Studie wurden den teilnehmenden Studierenden 60 kurze Videos gezeigt, in denen jeweils eine (reale) Person um einen Dollar bittet (da sie ihre Geldbörse vergessen habe und Kopien machen müsse). Die Studierenden gaben an, ob sie der Person das Geld geben würden oder

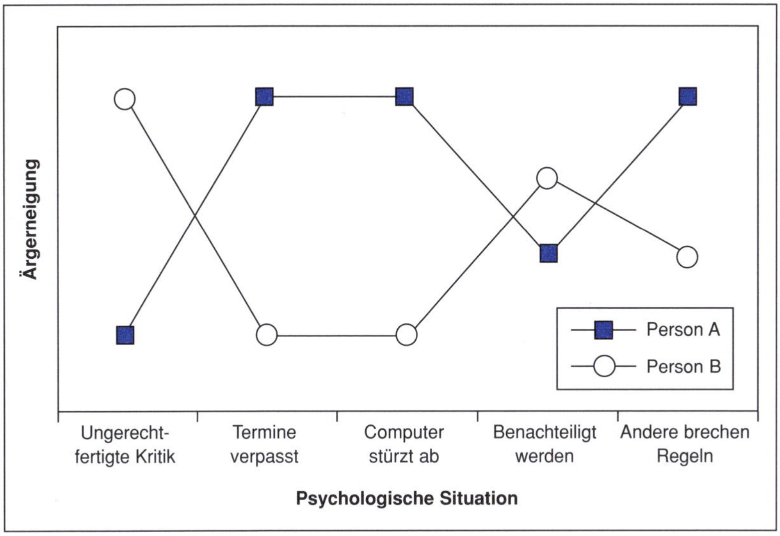

Abbildung 13: Das Modell der Verhaltenssignatur

nicht. Jede Videoszene kann hier als eine Situation interpretiert werden, bei der die Person des Bittstellers variiert. Mit diesem Studiendesign konnten Shoda und LeeTiernan zwei zentrale Fragen überprüfen: die Frage nach der Stabilität und die Frage nach der Konsistenz des Verhaltens, d. h. dem Ausmaß an Zustimmung oder Ablehnung der Bitte. Eine Wiederholung der Videoserie nach einer Woche ergab eine beachtliche Stabilität des Verhaltensmusters sowohl auf der Ebene der einzelnen Person in Höhe von .55 (Median) als auch auf der Ebene der relativen Stabilität in Höhe von .60.

Um die Frage nach der Konsistenz beantworten zu können, wurden die Video-Bittsteller von unabhängigen Personen nach einer Reihe von Merkmalen eingeschätzt, z. B. ihrer Selbstsicherheit, Intelligenz, Seriosität oder Kleidungsstil. Hier zeigte sich, dass sich die Versuchspersonen darin unterschieden, ob ein bestimmtes Merkmal zu einem konsistenten Verhalten führte: Bei Versuchsperson X zeigte sich beispielsweise, dass sie eher bereit war, Geld zu geben, wenn der Bittsteller (oder die Bittstellerin) gut gekleidet war, während Kleidung bei Versuchsperson Y keine Rolle spielte. Für Y ergab sich hingegen ein konsistentes Verhaltensmuster in Abhängigkeit von der Seriosität der Bittsteller. Damit wird deutlich, dass das Ausmaß an Verhaltenskonsistenz mit der personspezifischen Wahrnehmung oder Konstruktion einer Situation variiert, d. h. mit ihren psychologischen Merkmalen.

11.4.2 Konsistenzneigung als Eigenschaft

Self-Monitoring beeinflusst die Konsistenz des Verhaltens

Unterscheiden sich Personen in ihrem Ausmaß an Konsistenz? Könnte das Ausmaß an Konsistenz selbst wiederum eine Eigenschaft sein? Ein Merkmal, das interindividuelle Unterschiede in der Konsistenz erklären könnte, ist das Konstrukt des *Self-Monitorings* oder der Selbstüberwachung. Dieses Konzept wurde von Synder (1974) vorgeschlagen und bezeichnet interindividuelle Unterschiede in der Tendenz, das eigene expressive Verhalten und die Art der Selbstdarstellung zu kontrollieren. Personen mit einer hohen Ausprägung in *Self-Monitoring* sind bemüht, sich den sozialen Erfordernissen einer Situation anzupassen, und achten daher auf soziale Hinweise, die anzeigen, welches Verhalten in einer bestimmten Situation angemessen ist. Ihr Verhalten variiert damit über Situationen hinweg und ist eher inkonsistent. Im Unterschied dazu neigen Personen mit einer niedrigen Ausprägung in *Self-Monitoring* dazu, sich so zu verhalten, wie sie denken, dass es ihrer Persönlichkeit entspricht. Ihr Verhalten ist damit eher konsistent: Sie würden beispielsweise auch bei einer fröhlich lauten Feier den gemäßigt-gedämpften Gefühlsausdruck zeigen, den sie als für sich typisch und persönlichkeitsgemäß erachten.

Das Konzept des *Self-Monitorings* hat über die Jahrzehnte hinweg mehrfach Änderungen erfahren. Diskutiert wird in jüngerer Zeit vor allem die Frage, was Personen dazu motiviert, sich mehr oder weniger den jeweiligen sozialen Situationen anzupassen (Leone, 2006). Bei Personen mit einer hohen Ausprägung in *Self-Monitoring* wird das Bedürfnis vermutet, ihren sozialen Status zu erhöhen und in sozialen Interaktionen positiv aufzufallen. Bei Personen mit niedriger Selbstüberwachung wird erwartet, dass sie bestrebt sind, als authentische und offen-ehrliche Personen wahrgenommen zu werden.

Self-Monitoring ist ein Beispiel für eine *Moderatorvariable*, d. h. eine Variable, die den Zusammenhang zwischen zwei anderen Variablen ändert. Bezogen auf die Konsistenz von Verhalten würde dies bedeuten, dass das Ausmaß an *Self-Monitoring* die Höhe des Zusammenhangs zwischen einer allgemeinen Eigenschaft (gemessen durch einen Fragebogen) und dem Verhalten in einer konkreten Situation beeinflusst: Für Personen mit hohen Werten in *Self-Monitoring* ist der Zusammenhang niedrig, für solche mit niedriger Ausprägung ist er hoch.

Selbsteinschätzung von Konsistenz: Der direkte Weg

Einen direkten Weg zur Erfassung personspezifischer Konsistenzneigung verfolgten Bem und Allen (1974). Sie schlugen vor, Personen die Konsistenz ihres Verhaltens im Hinblick auf Eigenschaften, z. B. ihre Freundlichkeit, *selbst* einschätzen zu lassen. Auf diese Weise kann entschieden werden, ob eine Person sich als merkmalskonsistent erachtet und damit durch eine allgemeine Eigenschaft überhaupt angemessen beschrieben kann, während dies für merkmalsinkonsistente Personen nicht zutrifft. Dieser durchaus überzeugende Ansatz wird jedoch in der aktuellen Forschung kaum mehr verfolgt.

11.5 Bewertung

Die Eigenschaftstheorie stellt den traditionellen Ansatz in der Persönlichkeitstheorie dar. Sie liegt nicht nur Theorien zugrunde, die sich um ein umfassendes Beschreibungssystem der menschlichen Persönlichkeit bemühen (vgl. Kapitel 12), sondern auch vielen Ansätzen innerhalb der Persönlichkeitsforschung, die sich mit spezifischen Eigenschaften beschäftigen (vgl. Weber & Rammsayer, in Vorb.). Alle Diskussionen über die Begrenztheiten des Eigenschaftsansatzes haben an seiner Dominanz in der Persönlichkeitspsychologie nichts ändern können. Die Begrenztheit der Eigenschaftstheorie zeigt sich vor allem darin, dass Verhalten nicht auf die simple Art und Weise stabil und konsistent ist, wie es das theoretische Konzept der Eigenschaft impliziert.

Empirische Befunde dokumentieren, dass Eigenschaften zum einen über die Lebensspanne hinweg Änderungen unterliegen können und Personen sich zum anderen nicht in der Weise konsistent verhalten, dass ihre Dispositionen ihr Verhalten determinieren. Die üblichen Instrumente zur Erfassung einer Eigenschaft erweisen sich nur als bedingt geeignet, das Verhalten einer Person in einer Situation vorherzusagen.

Zur Verbesserung der Verhaltensvorhersage müssen zwei Informationen hinzukommen: Informationen zum situativen Kontext und Informationen zu der subjektiven, d. h. personspezifischen Wahrnehmung einer Situation. Das Modell der *Verhaltensignatur* von Mischel ist in besonderer Weise geeignet, die für die Eigenschaftstheorie zentrale Annahme stabilen und konsistenten Verhaltens auf der Grundlage von Personmerkmalen mit dem empirisch nachgewiesenen Einfluss der Situation und insbesondere dem Einfluss der psychologischen Merkmale einer Situation zu verbinden.

Zusammenfassung

Die Eigenschaftstheorie stellt die dominierende theoretische Richtung in der Persönlichkeitspsychologie dar. Das Konzept der Eigenschaft steht für eine Klasse von Verhaltens- und Erlebensweisen, die eine Person über die Zeit (Stabilität) und über unterschiedliche Situationen hinweg (Konsistenz) relativ beständig zeigt. Die individuelle Ausprägung in einer Eigenschaft kann über unterschiedliche Verfahren erfasst werden. Dazu zählen Selbsteinschätzungen auf der Grundlage von Fragebogen, Fremdeinschätzungen und objektive Verhaltenstests. Selbsteinschätzungen über Fragebogen sind das Standardverfahren in der Forschung und in der angewandten Diagnostik; sie unterliegen jedoch einer Reihe von inhaltlichen und methodischen Beschränkungen.

Die theoretisch unterstellte Stabilität von Eigenschaften wurde in Längsschnittstudien überprüft. Die Ergebnisse aus zahlreichen Studien belegen, dass eine nennenswerte Stabilität sich erst im Erwachsenenalter einstellt, während Eigenschaften in Kindheit und Jugend noch nicht sehr stabil sind. Die empirischen Befunde zur Konsistenz zeigen in der Regel einen eher schwachen Zusammenhang zwischen der Ausprägung in einer Eigenschaft, die Personen etwa in einem Fragebogen erreichen, und ihrem Verhalten in einer konkreten Situation. Diese Ergebnisse legen nahe, dass die Situation einen starken Einfluss auf das Verhalten hat. Interaktionistische Ansätze tragen dem Einfluss der Situation auf unterschiedliche Weise Rechnung. Eine Möglichkeit ist die Konzeption situationsspezifischer Eigenschaften. Noch konsequenter wird das Zusammenspiel von Situation und Person in dem Modell der *Verhaltenssignatur* von Mischel berücksichtigt, in dem das Verhalten einer Person als personspezifische, stabile „Wenn Situation X, dann Verhalten Y“-Beziehung abgebildet wird.

Fragen

1. Erläutern Sie das Konzept der Eigenschaft.
2. Welchen Beschränkungen unterliegt die Erfassung von Eigenschaften auf der Grundlage von Selbsteinschätzungen über Fragebogen?
3. Erläutern Sie die Befundlage zur Stabilität von Eigenschaften.
4. Erläutern Sie das Modell der *Verhaltenssignatur.*
5. Welchen Einfluss hat die Neigung zu *Self-Monitoring* auf die Konsistenz von Verhalten?

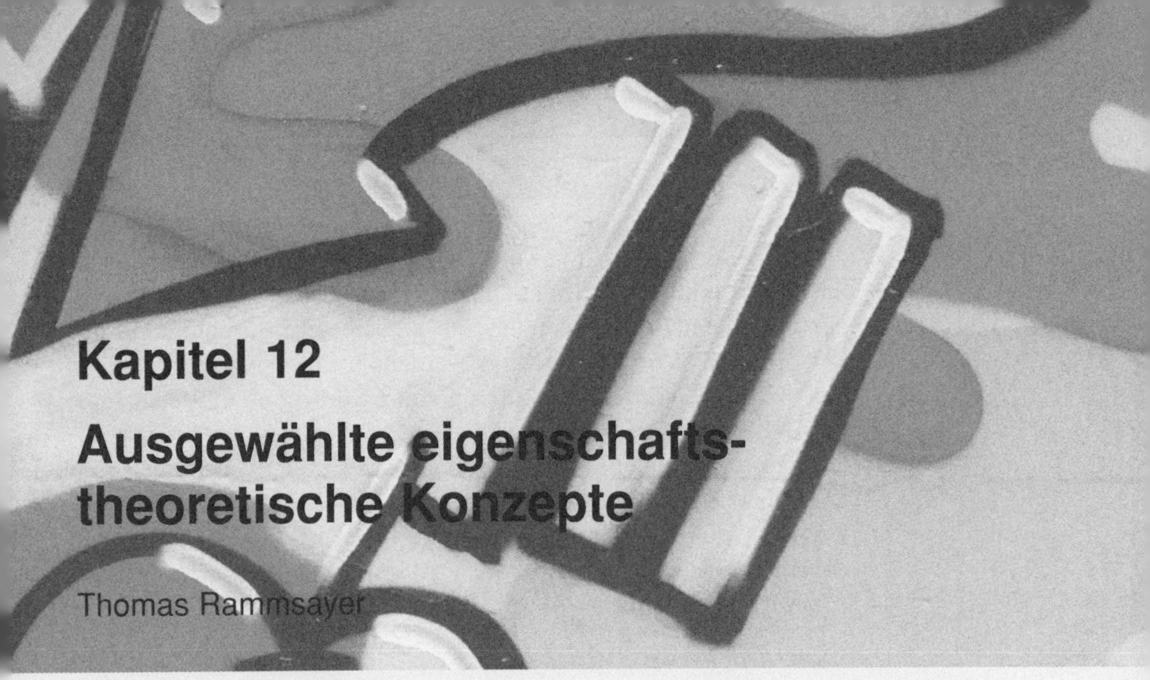

Kapitel 12

Ausgewählte eigenschafts-theoretische Konzepte

Thomas Rammsayer

Inhaltsübersicht

Eines der größten Probleme der Persönlichkeitsforschung stellt die Identifizierung der grundlegenden Dimensionen der Persönlichkeit dar. Dabei geht es nicht nur um die Frage, wie solche Dimensionen inhaltlich definiert werden können, sondern auch darum zu entscheiden, wie viele Dimensionen für eine angemessene Beschreibung der Persönlichkeitsstruktur benötigt werden. In den letzten Jahren ist eine heftige Kontroverse darüber geführt worden, ob drei oder fünf Persönlichkeitsdimensionen als grundlegend betrachtet werden können. Im vorliegenden Kapitel werden das Persönlichkeitsmodell von Eysenck, als wichtigstem Vertreter einer Drei-Faktoren-Theorie, sowie die Grundzüge des aus dem sogenannten psycholexikalischen Ansatz heraus entstandenen Fünf-Faktoren-Modells der Persönlichkeit vorgestellt und diskutiert.

12.1 Das Drei-Faktoren-Modell der Persönlichkeit von Eysenck

Hans Jürgen Eysenck

Fotograf: UPI © picture-alliance

Hans Jürgen Eysenck (1916–1997) war einer der einflussreichsten und, aufgrund seiner teilweise sehr provokativen Hypothesen, auch einer der umstrittensten Persönlichkeitsforscher des 20. Jahrhunderts. Sein Ziel war es, eine empirisch-experimentell überprüfbare, biologisch fundierte Theorie grundlegender Persönlichkeitsmerkmale zu entwickeln. Als grundsätzliche biologische Basis der Persönlichkeit nahm Eysenck spezifische Merkmale des zentralen Nervensystems an, die eine Person dazu veranlassen, in einer bestimmten sozialen Situation auf eine ganz bestimmte – individuelle – Art und Weise zu reagieren. So betrachtet stellt seine Persönlichkeitstheorie ein Verbindungsglied dar zwischen biologischen und sozialen Determinanten des Verhaltens.

Persönlichkeit vermittelt zwischen sozialen und biologischen Determinanten des Verhaltens

12.2 Extraversion, Neurotizismus und Psychotizismus als grundlegende Persönlichkeitsdimensionen

Drei grundlegende Dimensionen der Persönlichkeit

In seiner ersten Monografie „*Dimensions of personality*" ging Eysenck (1947) von „*Extraversion*" und „*Neurotizismus*" als den beiden grundlegenden Persönlichkeitsdimensionen aus. Dieses Konzept erweiterte er in seinem fünf Jahre später erschienenen Buch „*The scientific study of personality*" um die Persönlichkeitsdimension „*Psychotizismus*" als eine dritte grundlegende Komponente der Persönlichkeit. Zur psychometrischen Erfassung dieser drei Persönlichkeitsdimensionen hat Eysenck verschiedene Fragebogen entwickelt, die auch als deutschsprachige Adaptationen zur Verfügung stehen (z. B. Eysenck, Wilson & Jackson, 1998; Ruch, 1999). Charakteristische Persönlichkeitseigenschaften im Zusammenhang mit diesen drei Persönlichkeitsdimensionen lassen sich wie folgt beschreiben:

Extraversion

Extraversion wird von Eysenck als eine bipolare Dimension mit den Extrempolen Introversion und Extraversion verstanden. Während extravertierte Personen in ihrem Verhalten als gesellig, lebhaft, aktiv, unternehmungslustig, selbstsicher, sorglos, optimistisch und eher aufbrausend beschrieben werden können, sind introvertierte Personen eher zurückhaltend, schweigsam, verschlossen, introspektiv, zurückgezogen und neigen dazu, ihre Gefühle unter Kontrolle zu halten sowie vorauszuplanen.

Neurotizismus

Eine starke Ausprägung in der Persönlichkeitsdimension Neurotizismus wird als ein Zeichen von emotionaler Labilität und einer extremen Reaktionsbereitschaft des autonomen Nervensystems betrachtet. Dies macht sich in einer starken Tendenz zu emotionaler Überempfindlichkeit, Ängstlichkeit, Schuldgefühlen, Deprimiertheit und geringen Selbstwertgefühlen bemerkbar.

Neurotizismus darf nicht mit Neurose gleich gesetzt werden. Vielmehr stellt Neurotizismus eine Disposition dar. Eysenck geht davon aus, dass eine Person mit einem hohen Neurotizismuswert mit höherer Wahrscheinlichkeit neurotische Symptome entwickelt, wenn sie Belastungen und Stress ausgesetzt ist, als eine Person mit einem niedrigeren Neurotizismuswert.

Psychotizismus

Personen mit einem hohen Psychotizismuswert sind gekennzeichnet durch eine starke Tendenz zur Ichbezogenenheit, sie kümmern sich nicht um soziale Normen, sind wenig anpassungsbereit, gefühlsarm, impulsiv und aggressiv, besitzen aber auch ein hohes kreatives Potenzial.

Ähnlich wie Neurotizismus kann Psychotizismus als eine kontinuierliche dispositionelle Variable aufgefasst werden. Ein hoher Psychotizismuswert bedeutet folglich nicht, dass eine Person psychotisch ist, sondern lediglich, dass sie eine gewisse Prädisposition für die Entwicklung einer psychotischen Störung besitzt. Unter ungünstigen Lebensbedingungen (z. B. bei psychischen Belastungen) ist für eine solche Person die Wahrscheinlichkeit, eine funktionale Psychose zu entwickeln, höher als für Personen mit niedrigeren Psychotizismuswerten.

Wie diese kurzen Charakterisierungen der von Eysenck postulierten Persönlichkeitsdimensionen erkennen lassen, handelt es sich jeweils um inhaltlich sehr „breite" bzw. abstrakte Konstrukte. Im faktorenanalytischen Sinn stellen sie einen Faktor höherer Ordnung dar, also einen sogenannten Sekundär- oder Typenfaktor, dem spezifischere Primärfaktoren zugrunde liegen. Dieser hierarchische Aufbau wird nachfolgend genauer beschrieben.

12.3 Hierarchischer Aufbau der grundlegenden Persönlichkeitsdimensionen

Hierarchischer Aufbau der Persönlichkeit

Nach Eysencks Konzeption stellen Extraversion, Neurotizismus und Psychotizismus übergeordnete Persönlichkeitsdimensionen dar, die jeweils eine hierarchische Binnenstruktur aufweisen. Grundlage dieser drei Persönlichkeitsdimensionen sind jeweils spezifische Verhaltenweisen eines Individuums, die man in einer bestimmten Situation beobachten kann (Hierarchieebene I in Abb. 14). So stellen wir beispielsweise fest, dass Person A bei einer Diskussion in einem Seminar sehr lebhaft ist. Bemerken wir nun, dass dieses Verhalten von Person A keinen Einzelfall darstellt, sondern dass sie sich immer wieder bei Diskussionen in dem Seminar sehr lebhaft äußert, liegt die Annahme nahe, dass es sich dabei um eine Gewohnheit (englisch: *habit*) handelt (Hierarchieebene II). Fällt uns zusätzlich auf, dass A auch bei anderen Gelegenheiten ein ähnliches Verhalten zeigt (z. B.

ist A auch im Kreis ihrer Familie, beim Treffen mit Freunden und im Sportverein sehr lebhaft), dann können wir annehmen, dass Lebhaftigkeit ein generelles Persönlichkeitsmerkmal (englisch: *trait*) von A ist (Hierarchieebene III). Wenn wir darüber hinaus erkennen, dass ihre Lebhaftigkeit zusätzlich auch noch mit anderen Persönlichkeitseigenschaften eng zusammenhängt (d. h. positiv korreliert ist), die A beispielsweise als kontaktfreudig, aktiv, ungestüm und dominant beschreiben, dann können wir A als eine Person mit einer starken Ausprägung auf der Persönlichkeitsdimension Extraversion identifizieren (Hierarchieebene IV).

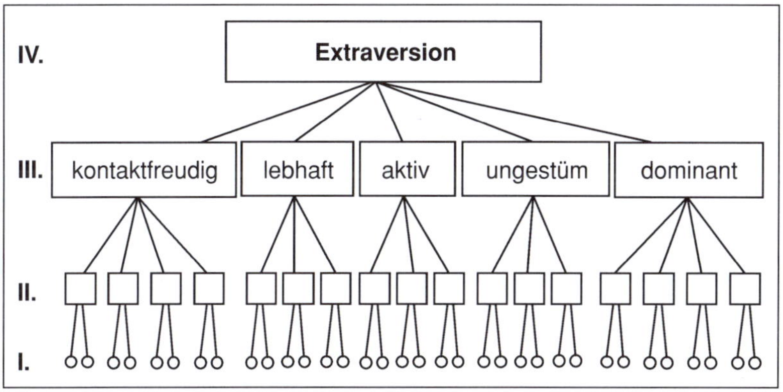

Abbildung 14: Schematische Darstellung des hierarchischen Aufbaus von Eysencks Persönlichkeitsdimensionen am Beispiel der Extraversion. Auf Hierarchieebene III sind nur einige der Persönlichkeitsmerkmale dargestellt, aus denen sich die Persönlichkeitsdimension Extraversion insgesamt herleitet.

Wie aus dem hierarchischen Aufbau in Abbildung 14 ersichtlich ist, schließt jeder Typenfaktor (Hierarchieebene IV) eine Anzahl mit ihm korrelierender Persönlichkeitsmerkmale bzw. Faktoren erster Ordnung (Hierarchieebene III) ein. So ist beispielsweise eine Person mit einer starken Ausprägung in Extraversion dadurch gekennzeichnet, dass sie mit hoher Wahrscheinlichkeit auch höhere Werte in den spezifischeren Primärfaktoren wie beispielsweise Kontaktfreudigkeit, Unbekümmertheit, Durchsetzungsfähigkeit und Waghalsigkeit aufweist. In vergleichbarer Weise ist eine hohe Ausprägung in Neurotizismus mit einer Tendenz zu Ängstlichkeit, Depressivität, Schuldgefühlen sowie geringerem Selbstwertgefühl, eine hohe Ausprägung in Psychotizismus mit einer Tendenz zu Impulsivität, Aggressivität, Ichbezogenheit und Kreativität verbunden (vgl. Abb. 15).

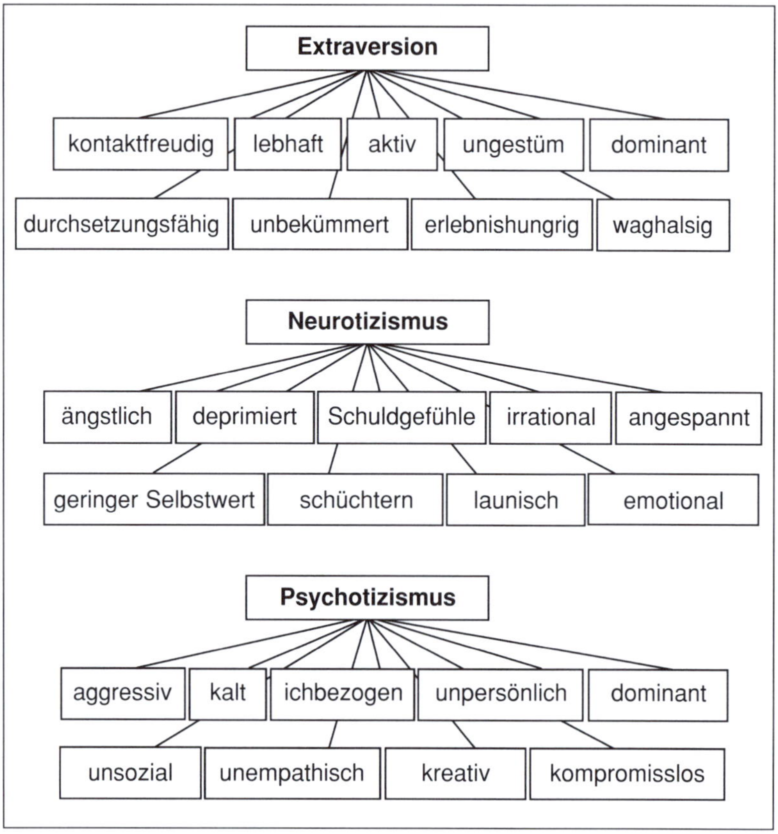

Abbildung 15: Persönlichkeitsmerkmale (Primärfaktoren der Hierarchieebene III) für die drei grundlegenden Persönlichkeitsdimensionen (nach Eysenck, 1994)

12.4 Zur biologischen Basis der grundlegenden Persönlichkeitsdimensionen von Eysenck

Ein wichtiges Kriterium dafür, dass überhaupt von einer grundlegenden Persönlichkeitsdimension gesprochen werden kann, stellt die Identifizierung einer biologischen Grundlage für das entsprechende Merkmal dar (Eysenck & Eysenck, 1985; Zuckerman, 2005). Obwohl Eysenck diesen Anspruch auch bei der Herleitung und Begründung seiner drei Persönlichkeitsdimensionen offensiv vertritt, gelingt ihm die Einbettung seiner Konstrukte in einen biologischen Verursachungskontext nur in sehr unterschiedlichem Maße.

Biologische Grundlagen des Psychotizismus

Als Beleg für ein biologisches Substrat der Psychotizismusdimension betrachtet Eysenck (1992a) seine empirische Bestätigung der sogenannten Kontinuitätsannahme psychotischer Erkrankungen. Diese Annahme geht von einem Kontinuum aus, das sich von „normal“ bis zu „psychotisch“ erstreckt. Die Kontinuitätsannahme geht auf den Psychiater und Konstitutionstypologen Ernst Kretschmer (1948; vgl. Kapitel 10) zurück, der die bis dahin vorherrschende Sichtweise, dass sich psychopathologische Zustände wie beispielsweise „psychotisch“ oder „manisch-depressiv“ qualitativ von „normal“ unterscheiden, in Frage stellte und stattdessen die Annahme eines kontinuierlichen Übergangs von „normal“ nach „psychotisch“ vertrat.

Seine Psychotizismusdimension und die Kontinuitätsannahme sieht Eysenck in einem engen funktionalen Zusammenhang mit dem Konzept einer unspezifischen Vulnerabilität für psychotische Erkrankungen. In diesem Sinne geht er davon aus, dass die Höhe des individuellen Psychotizismuswertes eine genetisch verankerte Prädisposition widerspiegelt, für Psychotizismus typische Verhaltensweisen verstärkt zu entwickeln oder, in noch extremerer Form, an einer Psychose zu erkranken.

Biologische Grundlagen des Neurotizismus

Als biologische Basis des Neurotizismus nimmt Eysenck (1967) interindividuelle Unterschiede in der Erregbarkeit und der emotionalen Reaktionsbereitschaft des autonomen Nervensystems an. Das entsprechende zentralnervöse Substrat sieht er in einem Verbund von Neuronen, den er als viszerales Hirn *(visceral brain)* bezeichnete und der heutzutage mit dem limbischen System gleichgesetzt werden kann. Den zahlreichen inkonsistenten Befunden bei der psychophysiologischen Überprüfung dieser Theorie begegnete Eysenck (z. B. Eysenck & Eysenck, 1985) mit dem Hinweis, dass die von ihm angenommenen Unterschiede in der autonomen Erregung zwischen Personen mit einem niedrigen und einem hohen Neurotizismuswert erst in emotional stark belastenden Situationen sichtbar werden, solche Situationen aber unglücklicherweise von fast keiner ihm bekannten Studie realisiert worden seien.

Sehr viel besser elaboriert und von sehr viel mehr Bedeutung für die experimentelle Persönlichkeitsforschung sind die Hemmungstheorie (Eysenck, 1957) und die Arousal-Theorie (Eysenck, 1967) zur biologischen Basis der Extraversion. Beide Theorien sollen deshalb etwas ausführlicher dargestellt werden.

12.4.1 Die Hemmungstheorie der Extraversion

Biologische Grundlagen der Extraversion

Die erste von Eysenck vertretene biologische Theorie der Extraversion basiert auf Pawlows (1927) Konzept von Erregung und Hemmung sowie dessen Weiterentwicklung durch Hull (1943). Nach Eysencks (1957) Annahme sollten Extravertierte zur Ausbildung nur schwacher exzitatorischer, aber schnell aufgebauter, intensiver und nur langsam abklingender inhibitorischer Potenziale neigen. Demgegenüber zeichnen sich Introvertierte durch die Ausbildung starker, lang anhaltender exzitatorischer, aber nur langsam einsetzender, schwacher inhibitorischer Potenziale aus.

Als empirischer Beleg für die Gültigkeit der Hemmungstheorie wurden insbesondere Untersuchungen zum sogenannten Reminiszenz- oder Konsolidierungseffekt angeführt. Dieser Effekt bezeichnet eine Leistungssteigerung bei psychomotorischen oder kognitiven Aufgaben, die nach einer kurzen Pause auftritt. Bei Extravertierten fällt dieser Leistungszuwachs deutlich höher aus als bei Introvertierten. Dies wird damit erklärt, dass sich leistungshemmende inhibitorische Potenziale bei Extravertierten sehr viel schneller aufbauen als bei Introvertierten. Der Abbau dieser inhibitorischen Potenziale während der Pause bedingt, dass der Leistungszuwachs bei Wiederaufnahme der Testbearbeitung im Vergleich zur Testleistung vor der Pause bei Extravertierten höher ausfällt als bei Introvertierten, bei denen sich nach Eysenck (1957) inhibitorische Potenziale nur sehr viel langsamer und schwächer aufbauen.

Diese Theorie erwies sich in verschiedener Hinsicht als unzulänglich. Zwar bezieht sie sich auf Erregung und Hemmung als zwei unabhängige Erklärungskonstrukte, doch wurde das Erregungs-Hemmungsgleichgewicht meist als ein eindimensionales Konstrukt behandelt. Zudem handelte es sich um ein sehr unklares Hemmungskonzept und es wurden keine Annahmen über ein zentralnervöses System getroffen, das Unterschieden im individuellen Extraversionsniveau zugrunde liegen könnte.

12.4.2 Die Arousal-Theorie der Extraversion

Stärkere kortikale Aktivierung bei Introvertierten

Die Unzulänglichkeiten der Hemmungstheorie veranlassten Eysenck (1967), ein modifiziertes biologisches Extraversionsmodell zu entwickeln, das er als Arousal-Theorie der Extraversion bezeichnete.

Dieses Modell kommt nicht nur mit weniger Zusatzannahmen aus als die Hemmungstheorie, sondern ist auch in der Lage, sehr viel mehr experimentelle Befunde zu Verhaltensunterschieden zwischen Intro- und Extravertierten zu erklären. Als neuroanatomisches Substrat der Extraversion postuliert die Arousal-Theorie das sogenannte *aufsteigende retikuläre Aktivierungssystem* (ARAS), ein komplexes neuronales Netzwerk, das im Hirnstamm lokalisiert ist. Nach Eysencks Vorstellung löst afferenter sensorischer Input im ARAS neuronale Aktivität aus, die ihrerseits zu einer Erregungszunahme in verschiedenen kortikalen Hirnregionen führt. Er ging davon aus, dass Extravertierte und Introvertierte sich in ihrem generellen Aktivierungsniveau *(arousal)* dieser kortikoretikulären Schleife unterscheiden, wobei Introvertierte habituell stärker erregt sein sollten als Extravertierte. Darüber hinaus nimmt Eysenck an, dass Introvertierte eine niedrigere retikuläre Erregungsschwelle besitzen im Vergleich zu Extravertierten. Dies hat eine stärkere Responsivität gegenüber sensorischer Stimulation bei Introvertierten zur Folge, da schon relativ schwache Reize in der Lage sind, das ARAS überschwellig zu erregen.

Interindividuelle Unterschiede in der sensorischen Responsivität zwischen Intro- und Extravertierten, wie sie von der Arousal-Theorie vorhergesagt werden, konnten mit verschiedenen psychophysischen und psychophysiologischen Verfahren nachgewiesen werden. So sprechen beispielsweise die Befunde von niedrigeren akustischen Wahrnehmungsschwellen, niedrigeren Lärmschwellen sowie niedrigeren Schmerzschwellen bei Introvertierten im Vergleich zu Extravertierten für eine höhere Empfindlichkeit von Introvertierten gegenüber sensorischer Stimulation. Diese Ergebnisse werden gestützt durch psychophysiologische Untersuchungen mit akustisch evozierten Potenzialen.

In den letzten Jahren wird zunehmend das dopaminerge Neurotransmittersystem als ein mögliches biologisches Substrat der Persönlichkeitsdimension Extraversion diskutiert (Rammsayer, 2004; Stelmack & Rammsayer, 2008). Sowohl theoretische Überlegungen als auch in verstärktem Maße Verhaltensdaten werden zur Untermauerung dieser Hypothese angeführt. Dopamin-Neuronen stellen nicht nur die wichtigsten Bestandteile des ARAS dar, im Gegensatz zu anderen Neurotransmittern sind sie auch sehr viel weniger durch spezifische Funktionen gekennzeichnet und dienen eher als eine Art generelles Regulationssystem für verschiedene Aspekte der Aktivierung. Diese

Eigenschaft kommt aus funktionaler Sicht ganz offensichtlich dem Arousal-Konzept von Eysenck (1967) sehr nahe.

Hinweise auf höhere dopaminerge Sensitivität bei Introvertierten

Ergebnisse der neueren biologischen Persönlichkeitsforschung stützen die Annahme eines funktionalen Zusammenhangs zwischen dopaminergen Mechanismen und Extraversion (Rammsayer, 2004). In einer Reihe von pharmakopsychologischen Studien konnte belegt werden, dass Introvertierte sehr viel empfindlicher auf Abweichungen vom physiologischen Niveau der zentralnervösen Dopamin-Aktivität reagieren als Extravertierte. Dies kann daran verdeutlicht werden, dass Introvertierte nach der Verabreichung von Medikamenten, die die Dopaminaktivität im Gehirn hemmen, bei psychomotorischen Aufgaben eine deutliche Reaktionszeitverlangsamung aufweisen, wohingegen bei Extravertierten keine Leistungsbeeinträchtigung zu beobachten ist.

12.5 Bewertung von Eysencks Persönlichkeitstheorie

Stets betonte Eysenck sowohl die Bedeutung von Fragebogen zur psychometrischen Erfassung der Persönlichkeit als auch den Einsatz von experimentellen Untersuchungsstrategien im Rahmen der Persönlichkeitsforschung. Während die fragebogenbasierte Persönlichkeitsforschung einen korrelativen Ansatz darstellt mit dem Ziel, bestehende interindividuelle Differenzen zu erfassen, werden beim experimentellen Ansatz interessierende Variablen gezielt (d. h. experimentell) manipuliert. Beide Ansätze können einander in sinnvoller Weise ergänzen und wurden deshalb von Eysenck parallel angewandt.

Mehr als eine rein deskriptive Theorie

Darüber hinaus hatte Eysencks Vorgehensweise nicht nur zum Ziel, seine Persönlichkeitsdimensionen so zu definieren, dass sie messbar – und damit quantifizierbar – waren. Vielmehr identifizierte er auch spezifische Verhaltens- und Leistungsmaße, in denen sich Persönlichkeitsunterschiede abbilden lassen, und postulierte zentralnervöse Mechanismen, die er als biologische Grundlage der Persönlichkeit betrachtete. So entstand eine Theorie der Persönlichkeit, die weit über die rein deskriptive (d. h. beschreibende) Ebene hinausging, indem sie empirisch-experimentell überprüfbare Vorhersagen erlaubte. Es war nicht zuletzt dieser Umstand, der dazu geführt hat, dass Eysencks Ideen wahrscheinlich mehr als jede andere Persönlichkeitstheorie als

Ausgangspunkt für Untersuchungen im Bereich der Differentiellen und Persönlichkeitspsychologie dienten.

Einschränkungen in Hinblick auf seine Persönlichkeitstheorie beziehen sich auf die von ihm postulierten biologischen Grundlagen. Seine Annahmen zu den biologischen Grundlagen der Persönlichkeitsdimensionen Psychotizismus und Neurotizismus erscheinen aus heutiger Sicht eher oberflächlich und wenig elaboriert. Sehr viel konkreter und damit überprüfbarer ist jedoch seine Arousal-Theorie der Extraversion, deren generelle Idee einer stärkeren kortikalen Erregung von Intro- im Vergleich zu Extravertierten auch heute noch ein wichtiges Paradigma im Rahmen der Extraversionsforschung darstellt.

Notwendigkeit einer Neuformulierung der Arousal-Theorie

Trotz zahlreicher empirischer Belege für die Gültigkeit der Arousal-Theorie, sah sich Eysenck schon früh mit einer Reihe von empirischen und konzeptuellen Inkonsistenzen konfrontiert (Brody, 1988). Ein weiterer, grundsätzlicher Einwand besteht darin, dass die Arousal-Theorie sehr stark von neurophysiologischen und psychologischen Konzepten der 1950er- und 1960er-Jahre geprägt ist. Neuere neurowissenschaftliche Ergebnisse belegen klar, dass das ARAS sowohl morphologisch als auch funktional sehr viel differenzierter ist als von Eysenck angenommen. Deshalb schlagen Lieberman und Rosenthal (2001) vor, selektiv (Teil-)Theorien in Hinblick auf bestimmte neurokognitive Systeme zu entwickeln, um auf diese Weise jeweils spezifische extraversionsabhängige Verhaltensunterschiede zu erklären, anstatt an der Vorstellung *einer* generellen biologischen Theorie der Extraversion festzuhalten. Ein aktueller Überblick über die vorliegenden psychophysiologischen und biochemischen Ergebnisse zu Eysencks drei Persönlichkeitsdimensionen findet sich bei Stelmack und Rammsayer (2008).

12.6 Der psycholexikalische Ansatz

Dem psycholexikalischen Ansatz liegt die Vorstellung zugrunde, dass Persönlichkeitsmerkmale, vor allem solche, die besonders augenfällig sind oder im Umgang mit anderen Menschen einen hohen Stellenwert einnehmen, auch in die Alltagssprache Eingang finden. Je mehr Bedeutung einem solchen Persönlichkeitsmerkmal zukommt, desto größer ist auch die Wahrscheinlichkeit, dass sich ein Wort bzw. Begriff herausbildet, der dieses Persönlichkeitsmerkmal auf der sprachlichen Ebene beschreibt. Ausgehend von dieser Idee war die

Annahme nahe liegend, dass mittels einer Analyse des Wortschatzes einer Sprache Informationen über die Struktur der Persönlichkeit gewonnen werden können.

Geschichte des psycholexikalischen Ansatzes

Bereits Francis Galton (1884), ein Cousin von Charles Darwin, dem Begründer der Evolutionstheorie, studierte Wörterbücher, um Begriffe zur Beschreibung der Persönlichkeit zu identifizieren. Seine noch relativ unsystematische Vorgehensweise ergab ca. 1 000 Wörter, die ihm zur Beschreibung interindividueller Unterschiede geeignet erschienen. Erst über 40 Jahre später wurde das theoretische Grundkonzept, auf dem der heutige psycholexikalische Ansatz basiert, von Ludwig Klages (1926) entwickelt. Klages nahm an, dass in der deutschen Sprache ca. 4 000 Wörter vorkommen, die in der Lage sind, *innere Zustände* einer Person zu beschreiben. Um die Vorstellungen von Klages empirisch zu überprüfen, hat Franziska Baumgarten (1933) die wahrscheinlich erste systematische psycholexikalische Untersuchung durchgeführt. Zu diesem Zweck suchte sie Begriffe zur Beschreibung von Persönlichkeitsmerkmalen aus Wörterbüchern und aus Veröffentlichungen deutscher Charakterologen zusammen. Insgesamt konnte sie auf diese Weise über 1 600 Begriffe identifizieren, die zur Beschreibung von interindividuellen Unterschieden bzw. Persönlichkeitsmerkmalen verwendet werden können.

Als ein Meilenstein in der Geschichte des psycholexikalischen Ansatzes kann die Studie von Gordon W. Allport und Henry S. Odbert (1936) betrachtet werden. Die beiden Forscher fanden bei der Durchsicht von *Webster's New International Dictionary* aus dem Jahr 1925 ca. 18 000 Begriffe zur individuellen Beschreibung und interindividuellen Differenzierung von Personen, die sie vier Kategorien zuordneten. Diese Wortlisten von Allport und Odbert bildeten das Ausgangsmaterial für die derzeit populären sogenannten Fünf-Faktoren-Modelle der Persönlichkeit.

Vier Kategorien von Begriffen zur Beschreibung von Persönlichkeit nach Allport und Odbert (1936)

- **Persönlichkeitsmerkmale** (4 505 Begriffe) dienen der Bezeichnung von relativ stabilen Persönlichkeitseigenschaften (z. B. schüchtern, gesellig, aggressiv).
- **Aktuelle Befindlichkeit** (4 541 Begriffe) beschreibt momentane Zustände, Stimmungen und Aktivitäten (z. B. fröhlich, entspannt, wahnsinnig).

- **Bewertungen** (5 226 Begriffe) beinhalten insbesondere soziale oder charakterliche Urteile über eine Person (z. B. provozierend, wertvoll, unbedeutend).
- **Restkategorie** (3 682 Begriffe) enthält neben nicht eindeutig zuordenbaren Begriffen u. a. körperliche Attribute (z. B. schlank, gut aussehend), Fähigkeiten (z. B. begabt, einfallsreich) und metaphorische Bezeichnungen (z. B. fruchtbar, produktiv).

12.7 Fünf-Faktoren-Modelle der Persönlichkeit

Entstehung der Fünf-Faktoren-Modelle

Um für die Persönlichkeitsforschung tatsächlich nutzbar zu sein, war es notwendig, über eine reine Auflistung von persönlichkeitsrelevanten Begriffen hinauszugehen und dahinterliegende Strukturen zu erkennen. Einen wichtigen Schritt zu diesem Ziel stellen die Arbeiten von Raymond B. Cattell in den 1940er-Jahren dar (z. B. 1945), der die ursprünglichen Listen von Allport und Odbert (1936) weiter bearbeitete und reduzierte sowie mittels faktorenanalytischer Verfahren versuchte, die Hauptdimensionen der Persönlichkeit zu identifizieren.

In der Folgezeit wurde dieser Forschungsansatz in Anlehnung an die Vorarbeiten und die Ergebnisse von Cattell von verschiedenen Persönlichkeitspsychologen weiter verfolgt. Dabei bestand die grundsätzliche Vorgehensweise darin, Wortlisten zur Beschreibung von interindividuellen Unterschieden Versuchspersonen vorzulegen, die in Hinblick auf diese Begriffe Selbst- oder Fremdbeurteilungen abgeben mussten. In einem zweiten Schritt wurden diese Daten mit Hilfe von Faktorenanalysen ausgewertet, um auf diese Weise grundlegende, voneinander unabhängige Beschreibungsdimensionen der Persönlichkeit zu identifizieren. In zahlreichen Untersuchungen konnten immer wieder fünf Persönlichkeitsfaktoren nachgewiesen werden (z. B. Fiske, 1949; Goldberg, 1990; Norman, 1963; Tupes & Christal, 1992), die im derzeit wohl populärsten Fünf-Faktoren-Modell von Costa und McCrae (1997) als Neurotizismus *(Neuroticism)*, Extraversion *(Extraversion)*, Offenheit für Erfahrungen *(Openness to Experience)*, Verträglichkeit *(Agreeableness)* und Gewissenhaftigkeit *(Conscientiousness)* bezeichnet werden.

Die Big Five

Diese fünf Faktoren wurden von Goldberg (1981) als „Big Five" bezeichnet, um auszudrücken, dass jeder dieser Faktoren eine größere

Anzahl von spezifischeren Persönlichkeitsmerkmalen umfasst, und damit relativ abstrakt, d. h. sehr breit, konzipiert ist. In dieser Hinsicht sind die Big Five vergleichbar mit den drei grundlegenden Persönlichkeitsdimensionen von Eysenck.

Charakterisierung von Personen anhand der Big Five-Faktoren

- **Neurotizismus:** Personen mit hohen Werten neigen dazu, nervös, ängstlich, traurig und unsicher zu sein und sich Sorgen um ihre Gesundheit zu machen. Sie sind weniger in der Lage, ihre Bedürfnisse zu kontrollieren und auf Stresssituationen angemessen zu reagieren.
- **Extraversion:** Personen mit hohen Werten in Extraversion sind abenteuerlustig, aktiv, gesprächig, gesellig, herzlich und optimistisch, wohingegen Introvertierte eher distanziert, kontaktscheu, still und zurückhaltend sind.
- **Offenheit für Erfahrungen:** Personen mit hohen Werten zeichnen sich durch eine hohe Wertschätzung für neue Erfahrungen aus, sind wissbegierig, unabhängig in ihrem Urteil und haben vielfältige kulturelle Interessen.
- **Verträglichkeit:** Personen mit hohen Werten sind altruistisch, verständnisvoll, wohlwollend, kooperativ und harmoniebedürftig.
- **Gewissenhaftigkeit:** Die Persönlichkeitsdimension Gewissenhaftigkeit differenziert zwischen ausdauernden, hart arbeitenden, ordentlichen, zuverlässigen Personen im Vergleich zu solchen, die eher nachlässig, chaotisch, unpünktlich oder gleichgültig sind.

12.8 Facetten der Big Five-Faktoren nach Costa und McCrae

Der zur Zeit wohl bekannteste Fragebogen zur Erfassung der Big Five-Faktoren ist das NEO-Persönlichkeitsinventar nach Costa und McCrae (NEO-PI-R; deutsche Version: Ostendorf & Angleitner, 2004). Das Akronym „NEO“ leitet sich aus den Anfangsbuchstaben der drei Persönlichkeitsfaktoren Neurotizismus, Extraversion und Offenheit für Erfahrungen ab. Jeder der fünf vom NEO-PI-R erhobenen Persönlichkeitsbereiche wird durch sechs Subskalen repräsentiert, die jeweils spezifische Facetten einer Persönlichkeitsdimension erfassen sollen. Da die Big Five-Faktoren, wie bereits erwähnt, sehr breit konzipierte und damit recht abstrakte Beschreibungsdimensionen darstellen, ermöglicht der facettenorientierte Ansatz eine gezielte Analyse der individuellen Binnenstruktur eines Persönlichkeitsbereichs – also die Messung bedeutsamer interindividueller Unterschiede innerhalb einer Persönlichkeitsdimension.

Big Five-Faktoren und ihre Facetten nach Costa und McCrae

- **Neurotizismus:** Ängstlichkeit, Reizbarkeit, Depression, Soziale Befangenheit, Impulsivität, Verletzlichkeit.
- **Extraversion:** Herzlichkeit, Geselligkeit, Durchsetzungsfähigkeit, Aktivität, Erlebnissuche, Positive Emotionen.
- **Offenheit für Erfahrungen:** Offenheit für Fantasie, Ästhetik, Gefühle, Handlungen, Ideen, Werte- und Normsysteme.
- **Verträglichkeit:** Vertrauen, Freimütigkeit, Altruismus, Entgegenkommen, Bescheidenheit, Gutherzigkeit.
- **Gewissenhaftigkeit:** Kompetenz, Ordnungsliebe, Pflichtbewusstsein, Leistungsstreben, Selbstdisziplin, Besonnenheit.

12.9 Bewertung der Fünf-Faktoren-Modelle im Rahmen des psycholexikalischen Ansatzes

Probleme des psycholexikalischen Ansatzes

Trotz ihrer gegenwärtig großen Popularität gibt es auch gegenüber dem psycholexikalischen Ansatz und den aus ihm abgeleiteten Fünf-Faktoren-Modellen der Persönlichkeit ernstzunehmende Einwände bzw. Vorbehalte. Ein grundsätzlicher Einwand bezieht sich auf die Tatsache, dass die Big Five entsprechend dem psycholexikalischen Ansatz hergeleitet werden. Damit besteht die Gefahr, dass die so gewonnenen Persönlichkeitsfaktoren möglicherweise lediglich linguistische Kategorien widerspiegeln und keine weiteren Aussagen über die Struktur der Persönlichkeit erlauben. Beim psycholexikalischen Ansatz bleibt zudem weitgehend unklar, was die Mechanismen bzw. Kriterien sind, die letztendlich darüber entscheiden, ob und wie stark ein persönlichkeitsbezogener Begriff Eingang in die Alltagssprache findet.

Gleichzeitig ist zu bedenken, dass die Bedeutung von persönlichkeitsbezogenen Begriffen in der natürlichen Sprache teilweise nur vage definiert ist, oft mehrdeutig sein kann und auch je nach Kontext variiert.

Inwieweit solche Begriffe dennoch als Grundlage einer wissenschaftliche Taxonomie dienen können, ist zumindest umstritten.

In diesem Zusammenhang sollte auch berücksichtigt werden, dass sich die Sprache zwischen verschiedenen sozialen Gruppen unterscheiden kann und darüber hinaus einer Veränderung über die Zeit unterliegt. Auch diese beiden Aspekte stellen die Generalisierbarkeit solcher Taxonomien in Frage.

Ein weiterer Einwand betrifft die Tatsache, dass die Fünf-Faktoren-Modelle nicht aus einer vorhandenen Theorie heraus entwickelt wurden, sondern lediglich als Ergebnis der Anwendung eines statistischen Verfahrens, nämlich der Faktorenanalyse, entstanden sind.

Argumente für ein Fünf-Faktoren-Modell

Diese Kritikpunkte münden in dem generellen Vorbehalt, dass Fünf-Faktoren-Modelle im Rahmen des psycholexikalischen Ansatzes einer gewissen Beliebigkeit unterliegen. Einem solchen Einwand kann man jedoch entgegen halten, dass die Fünf-Faktoren-Struktur unzählige Male repliziert werden konnte, sowohl für unterschiedliche Kulturen als auch für verschiedene Altersgruppen (vgl. McCrae & Costa, 1997). Weiterhin hat sich die Fünf-Faktoren-Struktur als zeitlich recht stabil erwiesen (Costa & McCrae, 1989) und es liegen vermehrt Hinweise auf eine genetische Basis der Big Five-Faktoren vor, wobei die Erblichkeit je nach Faktor zwischen 40 % und 60 % zu liegen scheint (Jang, McCrae, Angleitner, Riemann & Livesley, 1998; McCrae et al., 2000; Riemann, Angleitner & Strelau, 1997).

In Anbetracht dieser Ergebnisse sehen McCrae und Costa (1997) die Big Five als ein universelles Beschreibungssystem der Persönlichkeitsstruktur des Menschen, wenngleich auch unter den Verfechtern von Fünf-Faktoren-Modellen der Persönlichkeit über die Benennung und damit über die inhaltliche Bedeutung der einzelnen Big Five-Faktoren nach wie vor ein gewisser Dissens herrscht (vgl. John, 1990).

Wie viele Faktoren werden zur Beschreibung der Persönlichkeit benötigt?

Vertreter der Fünf-Faktoren-Theorie kritisieren die Annahme von nur drei grundlegenden Persönlichkeitsdimensionen als unzureichend, um die Persönlichkeit umfassend beschreiben zu können (Costa & McCrae, 1992a, 1992b). Dagegen argumentierte Eysenck (1992b, 1992c), dass beispielsweise Verträglichkeit und Gewissenhaftigkeit Primärfaktoren – und damit Unterkomponenten – des Psychotizismus darstellen und Offenheit für Erfahrungen eine Dimension repräsentiere, die nicht dem Persönlichkeitsbereich, sondern eher dem Fähigkeits- bzw. Intelligenzbereich zuzuordnen sei. Ausgehend von der Tatsache, dass zwischen den Big Five-Faktoren korrelative Zusammenhänge bestehen, konnte Digman (1997) belegen, dass sich aus den Big Five zwei Faktoren höherer Ordnung extrahieren lassen, die er als „Alpha" und „Beta" bezeichnete. Alpha ist durch hohe Faktorladungen von Neurotizismus, Verträglichkeit und Gewissenhaftigkeit, Beta durch hohe Ladungen von Extraversion und Offenheit für Erfahrungen charakterisiert. Für noch mehr Unsicherheit in Hinblick auf die Frage nach der notwendigen Anzahl von Faktoren zur Beschreibung von Persönlichkeit, sorgten neuere psycholexikalische Studien, die sechs oder mehr anstatt der traditionellen fünf Persönlichkeitsdimensionen nahe legen (z. B. Ashton et al., 2004).

Trotz aller widersprüchlichen Befunde und bestehender Kontroversen repräsentieren Extraversion und Neurotizismus zwei grundlegende Persönlichkeitsdimensionen, deren Gültigkeit sowohl durch Eysencks Drei-Faktoren-Theorie als auch durch den psycholexikalischen Ansatz und den darauf aufbauenden Persönlichkeitstheorien bestätigt wird.

Zusammenfassung

In seiner Drei-Faktoren-Theorie der Persönlichkeit unterscheidet Eysenck drei grundlegende Persönlichkeitsdimensionen: Extraversion, Neurotizismus und Psychotizismus. Jede dieser Dimensionen weist eine hierarchische Struktur auf. Ausgehend von einzelnen Handlungen über Gewohnheiten und miteinander korrelierenden Persönlichkeitsmerkmalen lassen sich faktorenanalytisch die grundlegenden Persönlichkeitsdimensionen extrahieren.

Eysencks Theorie geht über eine Beschreibung des Aufbaus der Persönlichkeit weit hinaus, indem sie überprüfbare Vorhersagen auf der Verhaltensebene erlaubt und Annahmen über zugrunde liegende biologische Mechanismen postuliert. Besonders einflussreich für die Persönlichkeitsforschung war seine Arousal-Theorie der Extraversion.

Der psycholexikalische Ansatz geht von der Annahme aus, dass relevante Persönlichkeitsmerkmale, in denen sich Individuen unterscheiden, Eingang in die Alltagssprache finden. Deshalb ist es möglich, über eine Analyse des Wortschatzes innerhalb einer Sprache Rückschlüsse auf grundlegende Dimensionen zur Beschreibung der Persönlichkeit zu ziehen. Psycholexikalische Untersuchungen zur Struktur der Persönlichkeit ergaben fünf Faktoren, die als Neurotizismus, Extraversion, Offenheit für Erfahrungen, Verträglichkeit und Gewissenhaftigkeit bezeichnet werden können. Dem generellen Vorbehalt, dass Persönlichkeitsmodelle, die auf dem psycholexikalischen Ansatz basieren, relativ beliebig seien, können Ergebnisse entgegengehalten werden, die die Universalität, Stabilität und biologische Verankerung der Big Five stützen.

Die (Mindest-)Anzahl von grundlegenden Persönlichkeitsdimensionen zur Beschreibung von Persönlichkeit bleibt jedoch umstritten.

Fragen

1. Beschreiben Sie jeweils charakteristische Verhaltensmerkmale von Personen mit hohen Werten in Extraversion, Neurotizismus und Psychotizismus.
2. Erläutern Sie anhand eines Beispiels, wie sich Intro- und Extravertierte gemäß der Arousal-Theorie in einer bestimmten Situation voneinander unterscheiden.
3. Erläutern Sie den Grundgedanken des psycholexikalischen Ansatzes.
4. Was versteht man unter den sogenannten Big Five?
5. Erläutern Sie kritische Einwände gegen die Fünf-Faktoren-Modelle im Rahmen des psycholexikalischen Ansatzes.

Anhang

Literatur

Aalto, A. M., Uutela, A. & Aro, A. R. (1997). Health-related quality of life among insulin-dependent diabetics: Disease-related and psychosocial correlates. *Patient Education and Counseling, 30,* 215–225.

Adler, A. (1912). *Über den nervösen Charakter*. Wiesbaden: Bergmann.

Adler, A. (1920). *Praxis und Theorie der Individualpsychologie*. München: Bergmann.

Adler, A. (1933). *Der Sinn des Lebens*. Wien: Passer.

Ainsworth, M. D. S., Blehar, M. C., Waters, E. & Wall, S. (1978). *Patterns of attachment. A psychological study of the strange situation.* Hillsdale: NJ: Erlbaum.

Ainsworth, M. D. S. & Bowlby, J. (1991). An ethological approach to personality development. *American Psychologist, 46,* 333–341.

Allport, G. W. (1937). *Personality: A psychological interpretation*. New York: Holt, Rinehart & Winston.

Allport, G. W. (1970). *Gestalt und Wachstum in der Persönlichkeit.* Meisenheim a. G.: Anton Hain.

Allport, G. W. & Odbert, H. S. (1936). Trait-names: A psycholexical study. *Psychological Monographs, 47* (Whole No. 211).

Anderman, L. H. & Midgley, C. (1997). Motivation and middle school students. In J. L. Irvin (Ed.), *What current research says to the middle level practitioner* (pp. 41–48). Columbus, OH: National Middle School Association.

Andersen, S. M. & Berk, M. S. (1998). The social-cognitive model of transference: Experiencing past relationships in the present. *Current Directions in Psychological Science, 7,* 109–115.

Andersen, S. M. & Chen, S. (2002). The relational self: An interpersonal social-cognitive theory. *Psychological Review, 109,* 619–645.

Andersen, S. M. & Cole, S. W. (1990). „Do I know you?“: The role of significant others in general social perception. *Journal of Personality and Social Psychology, 59,* 384–399.

Ashton, M. C., Lee, K., Perugini, M., Szarota, P., de Vries, R. E., Di Blas, L., Boies, K. & De Raad, B. (2004). A six-factor structure of personality-descriptive adjectives: Solutions from psycholexical studies in seven languages. *Journal of Personality and Social Psychology, 86,* 356–366.

Bandura, A. (1965). Vicarious processes: A case of no-trial learning. In L. Berkowitz (Ed.), *Advances in experimental social psychology* (Vol. 2, pp. 1–55). New York: Academic Press.

Bandura, A. (1986). *Social foundations of thought and action: A social cognitive theory.* Englewood Cliffs, NJ: Prentice-Hall.

Bandura, A. (1997). *Self-efficacy: The exercise of control.* New York: Freeman and Company.

Bandura, A. (1999). Social cognitive theory of personality. In L. A. Pervin & O. P. John (Eds.), *Handbook of personality: Theory and research* (pp. 154–196). New York: Guilford Press.

Bandura, A. & Locke, E. A. (2003). Negative self-efficacy and goal effects revisited. *Journal of Applied Psychology, 88,* 87–99.

Bargh, J. A. (Ed.). (2006). *Social psychology and the unconsciousness: The automaticity in higher mental processes*. Philadelphia: Psychology Press.

Bartlett, F. (1932). *Remembering: A study in experimental and social psychology*. New York: Cambridge University Press.
Baumeister, R. F., Campbell, J. D., Krueger, J. I. & Vohs, K. D. (2003). Does high self-esteem cause better performance, interpersonal success, happiness, or healthier lifestyles? *Psychological Science in the Public Interest, 4,* 1–44.
Baumeister, R. F., Dale, K. & Sommer, K. (1998). Freudian defense mechanism and empirical findings in modern social psychology: Reaction formation, projection, displacement, undoing, isolation, sublimation, and denial. *Journal of Personality, 66,* 1081–1124.
Baumeister, R. F., Smart, L. & Boden, J. M. (1996). Relation of threatened egotism to violence and aggression: The dark side of high self-esteem. *Psychological Review, 103,* 5–33.
Baumgarten, F. (1933). Die Charaktereigenschaften. In F. Baumgarten (Hrsg.), *Beiträge zur Charakter- und Persönlichkeitsforschung* (Heft 1, S. 1–81). Bern: A. Franke.
Bem, D. J. (1972). Self-perception theory. In L. Berkowitz (Ed.), *Advances in experimental social psychology* (Vol. 6, pp. 2–62). New York: Academic Press.
Bem, D. J. & Allen, A. (1974). On predicting some of the people some of the time: The search for cross-situational consistencies in behavior. *Psychological Review, 81,* 506–520.
Bock, P. K. (2000). Culture and personality revisited. *American Behavioral Scientist, 44,* 32–40.
Borkenau, P. & Liebler, A. (1995). Observable attributes as manifestations and cues of personality and intelligence. *Journal of Personality, 63,* 1–25.
Borkenau, P., Mauer, N., Riemann, R., Spinath, F. M. & Angleitner, A. (2004). Thin slices of behavior as cues of personality and intelligence. *Journal of Personality and Social Psychology, 86,* 599–614.
Borkenau, P. & Ostendorf, F. (2008). *NEO-Fünf-Faktoren-Inventar (NEO-FFI)*. Göttingen: Hogrefe.
Bosson, J. K. (2006). Conceptualization, measurement, and functioning of nonsonscious self-esteem. In M. H. Kernis (Ed.), *Self-esteem issues and answers: A sourcebook of current perspectives* (pp. 53–59). New York: Psychology Press.
Bourne, L. E. & Ekstrand, B. R. (1992). *Einführung in die Psychologie*. Eschborn: Verlag Dietmar Klotz.
Bowlby, J. (1958). The nature of a child's tie to his mother. *International Journal of Psycho-Analysis, 39,* 350–373.
Bowlby, J. (1969). *Attachment and loss. Vol. 1: Attachment.* New York: Basic Books.
Brenner, C. (1997). *Grundzüge der Psychoanalyse*. Frankfurt am Main: Fischer.
Brody, N. (1988). *Personality in search of individuality*. San Diego, CA: Academic Press.
Brunstein, J. C. & Mayer, G. W. (1996). Persönliche Ziele: Ein Überblick zum Stand der Forschung. *Psychologische Rundschau, 47,* 146–160.
Brunswik, E. (1956). *Perception and the representative design of psychological experiments*. Berkeley: University of California Press.
Bugelski, B. R. (1938). Extinction with and without sub-goal reinforcement. *Journal of Comparative Psychology, 26,* 121–133.
Butler, J. M. & Haigh, G. V. (1954). Changes in the relation between self-concepts and ideal concepts consequent upon client-centered counseling. In C. R. Rogers & R. F. Dy-

mond (Eds.), *Psychotherapy and personality change: Co-ordinated studies in the client-centered approach* (pp. 55–76). Chicago: University of Chicago Press.

Cantor, N. (1990). From thought to behavior: „Having“ and „doing“ in the study of personality and cognition. *American Psychologist, 45,* 735–750.

Cattell, R. B. (1945). The description of personality: Principles and findings in a factor analysis. *American Journal of Psychology, 58,* 69–90.

Cattell, R. B. (1957). *Personality and motivation structure and measurement.* Yonkers-on-Hudson, NY: World Book Company.

Child, I. L. (1950). The relation of somatotype to self-rating on Sheldon's temperamental traits. *Journal of Personality, 18,* 440–453.

Church, A. T. & Burke, P. J. (1994). Exploratory and confirmatory tests of the Big Five and Tellegen's three- and four-dimensional models. *Journal of Personality and Social Psychology, 66,* 93–114.

Colvin, C. R., Block, J. & Funder, D. C. (1995). Overly positive self-evaluations and personality: Negative implications for mental health. *Journal of Personality and Social Psychology, 68,* 1152–1162.

Conway, M. A. (1997). Past and present: Recovered memories and false memories. In M. A. Conway (Ed.), *Recovered memories and false memories* (pp. 150–191). Oxford: Oxford University Press.

Cooley, C. H. (1902). *Human nature and the social order.* New York: Scribners.

Cooper, S. H. (1998). Changing notions of defense within psychoanalytic theory. *Journal of Personality, 66,* 947–964.

Cortés, J. B. & Gatti, F. M. (1965). Physique and self-descriptions of temperament. *Journal of Consulting Psychology, 29,* 432–439.

Costa, P. T. Jr. & McCrae, R. R. (1989). Personality continuity and the changes in adult life. In M. Storandt & G. R. Vanden Bos (Eds.), *The adult years: Continuity and change* (pp. 45–77). Washington, DC: American Psychological Association.

Costa, P. T. Jr. & McCrae, R. R. (1992a). Four ways five factors are basic. *Personality and Individual Differences, 13,* 653–665.

Costa, P. T. Jr. & McCrae, R. R. (1992b). Reply to Eysenck. *Personality and Individual Differences, 13,* 861–865.

Costa, P. T. Jr. & McCrae, R. R. (1997). Stability and change in personality assessment: The revised NEO Personality Inventory in the year 2000. *Journal of Personality and Assessment, 68,* 86–94.

Cramer, P. (2000). Defense mechanisms in psychology today. *American Psychologist, 55,* 637–646.

Crocker, J. & Park, L. E. (2004). The costly pursuit of self-esteem. *Psychological Bulletin, 130,* 392–414.

Crocker, J. & Wolfe, C. T. (2001). Contingencies of self-worth. *Psychological Review, 108,* 593–623.

Crowell, J. A., Fraley, R. C. & Shaver, P. R. (1999). Measurement of adult attachment. In J. Cassidy & P. R. Shaver (Eds.), *Handbook of attachment: Theory, research, and clinical applications* (pp. 434–465). New York: Guilford Press.

Crowne, D. P. & Marlowe, D. (1960). A new scale of social desirability independent of psychopathology. *Journal of Consulting Psychology, 24,* 349–354.

Darwin, C. R. (1859). *The origin of the species.* London: Murray.

Deci, E. L., Koestner, R. & Ryan, R. M. (1999). A meta-analytic review of experiments examining the effects of extrinsic rewards on intrinsic motivation. *Psychological Bulletin, 125,* 627–668.

Deci, E.L. & Ryan, R.M. (1985). *Intrinsic motivation and self-determination in human behaviour.* New York: Plenum Press.

Deusinger, I.M. (1986). *Frankfurter Selbstkonzeptskalen – FSKN.* Göttingen: Hogrefe.

Dickhäuser, O. (Hrsg.). (2006). Fähigkeitsselbstkonzepte. *Zeitschrift für Pädagogische Psychologie, 20,* 5–72 (Themenheft).

Diener, E. & Lucas, R.E. (1999). Personality and subjective well-being. In D. Kahneman, E. Diener & N. Schwarz (Eds.), *Well-being: The foundations of hedonic psychology* (pp. 213–229). New York: Russell Sage Foundation.

Digman, J.M. (1997). Higher-order factors of the Big Five. *Journal of Personality and Social Psychology, 73,* 1246–1256.

Egloff, B. & Schmukle, S.C. (2008). Ein Impliziter Assoziationstest zur Erfassung von Ängstlichkeit. In T.M. Ortner, R.T. Proyer & K.D. Kubinger (Hrsg.), *Theorie und Praxis Objektiver Persönlichkeitstests* (S. 114–123). Bern: Huber.

Epstein, S. (1973). The self-concept revisited. Or a theory of a theory. *American Psychologist, 28,* 404–416.

Epstein, S. (1979). The stability of behavior: I. On predicting most of the people much of the time. *Journal of Personality and Social Psychology, 37,* 1097–1126.

Erdfelder, E. (in Vorb.). *Allgemeine Psychologie – Lernen und Gedächtnis* (Bachelorstudium Psychologie). Göttingen: Hogrefe.

Erikson, M.G. (2007). The meaning of the future: Toward a more specific definition of possible selves. *Review of General Psychology, 11,* 348–358.

Eysenck, H.J. (1947). *Dimensions of personality.* London: Routledge & Kegan Paul.

Eysenck, H.J. (1952). *The scientific study of personality.* London: Routledge & Kegan Paul.

Eysenck, H.J. (1957). *The dynamics of anxiety and hysteria.* London: Routledge & Kegan Paul.

Eysenck, H.J. (1967). *The biological basis of personality.* Springfield, Illinois: Thomas.

Eysenck, H.J. (1985). *Niedergang und Ende der Psychoanalyse.* München: List.

Eysenck, H.J. (1992a). The definition and measurement of psychoticism. *Personality and Individual Differences, 13,* 757–785.

Eysenck, H.J. (1992b). Four ways five factors are not basic. *Personality and Individual Differences, 13,* 667–673.

Eysenck, H.J. (1992c). A reply to Costa and McCrae. P or A and C – the role of theory. *Personality and Individual Differences, 13,* 867–868.

Eysenck, H.J. (1994). Personality: Biological foundations. In P.A. Vernon (Ed.), *The neuropsychology of individual differences* (pp. 151–207). London: Academic Press.

Eysenck, H.J. & Eysenck, M.W. (1985). *Personality and individual differences.* New York: Plenum Press.

Eysenck, H.J. & Eysenck, M.W. (1987). *Persönlichkeit und Individualität. Ein naturwissenschaftliches Paradigma.* München: Psychologie Verlags Union.

Eysenck, H.J. & Eysenck, S.B.G. (1976). *Psychoticism as a dimension of personality.* London: Hodder & Stoughton.

Eysenck, H.J., Wilson, G.D. & Jackson, C.J. (1998). *Eysenck Personality Profiler EPP-D. Manual.* Frankfurt a.M.: Swets Test Services.

Fahrenberg, J., Hampel, R. & Selg, H. (2001). *Das Freiburger Persönlichkeitsinventar (FPI-R).* Göttingen: Hogrefe.

Felson, R. B. (1985). Reflected appraisal and the development of self. *Social Psychology Quarterly, 48,* 71–78.

Ferster, C. B. & Skinner, B. F. (1957). *Schedules of reinforcement.* New York: Appleton-Century-Crofts.

Fisher, M. & Greenberg, R. P. (1996). *Freud scientifically reappraised: Testing the theories and the therapy.* New York: Wiley.

Fiske, D. W. (1949). Consistency of the factorial structures of personality ratings from different sources. *Journal of Abnormal and Social Psychology, 44,* 329–344.

Fonagy, P. & Target, M. (2006). The mentalization-focused approach to self-pathology. *Journal of Personality Disorders, 20,* 544–576.

Fraley, R. C. (2002). Attachment stability from infancy to adulthood: Meta-analysis and dynamic modeling of developmental mechanisms. *Personality and Social Psychological Review, 6,* 123–151.

Fraley, R. C. & Shaver, P. R. (2008). Attachment theory and its place in contemporary personality theory and research. In O. P. John, R. W. Robins & L. A. Pervin (Eds.), *Handbook of personality. Theory and research* (3rd ed, pp. 518–541). New York: Guilford Press.

Fransella, F., Bell, R. & Bannister, D. (2004). *Manual for Repertory Grid Technique.* Chichester: Wiley.

Freud, A. (1936). *The ego and the mechanisms of defense.* New York: International Universities Press.

Freud, S. (1910). The origin and development of psychoanalysis. *American Journal of Psychology, 21,* 181–218.

Freud, S. (1971a). Über die Berechtigung, von der Neurasthenie einen bestimmten Symptomenkomplex als „Angstneurose" abzutrennen. In A. Mitscherlich, A. Richards & J. Strachey (Hrsg.), *Sigmund Freud. Studienausgabe, Band VI, Hysterie und Angst* (S. 25–49). Frankfurt am Main: Fischer.

Freud, S. (1971b). Hemmung, Symptom und Angst. In A. Mitscherlich, A. Richards & J. Strachey (Hrsg.), *Sigmund Freud. Studienausgabe, Band VI, Hysterie und Angst* (S. 227–308). Frankfurt am Main: Fischer.

Freud, S. (1971c). *Drei Abhandlungen zur Sexualtheorie und verwandte Schriften.* Frankfurt am Main: Fischer.

Freud, S. (1971d). Der Untergang des Ödipuskomplexes. In A. Mitscherlich, A. Richards & J. Strachey (Hrsg.), *Sigmund Freud. Studienausgabe, Band V, Sexualleben* (S. 243–251). Frankfurt am Main: Fischer.

Freud, S. (1994). *Abriß der Psychoanalyse.* Frankfurt am Main: Fischer.

Freud, S. (2003). *Vorlesungen zur Einführung in die Psychoanalyse und Neue Folge.* Frankfurt am Main: Fischer.

Freud, S. & Breuer, J. (1895). *Studien über Hysterie.* Leipzig: Franz Deuticke.

Funder, D. C. (1995). On the accuracy of personality judgment: A realistic approach. *Psychological Review, 102,* 652–670.

Funder, D. C. (2008). Persons, situations, and person-situation interactions. In O. P. John, R. W. Robins & L. A. Pervin (Eds.), *Handbook of personality. Theory and research* (pp. 568–580). New York: Guilford Press.

Furr, R. M. (2009). Personality psychology as a truly behavioural science. *European Journal of Personality, 23,* 369–401.

Gacsaly, S. A. & Borges, C. A. (1979). The male physique and behavioral expectancies. *Journal of Psychology, 101,* 97–102.

Galton, F. (1884). Measurement of character. *Fortnightly Review, 36,* 179–185.
Gergen, K. J. (2002). *Konstruierte Wirklichkeiten. Eine Hinführung zum sozialen Konstruktionismus.* Stuttgart: Kohlhammer.
Goldberg, L. R. (1981). Language and individual differences: The search for universals in personality lexicons. In L. Wheeler (Ed.), *Review of personality and social psychology* (pp. 141–165). Beverly Hills, CA: Sage.
Goldberg, L. R. (1990). An alternative „description of personality": The Big-Five factor structure. *Journal of Personality and Social Psychology, 59,* 1216–1229.
Greenwald, A. G., McGhee, D. E. & Schwartz, J. K. L. (1998). Measuring individual differences in implicit cognition: The Implicit Association Test. *Journal of Personality and Social Psychology, 74,* 1464–1480.
Grewe, W. & Roos, J. (1996). *Der Untergang des Ödipuskomplexes.* Bern: Huber.
Gross, J. J. & Thompson, R. A. (2007). Emotion Regulation: Conceptual foundations. In J. J. Gross (Ed.), *Handbook of emotion regulation* (pp. 3–24). New York: Guilford Press.
Guilford, J. P. (1970). *Persönlichkeit.* Weinheim: Beltz.
Hall, C. S. & Linzey, G. (1978). *Theories of personality.* New York: John Wiley & Sons.
Harris, B. (1979). Whatever happened to Little Albert? *American Psychologist, 34,* 151–160.
Heider, F. (1958). *The psychology of interpersonal relations.* Noboken, NJ: Wiley.
Heinze, M., Fuchs, T. & Reischies, F. M. (2006). *Willensfreiheit – eine Illusion?* Berlin: Parodos.
Helson, R., Kwan, V. S. Y., John, O. P. & Jones, C. (2002). The growing evidence for personality change in adulthood: Findings from research with personality inventories. *Journal of Research in Personality, 36,* 287–306.
Hergenhahn, B. R. & Olson, M. H. (2003). *An introduction to theories of personality.* Upper Saddle River, NJ: Prentice Hall.
Higgins, E. T. (1987). Self-discrepancy: A theory relating self and affect. *Psychological Review, 94,* 319–340.
Hilgard, E. R. & Marquis, D. G. (1940). *Conditioning and learning.* New York: Appleton-Century.
Hofstätter, P. R. (1971). *Differentielle Psychologie.* Stuttgart: Kröner.
Hoyle, R. H. & Sherrill, M. R. (2006). Future orientation in the self-system: Possible selves, self-regulation, and behavior. *Journal of Personality, 74,* 1674–1696.
Hull, C. L. (1943). *Principles of behavior.* New York: Appleton-Century-Crofts.
Hull, C. L. (1951). *Essentials of behavior.* New Haven: Yale University Press.
Hull, C. L. (1952). *A behavior system: An introduction to behavior theory concerning the individual organism.* New Haven: Yale University Press.
Hunt, J. M. (1979). Psychological development: Early experience. *Annual Review of Psychology, 30,* 103–143.
Ilardi, B. C., Leone, D., Kasser, T. & Ryan, R. M. (1993). Employee and supervisor ratings of motivation: Main effects and discrepancies associated with job satisfaction and adjustment in a factory setting. *Journal of Applied Social Psychology, 23,* 1789–1805.
James, W. (1890, reprinted 1981). *The principles of psychology. Volume 1.* Cambridge: Harvard University Press.
Jang, K. L., McCrae, R. R., Angleitner, A., Riemann, R. & Livesley, W. J. (1998). Heritability of facet-level traits in a cross-cultural twin sample: Support for a hierarchical model of personality. *Journal of Personality and Social Psychology, 74,* 1556–1565.

Jaswal, S. & Dewan, A. (1997). The relationship between locus of control and depression. *Journal of Personality and Clinical Studies, 13,* 25–37.

Jerusalem, M. & Schwarzer, R. (1999). Allgemeine Selbstwirksamkeitserwartung. In R. Schwarzer & M. Jerusalem (Hrsg.), *Skalen zur Erfassung von Lehrer- und Schülermerkmalen* (S. 13–14). Berlin: FU Berlin.

John, O. P. (1990). The „Big Five" Factor taxonomy: Dimensions of personality in the natural language and in questionnaires. In L. A. Pervin (Ed.), *Handbook of personality: Theory and research* (pp. 66–100). New York: Guilford Press.

Kagan, J. (1994). *Galen's prophecy: Temperament in human nature.* New York: Basic Books.

Kant, I. (2000/1798). *Anthropologie in pragmatischer Hinsicht.* Hamburg: Felix Meiner.

Kasser, T. & Ryan, R. M. (1996). Further examining the American dream: Differential correlates of intrinsic and extrinsic goals. *Personality and Social Psychology Bulletin, 22,* 280–287.

Kelly, G. A. (1955). *The psychology of personal constructs.* New York: Norton.

Kelly, G. A. (1970). A brief introduction to personal construct theory. In D. Bannister (Ed.), *Perspectives in personal construct theory* (pp. 1–29). London: Academic Press.

Kelly, G. A. (1980). A psychology of the optimal man. In A. W. Landfield & L. M. Leitner (Eds.), *Personal construct psychology: Psychotherapy and personality* (pp. 18–35). New York: Wiley.

Kernis, M. H. (Ed.). (2006). *Self-esteem issues and answers: A sourcebook of current perspectives.* New York: Psychology Press.

Kernis, M. H. & Goldman, B. M. (2006). Assessing stability of self-esteem and contingent self-esteem. In M. H. Kernis (Ed.), *Self-esteem issues and answers: A sourcebook of current perspectives* (pp. 77–85). New York: Psychology Press.

Kernis, M. H., Granneman, B. D. & Barclay, L. C. (1989). Stability and level of self-esteem as predictors of anger arousal and hostility. *Journal of Personality and Social Psychology, 56,* 1013–1022.

Kihlstrom, J. F. & Cantor, N. (1984). Mental representations of the self. In L. Berkowitz (Ed.), *Advances in experimental social psychology* (pp. 1–47). Orlando: Academic Press.

Klages, L. (1926). *Die Grundlagen der Charakterkunde.* Leipzig: Barth.

Klauer, K. C. & Mierke, J. (2005). Task-set inertia, attitude accessibility and compatibility-order effects: New evidence for a task-set switching account of the IAT effect. *Personality and Social Psychology Bulletin, 31,* 208–217.

Kluckhohn, C. & Murray, H. A. (1953). Personality formation: The determinants. In C. Kluckhohn, H. A. Murray & D. M. Schneider (Eds.), *Personality in nature, society, and culture* (pp. 53–67). New York: Knopf.

Köhler, W. (1947). *Gestalt psychology: An introduction to new concepts in modern psychology.* New York: Liveright.

Kohut, H. (1975). Formen und Umformungen des Narzißmus. In H. Kohut, *Die Zukunft der Psychoanalyse* (S. 140–172). Frankfurt a. M.: Suhrkamp. (Original: Forms and transformations of narcissism, *Journal of the American Psychoanalytic Association, 1966, 14,* 243–272).

Kohut, H. (1976). *Narzißmus.* Frankfurt a. M.: Suhrkamp. (Original: *The analysis of the self: A systematic approach to the psychoanalytic treatment of narcissistic personality disorders.* New York: International Universities Press, 1971).

Kohut, H. (1979). *Die Heilung des Selbst.* Frankfurt a. M.: Suhrkamp. (Original: *The restoration of the self.* New York: International Universities Press, 1977).

Kraepelin, E. (1899). *Psychiatrie. Ein Lehrbuch für Studirende und Aerzte.* Leipzig: J. A. Barth.

Krampen, G. (1981). *IPC-Fragebogen zu Kontrollüberzeugungen („locus of control").* Göttingen: Hogrefe.

Krampen, G. (1982). *Differentialpsychologie der Kontrollüberzeugungen („Locus of Control").* Göttingen: Hogrefe.

Kretschmer, E. (1948). *Körperbau und Charakter.* Berlin: Springer.

Kretschmer, E. (1977). *Körperbau und Charakter* (26. Auflage). Heidelberg: Springer.

Kretschmer, E. & Enke, W. (1936). *Die Persönlichkeit der Athletiker.* Leipzig: Thieme.

Krohne, H. W. (2003). Individual differences in emotional reactions and coping. In R. J. Davidson, K. R. Scherer & H. H. Goldsmith (Eds.), *Handbook of affective science* (pp. 698–725). New York: Oxford University Press.

Lavater, J. C. (1775–1778). *Physiognomische Fragmente zur Beförderung der Menschenkenntnis und Menschenliebe* (Band 1–4). Leipzig: Weidmann Erben & Reich.

Leary, M. R. (2007). Motivational and emotional aspects of the self. *Annual Review of Psychology, 58,* 317–344.

Leary, M. R., Tambor, E. S., Terdal, S. K. & Downs, D. L. (1995). Self-esteem as an interpersonal monitor: The sociometer hypothesis. *Journal of Personality and Social Psychology, 68,* 518–530.

Leone, C. (2006). Self-monitoring: Individual differences in orientations to the social world. *Journal of Personality, 74,* 633–657.

Lesky, E. (1979). *Franz Joseph Gall: 1758–1828, Naturforscher und Anthropologe.* Bern: Hans Huber.

Lichtenberg, G. C. (1991/1778). *Goettinger Taschen Kalender vom Jahre 1778.* Faksimileausgabe 1991. Mainz: Dieterich'sche Verlagsbuchhandlung.

Lieberman, M. D. & Rosenthal, R. (2001). Why introverts can't always tell who likes them: Multitasking and nonverbal decoding. *Journal of Personality and Social Psychology, 80,* 294–310.

Little, B. R. (2007). Prompt and circumstance: The generative contexts of personal projects analysis. In B. R. Little, K. Salmela-Aro & S. D. Phillips (Eds.), *Personal project pursuit: Goals, action, and human flourishing* (pp. 3–49). Mahwah, NJ: Erlbaum.

Lopez, S. J. & Snyder, C. R. (Eds.). (2003). *Positive psychological assessment.* Washington, DC: American Psychological Association.

Magnusson, D. & Endler, N. S. (1977). Interactional psychology: Present status and future prospects. In D. Magnusson & N. S. Endler (Eds.), *Personality at the crossroads* (pp. 3–31). New York: Wiley.

Man, A. F. de, Leduc, C. P. & Labreche-Gauthier, L. (1992). Parental control in child rearing and multidimensional locus of control. *Psychological Reports, 70,* 320–322.

Markus, H. (1977). Self-schemata and processing information about the self. *Journal of Personality and Social Psychology, 35* (2), 63–78.

Markus, H. & Nurius, P. (1986). Possible selves. *American Psychologist, 41,* 954–969.

Markus, H. & Wurf, E. (1987). The dynamic self-concept: A social psychological perspective. *Annual Review of Psychology, 38,* 299–337.

Marsh, H. W. & Hattie, J. (1996). Theoretical perspectives on the structure of self-concept. In B. A. Bracken (Ed.), *Handbook of self-concept: Developmental, social, and clinical considerations* (pp. 38–90). New York: Wiley.

Maslow, A. H. (1968). *Toward a psychology of being.* Princeton, NJ: Van Nostrand.

Maslow, A. H. (1987). *Motivation and personality.* New York: Harper & Row.

May, R. (1967). *Psychology and the human dilemma.* New York: Van Nostrand.

McAdams, D. P. (2008). Personal Narratives and the Life Story. In J. Roberts & L. A. Pervin (Eds.), *Handbook of personality: Theory and research* (pp. 242–262). New York: Guilford Press.

McAdams, D. P., Diamond, A., de St. Aubin, E. & Mansfield, E. (1997). Stories of commitment: The psychosocial construction of generative lives. *Journal of Personality and Social Psychology, 72,* 678–694.

McCrae, R. R. & Costa, P. T. Jr. (1997). Personality trait structure as a human universal. *American Psychologist, 52,* 509–516.

McCrae, R. R., Costa, P. T. Jr., Ostendorf, F., Angleitner, A., Hřebíčková, M., Avia, M. D., Sanz, J., Sanchez-Bernados, M. L., Kusdil, M. E., Woodfield, R., Saunders, P. R. & Smith, P. B. (2000). Nature over nurture: Temperament, personality, and life span-development. *Journal of Personality and Social Psychology, 78,* 173–186.

Mead, G. H. (1934). *Mind, self, and society.* Chicago: University of Chicago Press.

Meili, R. (1965). *Lehrbuch der psychologischen Diagnostik.* Bern: Hans Huber.

Mendelsohn, G. A., Weiss, D. S. & Feimer, N. R. (1982). Conceptual and empirical analysis of the typological implications of patterns of socialization and femininity. *Journal of Personality and Social Psychology, 42,* 1157–1170.

Mischel, W. (1968). *Personality and assessment.* New York: Wiley.

Mischel, W. (1973). Toward a cognitive social learning reconceptualization of personality. *Psychological Review, 80,* 252–283.

Mischel, W. (1979). On the interface of cognition and personality: Beyond the person-situation debate. *American Psychologist, 34,* 740–754.

Mischel, W. (2004). Toward an integrative science of the person. *Annual Review Psychology, 55,* 1–22.

Mischel, W., Cantor, N. & Feldman, S. (1996). Principles of self-regulation. The nature of willpower and self-control. In E. T. Higgins & A. W. Kruglanski (Eds.), *Social psychology. Handbook of basic principles* (pp. 329–360). New York: Guilford Press.

Mischel, W. & Shoda, Y. (1995). A cognitive-affective system theory of personality: Reconceptualizing situations, dispositions, dynamics, and invariance in personality structure. *Psychological Review, 102,* 246–268.

Mischel, W. & Shoda, Y. (2008). Toward a unifying theory of personality: Integrating dispositions and processing dynamics within the cognitive-affective processing system. In O. P. John, R. W. Robins & L. A. Pervin (Eds.), *Handbook of personality. Theory and research* (pp. 208–241). New York: Guilford Press.

Mischel, W., Shoda, Y. & Rodriguez, M. L. (1989). Delay of gratification in children. *Science, 244,* 933–938.

Moosbrugger, H. & Schermelleh-Engel, K. (2006). Faktorenanalyse. In F. Petermann & M. Eid (Hrsg.), *Handbuch der Psychologischen Diagnostik* (S. 304–317). Göttingen: Hogrefe.

Myers, D. G. (2000). The funds, friends, and faith of happy people. *American Psychologist, 55,* 56–67.

Neter, E. & Ben-Shakhar, G. (1989). The predictive validity of graphological inferences: A meta-analytic approach. *Personality and Individual Differences, 10,* 737–745.

Newman, L. S., Duff, K. J. & Baumeister, R. F. (1997). A new look at defensive projection: Thought suppression, accessibility, and biased person perception. *Journal of Personality and Social Psychology, 72,* 980–1001.

Nicholson, R. A., Houle, T. T., Rhudy, J. L. & Norton, P. J. (2007). Psychological risk factors in headache. *Headache, 47,* 413–426.

Norman, W. T. (1963). Toward an adequate taxonomy of personality attributes: Replicated factor structure in peer nomination personality ratings. *Journal of Abnormal and Social Psychology, 66,* 574–583.

Ortner, T. M., Proyer, R. T. & Kubinger, K. D. (Hrsg.). (2008). *Theorie und Praxis Objektiver Persönlichkeitstests.* Bern: Huber.

Ostendorf, F. & Angleitner, A. (2004). *NEO-Persönlichkeitsinventar nach Costa und McCrae (NEO-PI-R).* Göttingen: Hogrefe.

Oyserman, D., Bybee, D. & Terry, K. (2006). Possible selves and academic outcome: How and when possible selves impel action. *Journal of Personality and Social Psychology, 91,* 188–204.

Paulhus, D. L. (2002). Socially desirable responding: The evolution of a construct. In H. Braun, D. N. Jackson & D. E. Wiley (Eds.), *The role of constructs in psychological and educational measurement* (pp. 67–88). Hillsdale, NJ: Erlbaum.

Paulhus, D. L. & Trapnell, P. D. (2008). Self-presentation of personality. An agency-communion framework. In O. P. John, R. W. Robins & L. A. Pervin (Eds.), *Handbook of personality. Theory and research* (pp. 492–517). New York: Guilford Press.

Paulhus, D. L. & Vazire, S. (2007). The self-report method. In R. W. Robins, R. C. Fraley & R. F. Krueger (Eds.), *Handbook of research methods in personality psychology* (pp. 224–239). New York: Guilford.

Pawlow, I. P. (1927). *Conditioned reflexes.* London: Oxford University Press.

Peabody, D. & Goldberg, L. R. (1989). Some determinant of factor structures from personality trait descriptors. *Journal of Personality and Social Psychology, 57,* 552–567.

Pervin, L. A. (1981). *Persönlichkeitstheorien.* München: Reinhardt.

Pervin, L. A., Cervone, D. & John, O. P. (2005). *Persönlichkeitstheorien.* München: Reinhardt.

Phares, E. J. (1976). *Locus of control in personality.* Morristown, NJ: General Learning Press.

Préau, M., Vincent, E., Spire, B., Reliquet, V., Fournier, I., Michelet, C., Leport, C., Morin, M. & the APROCO study group (2005). Health-related quality of life and health locus of control beliefs among HIV-infected treated patients. *Journal of Psychosomatic Research, 59,* 407–413.

Quinlan, S. L., Jaccard, J. & Blanton, H. (2006). A decision theoretic and prototype conceptualization of possible selves: Implications for the prediction of risk behavior. *Journal of Personality, 74,* 599–630.

Rammsayer, T. H. (2004). Extraversion and the dopamine hypothesis. In R. M. Stelmack (Ed.), *On the psychobiology of personality* (pp. 411–429). Amsterdam: Elsevier.

Reeve, J. & Deci, E. L. (1996). Elements within the competitive situation that affect intrinsic motivation. *Personality and Social Psychology Bulletin, 22,* 24–33.

Reis, H.T., Sheldon, K.M., Gable, S.L., Roscoe, J. & Ryan, R.M. (2000). Daily well-being: The role of autonomy, competence, and Relatedness. *Personality and Social Psychology Bulletin, 26,* 419–435.

Riemann, R., Angleitner, A. & Strelau, J. (1997). Genetic and environmental influences on personality: A study of twins reared together using the self- and peer-report NEO-FFI scales. *Journal of Personality, 65,* 449–475.

Rilling, M. (2000). John Watson's paradoxical struggle to explain Freud. *American Psychologist, 55,* 301–312.

Roberts, B.W. & DelVecchio, W.L. (2000). The rank-order consistency of personality traits from childhood to old age: A quantitative review of longitudinal studies. *Psychological Bulletin, 126,* 3–25.

Robins, R.W., John, O.P. & Caspi, A. (1998). The typological approach to studying personality. In J. Kagan, R.B. Cairns & L.R. Bergman (Eds.), *Methods and models for studying the individual* (pp. 135–160). Thousan Oaks, CA: Sage.

Rogers, C.R. (1959). A theory of therapy, personality, and interpersonal relationships, as developed in the client-centered framework. In S. Koch (Ed.), *Psychology: A study of a science* (Vol. 3, pp. 184–256). New York: McGraw-Hill.

Rogers, C.R. (1969). *On becoming a person.* Boston: Houghton Mifflin.

Rogers, C.R. (1980). *A way of being.* Boston: Houghton Mifflin.

Rogers, C.R. & Skinner, B.F. (1956). Some issues concerning the control of human behavior. *Science, 124,* 1057–1066.

Rorschach, H. (1948/1921). *Psychodiagnostik.* Bern: Huber.

Rosenberg, M. (1965). *Society and the adolescent self-image.* Princeton, NJ: Princeton University Press.

Roth, G. & Grün, K.-J. (2006). *Das Gehirn und seine Freiheit. Beiträge zur neurobiologischen Grundlegung der Philosophie.* Göttingen: Vandenhoeck und Ruprecht.

Rotter, J.B. (1954). *Social learning and clinical psychology.* New York: Prentice-Hall.

Rotter, J.B. (1966). Generalized expectancies for internal versus external control of reinforcement. *Psychological Monographs, 80* (whole no. 609).

Rotter, J.B. (1982). *The development and applications of social learning theory.* New York: Praeger.

Rotter, J.B., Chance, J.E. & Phares, E.J. (1972). *Applications of a social learning theory of personality.* New York: Holt, Rinehart & Winston.

Ruch, W. (1999). Die revidierte Fassung des Eysenck Personality Questionnaire und die Konstruktion des deutschen EPQ-R bzw. EPQ-RK. *Zeitschrift für Differentielle und Diagnostische Psychologie, 20,* 1–24.

Rudolph, A., Schröder-Abé, M., Schütz, A., Gregg, A.P. & Sedikides, C. (2008). Through a glass, less darkly? Reassessing convergent and discriminant validity in measures of implicit self-esteem. *European Journal of Psychological Assessment, 25,* 273–281.

Ryan, R.M. & Deci, E.L. (2000). Self-determination theory and the facilitation of intrinsic motivation, social development, and well-being. *American Psychologist, 55,* 68–78.

Ryan, R.M. & Deci, E.L. (2001). On happiness and human potentials: A review of research on hedonic and eudaimonic well-being. *Annual Review Psychology, 52,* 141–166.

Ryan, R.M. & Deci, E.L. (2002). Overview of self-determination theory: An organismic dialectical perspective. In E.L. Deci & R.M. Ryan (Eds.), *Handbook of self-determination research* (pp. 3–33). New York: Rochester.

Ryff, C. D. & Keyes, C. L. M. (1995). The structure of psychological well-being revisited. *Journal of Personality and Social Psychology, 69,* 719–727.
Salthouse, T. A. (1996). The processing-speed theory of adult age differences in cognition. *Psychological Review, 103,* 403–428.
Samelson, F. (1980). John B. Watson's Little Albert, Cyril Burt's twins, and the need for a critical science. *American Psychologist, 35,* 619–625.
Schmidt, F. L. & Hunter, J. E. (1998). The validity and utility of selection methods in personnel psychology: Practical and theoretical implications of 85 years of research findings. *Psychological Bulletin, 124,* 262–274.
Schütz, A. (2003). *Psychologie des Selbstwertgefühls.* Stuttgart: Kohlhammer.
Schütz, A. & Schröder, M. (2005). Selbstwertschätzung. In H. Weber & T. Rammsayer (Hrsg.), *Handbuch der Persönlichkeitspsychologie und Differentiellen Psychologie* (S. 423–430). Göttingen: Hogrefe.
Schütz, A. & Sellin, I. (2006). *Multidimensionale Selbstwertskala (MSWS).* Göttingen: Hogrefe.
Schwartz, B. (2000). Self-determination: The tyranny of freedom. *American Psychologist, 55,* 79–88.
Seligman, M. E. P. & Csikszentmihalyi, M. (2000). Positive psychology: An introduction. *American Psychologist, 55,* 5–14.
Shaver, P. R. & Mikulincer, M. (2005). Attachment theory and research: Resurrection of the psychodynamic approach to personality. *Journal of Research in Personality, 39,* 22–45.
Shaver, P. R. & Mikulincer, M. (2007). Adult attachment strategies and the regulation of emotion. In J. J. Gross (Ed.). *Handbook of emotion regulation* (pp. 446–465). New York: Guilford Press.
Sheldon, K. M., Ryan, R. M., Deci, E. L. & Kasser, T. (2004). The independent effects of goal contents and motives on well-being: It's both what you pursue and why you pursue it. *Personality and Social Psychology Bulletin, 30,* 475–486.
Sheldon, W. (1940). *Varieties of human physique: An introduction to constitutional psychology.* New York: Harper & Brothers.
Sheldon, W. (1942). *Varieties of temperament.* New York: Harper & Brothers.
Sheldon, W. (1954). *Atlas of men: A guide for somatotyping the adult male at all ages.* New York: Harper & Brothers.
Shoda, Y. & LeeTiernan, S. (2002). What remains invariant? Finding order within a person's thoughts, feelings, and behaviours across situations. In D. Cervone & W. Mischel (Eds.), *Advances in personality science* (pp. 241–270). New York: Guilford.
Skinner, B. F. (1953). *Science and human behavior.* New York: Macmillan.
Skinner, B. F. (1969). *Contingencies of reinforcement: A theoretical analysis.* New York: Appleton-Century-Crofts.
Skinner, B. F. (1974). *About behaviorism.* New York: Knopf.
Stelmack, R. M. & Rammsayer, T. H. (2008). Psychophysiological and biochemical correlates of personality. In G. J. Boyle, G. Matthews & D. H. Saklofske (Eds.), *Handbook of personality theory and assessment* (Vol. 1, Personality theories and models, pp. 33–55). London: Sage.
Stelmack, R. M. & Stalikas, A. (1992). Galen and the humour theory of temperament. *Personality and Individual Differences, 12,* 255–263.
Stephenson, W. (1953). *The study of behavior: Q-technique and its methodology.* Chicago: University of Chicago Press.

Stern, W. (1911). *Die Differentielle Psychologie in ihren methodischen Grundlagen.* Leipzig: Barth.

Stöber, J. (1999). Die Soziale-Erwünschtheits-Skala-17 (SES-17): Entwicklung und erste Befunde zu Reliabilität und Validität. *Diagnostica, 45,* 173–177.

Strelau, J. 2008). *Temperament as a regulator of behavior: After fifty years of research.* Clinton Corners, New York: Eliot Werner Publications.

Swann, W. B. (1983). Self-verification: Bringing social reality into harmony with the self. In J. Suls & A. G. Greewald (Ed.), *Psychological perspectives on the self* (Vol. 2, pp. 33–66). Hillsdale, NJ: Erlbaum.

Swann, W. B. (1990). To be adored or to be known: The interplay of self-enhancement and self-verification. In R. M. Sorrentino & E. T. Higgins (Eds.), *Handbook of motivation and cognition: Foundations of social behaviour* (Vol. 2, pp. 408–448). New York: Guilford Press.

Swann, W. B., Stein-Seroussi, A. & Giesler, R. B. (1992).Why people self-verify. *Journal of Personality and Social Psychology, 62,* 392–401.

Synder, M. (1974). Self-monitoring of expressive behaviour. *Journal of Personality and Social Psychology, 30,* 526–537.

Taylor, S. E. & Armor, D. A. (1996). Positive illusions and coping with adversity. *Journal of Personality, 64,* 874–898.

Triandis, H. C. & Suh, E. M. (2002). Cultural influences on personality. *Annual Review of Psychology, 53,* 133–160).

Tupes, E. C. & Christal, R. E. (1992). Recurrent personality factors based on trait ratings. *Journal of Personality, 60,* 225–251.

Uleman, J. S., Saribay, S. A. & Gonzalez, C. M. (2008). Spontaneus inferences, implicit impressions, and implicit theories. *Annual Review of Psychology, 59,* 329–360.

Walker, B. M. & Winter, D. A. (2007). The elaboration of personal construct psychology. *Annual Review of Psychology, 58,* 453–477.

Waller, N. G. & Meehl, P. E. (1997). *Multivariate taxometric procedures: Distinguishing types from continua.* Thousand Oaks, CA: Sage.

Watson, D., Hubbard, B. & Wiese, D. (2000). Self-other agreement in personality and affectivity: The role of acquaintanceship, trait visibility, and assumed similarity. *Journal of Personality and Social Psychology, 78,* 546–558.

Watson, J. B. (1912). Content of a course in psychology for medical students. *Journal of the American Medical Association, 58,* 916–918.

Watson, J. B. (1913). Psychology as the behaviorist views it. *Psychological Review, 20,* 158–177.

Watson, J. B. (1968). *Behaviorismus.* Köln: Kiepenheuer & Witsch.

Watson, J. B. & Morgan, J. J. B. (1917). Emotional reactions and psychological experimentation. *American Journal of Psychology, 28,* 163–174.

Watson, J. B. & Rayner, R. (1920). Conditioned emotional reactions. *Journal of Experimental Psychology, 3,* 1–14.

Watson, J. B. & Watson, R. R. (1921). Studies in infant psychology. *Scientific Monthly, 13,* 493–515.

Weber, H. (2005). Idiographische und nomothetische Ansätze. In: H. Weber & T. Rammsayer (Hrsg), *Handbuch der Persönlichkeitspsychologie und Differentiellen Psychologie* (S. 127–136). Göttingen: Hogrefe

Weber, H. & Rammsayer, T. (in Vorb.). *Differentielle Psychologie – Persönlichkeitsforschung* (Bachelorstudium Psychologie). Göttingen: Hogrefe.

Webster, R. (1995). *Why Freud was wrong. Sin, science and psychoanalysis.* London: Harper Collins Publisher.

Westen, D. (1998). The scientific legacy of Sigmund Freud: Toward a psychodynamically informed psychological science. *Psychological Bulletin, 124,* 333–371.

Westen, D. (2005). Implications of research in cognitive neuroscience for psychodynamic psychotherapy. In G. O. Gabbard, J. S. Beck & J. Holmes (Eds.), *The Oxford Handbook of Psychotherapy* (pp. 443–448). Oxford: Oxford University Press.

Westen, D. & Blagov, P. S. (2007). A clinical-empirical model of emotion regulation. In J. J. Gross (Ed.). *Handbook of emotion regulation* (pp. 373–392). New York: Guilford Press.

Westen, D., Gabbard, G. O. & Ortigo, K. M. (2008). Psychoanalytic approaches to personality. In O. P. John, R. W. Robins & L. A. Pervin (Eds.), *Handbook of personality. Theory and research* (3rd ed, pp. 61–113). New York: Guilford Press.

Westmeyer, H. & Weber, H. (2004). Die Theorie der personalen Konstrukte. In K. Pawlik (Hrsg), *Theorien und Anwendungsfelder der Differentiellen Psychologie* (Enzyklopädie der Psychologie, Serie Differentielle Psychologie und Persönlichkeitsforschung, Band 5, S. 59–113). Göttingen: Hogrefe.

Westphal, K. (1931). Körperbau und Charakter des Epileptikers. *Nervenarzt, 4,* 96–99.

White, R. W. (1959). Motivation reconsidered: The concept of competence. *Psychological Review, 66,* 297–333.

Williams, G. C., McGregor, H. A., Levesque, C., Kouides, R. W., Ryan, R. M. & Deci, E. L. (2006). Testing a self-determination theory intervention for motivating tobacco cessation: Supporting autonomy and competence in a clinical trial. *Health Psychology, 25,* 91–101.

Windelband, W. (1894). *Geschichte und Naturwissenschaft* (3. Aufl., 1904). Straßburg: Beitz.

Wolk, S. & DuCette, J. (1974). Intentional performance and incidental learning as a function of personality and task dimensions. *Journal of Personality and Social Psychology, 29,* 90–101.

Wright, J. C. & Mischel, W. (1988). Conditional hedges and the intuitive psychology of traits. *Journal of Personality and Social Psychology, 55,* 454–469.

Wundt, W. (1874). *Grundzüge der physiologischen Psychologie.* Leipzig: Engelmann.

Yates, J. & Taylor, J. (1978). Stereotypes for somatotypes: Shared beliefs about Sheldon's physiques. *Psychological Reports, 43,* 777–778.

Zerssen, D. von (1965). Eine biometrische Überprüfung der Theorien von Sheldon über Zusammenhänge zwischen Körperbau und Temperament. *Zeitschrift für experimentelle und angewandte Psychologie, 12,* 521–548.

Zerssen, D. von (2002). Development of an integrated model of personality, personality disorders and severe axis I disorders, with special reference to major affective disorders. *Journal of Affective Disorders, 68,* 143–158.

Zuckerman, M. (2005). *Psychobiology of personality.* New York: Cambridge University Press.

Zuckerman, M., Kuhlman, D. M., Joireman, J., Teta, P. & Kraft, M. (1993). A comparison of three structural models for personality: The Big Three, the Big Five, and the Alternative Five. *Journal of Personality and Social Psychology, 65,* 757–768.

Glossar

Abwehrmechanismus Wenn das *Ich* befürchten muss, von einem mächtigen Triebimpuls aus dem Es, dem Über-Ich oder einer realen Bedrohung überflutet zu werden, kann es diesen Triebimpuls abwehren, indem ihm der Zugang ins Bewusstsein verwehrt wird. Nach Freud weisen Abwehrmechanismen zwei typische Merkmale auf: Sie leugnen, verfälschen oder verzerren die Realität und sie laufen unbewusst ab.

Antwortstile Methodisches Problem bei der Selbstbeschreibung durch Fragebogen, wenn Personen beispielsweise dazu neigen, generell Extremwerte auf der Antwortskala zu vermeiden, mittlere oder „neutrale“ Werte zu bevorzugen oder Fragen generell eher mit „ja“ oder „nein“ zu beantworten.

Arousal Ein von Eysenck verwendeter Begriff für kortikale Erregung.

aufsteigendes retikuläres Aktivierungssystem (ARAS) Komplexes neuronales Netzwerk, das sich vom Hirnstamm zum Mesencephalon erstreckt.

Behaviorismus Aus behavioristischer Sicht ist Psychologie eine streng experimentell ausgerichtete Disziplin der Naturwissenschaften. Persönlichkeit wird als die Summe der Gewohnheiten betrachtet, die ein Mensch insbesondere in seiner frühen Kindheit, aber auch im späteren Leben, ausbildet.

Bindungsstil Muster an Erwartungen, Emotionen und Verhaltensweisen, das aus den Bindungserfahrungen einer Person resultiert. Nach Bowlby beeinflussen die Interaktionen mit Bindungspersonen in Kindheit und Jugend langfristig die Persönlichkeitsentwicklung, indem sich *„attachment working models“* herausbilden. Diese beinhalten mentale Repräsentationen der Bindungspersonen und der eigenen Person und bilden die Grundlage für Erwartungen an soziale Beziehungen und die eigene Bewältigungskompetenz.

Bindungstheorie Eine von John Bowlby in Zusammenarbeit mit Mary Ainsworth entwickelte Theorie, in der sich Psychoanalyse, Verhaltensbiologie und evolutionsbiologische Perspektiven verbinden. Dieser Theorie zufolge ist Menschen ein Bindungssystem angeboren, das sie dazu motiviert, in kritischen Situationen die Nähe von für sie signifikanten Bezugspersonen *(attachment figures)* zu suchen und so Schutz und Sicherheit zu erhalten. Interindividuelle Unterschiede in der Funktion des Bindungssystems entwickeln sich in Abhängigkeit davon, wie sich enge Bezugspersonen in kritischen Situationen verhalten.

Charakter

Ursprünglich aus dem Griechischen, wo es einen Prägestempel für Münzen bzw. die Prägung selbst bezeichnete. Übertragen auf den Menschen, kann Charakter als ein individuelles Erkennungsmerkmal einer Person betrachtet werden.

Choleriker

Temperamentstyp, der zu Jähzorn und leichtem Aufbrausen neigt.

Differentielle Psychologie

Teilgebiet der Psychologie, das sich mit interindividuellen Unterschieden im Erleben und Verhalten beschäftigt. Von William Stern (1911) als eigenständige psychologische Disziplin konzipiert. Stern unterschied vier Teilgebiete der Differentiellen Psychologie, zwei nomothetische und zwei idiographische. Die beiden nomothetischen Ansätze gehen von *Gruppen* von Personen aus und untersuchen entweder die Verteilung eines Merkmals in einer Gruppe *(Variationsforschung)* oder den Zusammenhang zwischen Merkmalen *(Kovariationsforschung)*. Die idiographischen Ansätze gehen von einzelnen *Personen* aus, entweder in Form der *Psychographie* (möglichst umfassende Beschreibung einer einzelnen Person) oder in Form der *Komparationsforschung* (Vergleich zwischen mehreren Psychogrammen).

Dopamin

Neurotransmitter (Botenstoff) aus der Gruppe der Katecholamine.

Eigenschaften

Eigenschaften beschreiben eine Klasse von funktional äquivalenten Verhaltens- und Erlebensweisen, die von einer Person relativ beständig gezeigt werden, und zwar über die Zeit hinweg *(Stabilität)* und über unterschiedliche Situationen hinweg *(Konsistenz)*.

Eigenschaftstheorien

Eigenschaftstheorien gehen davon aus, dass sich die Persönlichkeit eines Menschen durch seine Ausprägung in *Eigenschaften* (Persönlichkeitsmerkmale, Dispositionen oder *„Traits“*) kennzeichnen lässt. Sie unterscheiden sich darin, von welchen und wie vielen Eigenschaften sie ausgehen, und welche Ursachen sie für die Stabilität und Konsistenz des Verhaltens annehmen.

Empirisches Selbst

James (1890) hat unterschieden zwischen dem *empirischen Selbst* oder dem *„me“*, das Gegenstand der Selbstdefinition ist, und dem *„I“* oder *„pure Ego“*, das die Selbstdefinition vornimmt. Das empirische Selbst umfasst materielle, soziale und mentale Aspekte und ist James zufolge Gegenstand der empirischen Psychologie; das *„I“*, d. h. die Tatsache des selbstreflexiven Bewusstseins als solche, verweist er in den Bereich der metaphysischen Spekulation.

Ergebniserwartungen Erwartungen im Hinblick darauf, mit welchen Konsequenzen ein bestimmtes Verhalten verbunden ist. Nach Bandura können sich Ergebniserwartungen auf körperlich-physische und soziale Folgen sowie auf Folgen für die Selbstbewertung einer Person richten.

Es Nach Freud Ursprung der Triebe und Reservoir der psychischen Energie. Die Prozesse im *Es* sind dem Bewusstsein nicht zugänglich, was Freud zu der Annahme veranlasste, dass das menschliche Verhalten überwiegend durch unbewusste Triebimpulse kontrolliert werde.

Existenzialismus Das Leitmotiv der existenzialistischen Sichtweise stellen grundlegende Fragen des menschlichen Daseins und die Bedeutung des Individuums dar. Im Mittelpunkt stehen der Mensch als Person sowie menschliche Werte.

Faktorenanalyse Mathematisches Verfahren zur Identifikation von grundlegenden Dimensionen (z. B. Eigenschaften), die einer größeren Zahl von Variablen zugrunde liegen. Geht aus von den Interkorrelationen zwischen einzelnen Variablen (z. B. Fragebogenitems), die an einer Stichprobe von Personen erfasst werden.

Fragebogen Auf Selbsteinschätzung beruhendes Standardverfahren zur Erfassung von Eigenschaften, bei dem eine Person angibt, in welchem Ausmaß bestimmte Verhaltensweisen, Gefühle, Gedanken, Erwartungen oder Einstellungen auf sie zutreffen, die als Indikatoren für eine Eigenschaft aufgeführt werden. Fragebogen liegen sowohl für die Erfassung einzelner Persönlichkeitsmerkmale als auch für eine umfassende Beschreibung der Persönlichkeit vor.

Fremdeinschätzungen Einschätzung des Verhaltens oder der Persönlichkeit einer Person durch Dritte, entweder auf der Grundlage von Fragebogen oder von Verhaltensbeobachtung.

Fünf-Faktoren-Modell Ein vom psycholexikalischen Ansatz ausgehendes Modell der Persönlichkeit, das fünf grundlegende Persönlichkeitsdimensionen (Neurotizismus, Extraversion, Offenheit für Erfahrungen, Verträglichkeit, Gewissenhaftigkeit) postuliert.

Gewohnheitsstärke Die erlernte Verknüpfung zwischen einem Reiz und einer Reaktion wird als Gewohnheit bezeichnet. Gewohnheiten und ihre Stärke bilden sich durch die individuelle Lerngeschichte aus, wobei die Höhe der Gewohnheitsstärke u. a. vom Ausmaß und der Häufigkeit der Verstärkung abhängt.

Grafologie Sie geht auf den französischen Priester, Gelehrten und Schriftsteller Jean Hippolyte Michon (1806–1881) zurück. Der Grundgedanke der Grafologie besteht in der Annahme, dass die Persönlichkeit und die Fähigkeiten eines Menschen auch in seinen Bewegungen zum Ausdruck kommen. Somit sollten auch die Schreibbewegungen, wie sie sich im individuellen Schriftbild manifestieren, als psychodiagnostisches Deutungsmittel verwendbar sein.

Heterostase Ein dynamisches Prinzip einer gleitenden Sollwertveränderung. Dies bedeutet, dass im Falle von Wachstumsbedürfnissen die Motivation nicht nur solange aufrechterhalten bleibt, bis ein akutes Bedürfnis befriedigt wurde. Vielmehr versucht das Individuum, wenn ein bestimmtes Ausmaß an Selbstverwirklichung erreicht wurde, seine Selbstverwirklichung in einem nächsten Schritt noch weiter zu vervollkommnen. Auf diese Weise wird eine permanente Weiterentwicklung und Ausdifferenzierung der Persönlichkeit ermöglicht.

Homöostase Ein dynamisches Prinzip, das darauf abzielt, einen bestehenden Mangelzustand zu beseitigen und einen Gleichgewichtszustand zu erreichen.

Humanistische Persönlichkeitstheorie Sie entstand als Reaktion auf die Mitte des 20. Jahrhunderts vorherrschenden psychoanalytischen und lerntheoretischen Theorien der Persönlichkeit. Die Vertreter der humanistischen Psychologie wenden sich einerseits gegen das pessimistische Menschenbild von Freud, demzufolge der Mensch seinen irrationalen und unsozialen Trieben hilflos ausgeliefert ist. Anderseits grenzen sie sich auch von der traditionellen lerntheoretischen Auffassung ab, die den Menschen als reines Produkt seiner Umwelt betrachtet. Die humanistische Psychologie nimmt ein sehr viel optimistischeres Menschenbild an, indem sie davon ausgeht, dass jedes Individuum über ein Potenzial für positives Wachstum und psychische Gesundheit verfügt.

Humoralpathologie In seiner Viersäftelehre ging Hippokrates davon aus, dass ein Überfluss bzw. Mangel bei den vier Körpersäften (gelbe Galle, schwarze Galle, Schleim und Blut) an der Entstehung verschiedener Krankheiten beteiligt ist. Diese vier Körpersäfte und ihre Kombination sollten nicht nur für den Gesundheitszustand eines Individuums entscheidend sein, sondern auch das Verhalten und die Persönlichkeit eines Menschen beeinflussen.

Ich Vollstrecker der Triebe, da es nach Freud zwischen den Triebbedürfnissen aus dem *Es* und der Außenwelt vermitteln muss.

Ideal-Selbst Bezeichnet ein Selbstkonzept, das eine Person am liebsten besitzen würde. Dies schließt Wahrnehmungen und Bedeutungen ein, die von der Person hoch bewertet werden und ihr besonders wichtig für das eigene Selbst sind.

Idiographisch vs. nomothetisch

Ein von Windelband (1894) eingeführtes Begriffspaar, mit dem er zwei unterschiedliche Wege zur Erkenntnis in den „Erfahrungswissenschaften" beschrieb. Die Suche nach allgemeinen Gesetzen nannte er *nomothetisch*, die Untersuchung des spezifischen, historischen Ereignisses bezeichnete er als *idiographisch*. Das Begriffspaar wurde von William Stern auf die Psychologie übertragen.

Implizite Testverfahren

Verfahren, bei denen unterstellt wird, dass sich Persönlichkeitsmerkmale unmittelbar in der Reaktion auf relevante Reize zeigen (vor allem in der Schnelligkeit der Reaktion), ohne dass sich eine Person ihrer Reaktion bewusst wird und diese daher weder kontrollieren, noch verfälschen kann.

Individualpsychologie

Eine von Alfred Adler begründete Theorie, in deren Mittelpunkt die Annahme steht, dass das Kind, bedingt durch seine völlige Abhängigkeit von anderen, Gefühle von Minderwertigkeit und Schwäche erlebt. Aus diesen Gefühlen heraus entwickelt das Kind das Bedürfnis nach Sicherheit, die es durch bestimmte Strategien zu erreichen sucht, die sich zu einem für einen Menschen charakteristischen „Lebensstil" verfestigen und seinen Charakter prägen.

Interaktionistische Ansätze

Ansätze, die von der Annahme ausgehen, dass sich das Verhalten einer Person aus dem Zusammenspiel stabiler Verhaltensdispositionen (Eigenschaften) und Merkmalen der Situation ergibt.

Intrinsische Motivation

Beschreibt den Prototyp selbstbestimmten Handelns, indem Personen frei agieren und nur durch Interesse und Freude an einer Tätigkeit geleitet werden. Die Tätigkeit wird allein aufgrund der Befriedigung, die sie *als solche* auslöst, ausgeübt, während bei *extrinsischer* Motivation das Handeln auf Ziele gerichtet ist, die außerhalb der Tätigkeit liegen. In der Theorie der Selbstdetermination bilden intrinsische und extrinsische Motivation ein Kontinuum.

Klassisches Konditionieren

Ein zuvor neutraler Reiz erlangt durch wiederholtes gemeinsames Auftreten mit einem unbedingten (unkonditionierten) Reiz die Fähigkeit, eine bedingte (konditionierte) Reaktion hervorzurufen.

Kognitiv-affektives Persönlichkeitssystem (CAPS)

Modell der Persönlichkeit nach Mischel und Shoda, in dem diejenigen Persönlichkeitsmerkmale zusammengeführt sind, die sich für die Beschreibung und Erklärung des Verhaltens einer Person als geeignet erwiesen haben. Die fünf Merkmalsbereiche beziehen sich vor allem auf Prozesse der Verarbeitung von sozialen Informationen und die Generierung von sozialem Verhalten. Sie umfassen interindividuelle Unterschiede in Enkodierungen, Erwartungen und Überzeugungen, Affekten, Zielen und Werten sowie in Kompetenzen und Plänen zur Selbstregulation.

Konstitutionspsychologische Ansätze

Sie gehen von einem Zusammenhang zwischen Körperbau und Persönlichkeit aus. Die populärsten konstitutionspsychologischen Ansätze stammen von Ernst Kretschmer und William H. Sheldon.

Kontrollüberzeugung

Rotter unterscheidet zwischen internaler und externaler Kontrollüberzeugung. Die Erwartung einer Person, auf die Konsequenzen ihres Handelns Einfluss nehmen zu können wird als internale Kontrollüberzeugung bezeichnet. Eine externale Kontrollüberzeugung ist gekennzeichnet durch die Erwartung, dass das Eintreffen einer bestimmten Verhaltenskonsequenz außerhalb der eigenen Einflussmöglichkeiten liegt.

Konstruktiver Alternativismus

Zentrale Annahme in der Theorie von Kelly, derzufolge es prinzipiell zu jeder Konstruktion Alternativen gibt. Dies impliziert, dass Personen Erfahrungen grundsätzlich auch anders konstruieren können. Kelly vertritt damit die wissenschaftstheoretische Position des Konstruktivismus in der Form, dass angenommen wird, dass der Zugang zur Realität nur über ihre Konstruktion erfolgen kann, sich die Realität also nicht als solche darstellt.

Konsistenz

Ausmaß, in dem sich Personen über unterschiedliche Situationen hinweg im Hinblick auf das mit einer Eigenschaft beschriebene Verhalten konsistent verhalten. Dabei kann zwischen *relativer* Konsistenz (Personen verhalten sich in unterschiedlichen Situationen möglicherweise unterschiedlich, aber ihre Rangfolge hinsichtlich der Ausprägung des Verhaltens bleibt gleich) und *absoluter* Konsistenz (Personen verhalten sich in allen Situationen gleich) unterschieden werden.

Lernen am Modell (= Lernen durch Beobachtung)

Nach Bandura die wesentliche Quelle erworbener Verhaltensmuster. Er unterscheidet vier Teilprozesse (Aufmerksamkeit, Speicherung, Produktion und Motivation), bei denen jeweils Merkmale des Geschehens und Merkmale der beobachtenden Person Einfluss darauf nehmen, in welchem Maße ein beobachtetes Verhalten gelernt und ausgeführt wird.

Linsenmodell

Von Brunswik entwickeltes Modell zum Stellenwert von beobachtbaren Verhaltenshinweisen *(„cues“)* für die Einschätzung von Merkmalen. Nach Brunswik wirken beobachtbare *cues* als eine „Linse“, durch die an sich nicht beobachtbare Merkmale einer Person wahrgenommen bzw. erschlossen werden. Die Nutzung solcher *cues* durch Beobachter bezeichnete Brunswik als *„cue utilization“*, den Zusammenhang zwischen den *cues* und der tatsächlichen Ausprägung des Merkmals (gemessen an der Selbsteinschätzung) als *„cue validity“*.

Melancholiker Temperamentstyp, der durch eine stark ausgeprägte Tendenz zu Besorgtheit und Traurigkeit charakterisiert ist.

Moralische Angst Sie äußert sich in Schuld- oder Schamgefühlen, die entstehen, wenn man etwas tut, was gegen die moralischen Normen des *Über-Ichs* verstößt.

Morphologie Die Gestalt eines Menschen betreffende Merkmale wie z. B. Körpergröße, Körpergewicht oder Hautfarbe.

Narrative Identität Konstruktion der eigenen Identität, die auf der Erzählung der Lebensgeschichte aufbaut. Lebensgeschichten können nach McAdams als Charakteristikum einer Person verstanden und hinsichtlich bestimmter Merkmale gemessen werden. Grundlage dafür ist eine strukturierte Erzählung anhand von Fragen, mit denen wesentliche Aspekte der *„self-defining life story"* angeregt werden.

Narzissmus Nach Freud eine Phase in der sexuellen Entwicklung des Kindes, in der nach einer ersten, autoerotischen Phase die eigene Person als Sexualobjekt gewählt wird. Nach Heinz Kohut stellt Narzissmus eine von der Triebentwicklung unabhängige, eigenständige Entwicklungslinie dar, die für die Bildung eines gesunden und stabilen Selbst zentral ist. In der Persönlichkeitspsychologie gilt Narzissmus als ein Merkmal, das sich durch Eitelkeit, Selbstbezogenheit und fehlende Empathie auszeichnet. In übersteigerter Form sind diese Merkmale Kennzeichen der *narzisstischen Persönlichkeitsstörung*.

Neurotische Angst Sie tritt auf, wenn ein Triebimpuls aus dem *Es* außer Kontrolle zu geraten droht und vom *Ich* nicht mehr beherrscht werden kann.

Normen Für die praktische Anwendung von Fragebögen in der Einzelfalldiagnostik ist es wichtig, dass sie *normiert* werden, um die individuelle Merkmalsausprägung interpretieren zu können. Grundlage von Normen sind Daten, die an einer möglichst repräsentativen Stichprobe gewonnen werden. Der individuelle Testwert einer Person kann so mit einer Referenzgruppe verglichen werden.

Objektive Tests Nach Cattell unter standardisierten Bedingungen erhobene Testdaten, mit der Persönlichkeitsmerkmale erfasst werden können, ohne dass die Testpersonen wissen oder erahnen können, um welche Merkmale es sich handelt. Testdaten sind nach Cattell nicht verfälschbar und in diesem Sinne *objektiv*.

operantes Konditionieren Das Auftreten von bestimmten Verhaltensweisen ist weniger vom Vorhandensein irgendwelcher auslösender Reize abhängig, sondern vielmehr von den Konsequenzen, die auf eine bestimmte Verhaltensweise folgen.

Persönliche Konstrukte

Zentrales Konzept der Theorie von Kelly. Ein Konstrukt stellt eine Dimension dar, nach der Erfahrungen im Hinblick auf die eigene Person und die Umwelt unterschieden und mit Bedeutung versehen werden. Nach Kelly resultiert die Persönlichkeit eines Menschen aus seinem Konstruktsystem, d. h. seiner spezifischen Art und Weise, Erfahrungen zu strukturieren und ihnen Bedeutung zu verleihen.

Persönlichkeit

Sie leitet sich vom lateinischen Wort *persona* (= Maske) ab. In diesem Sinne stellt Persönlichkeit das öffentliche, der Außenwelt dargebotene Bild eines Menschen dar. Damit repräsentiert die Persönlichkeit bestimmte Eigenschaften eines Menschen, die von anderen wahrgenommen werden können (oder sollen), und auf die sie reagieren. Bei dieser Sichtweise wäre die Persönlichkeit eines Menschen jedoch auf solche Aspekte beschränkt, die wir an ihm wahrnehmen können bzw. von denen er will, dass andere sie wahrnehmen. Im heutigen Sprachgebrauch umfasst Persönlichkeit auch Eigenschaften und Merkmale eines Menschen, die nicht ohne weiteres erkennbar sind oder sogar verborgen gehalten werden sollen. Wissenschaftliche Definitionen von Persönlichkeit unterscheiden sich zum Teil je nach Persönlichkeitstheorie.

Phänomenologischer Ansatz

Ausgangspunkt ist die Annahme, dass jeder Mensch einzigartig ist, weil jedes Individuum die Realität auf seine ganz persönliche Art und Weise wahrnimmt und interpretiert. Es ist diese subjektive Wahrnehmung und Interpretation der Realität, die das Denken und Handeln des Individuums beeinflusst. Eine solche Sichtweise impliziert, dass jeglicher Zugang zur Realität nur über die subjektive Wahrnehmung erfolgen kann.

Pharmakopsychologie

Forschungsansatz zur Identifizierung neurochemischer Mechanismen im Gehirn, die spezifischen Verhaltensweisen oder interindividuellen Unterschieden zugrunde liegen.

Phasenlehre

Freud ging davon aus, dass der Mensch in der Entwicklung seiner Persönlichkeit verschiedene psychosexuelle Entwicklungsphasen durchläuft, die durch erogene Zonen, die während einer bestimmten Phase als maßgebliche Quelle der sexuellen Lust erlebt werden, gekennzeichnet sind. Dementsprechend unterteilt er die psychosexuelle Entwicklung in eine orale, anale, phallische und genitale Phase.

Phlegmatiker

Temperamentstyp, der sich durch stark ausgeprägte Teilnahmslosigkeit bzw. Affektlosigkeit auszeichnet.

Phrenologie

Eine vom deutschen Arzt Franz Joseph Gall (1758–1828) entwickelte Lehre, die aus dem Bau des Schädels auf die charakterlichen und geistigen Eigenschaften eines Individuums schließt.

Physiognomik Sie verfolgt das Ziel, Aussagen über die Persönlichkeit eines Menschen aus seinem Gesichtsschnitt herzuleiten.

Positive Psychologie Neuere Bewegung in der Psychologie, die sich für eine stärkere Berücksichtigung positiver Merkmale der Persönlichkeit im Sinne von menschlichen Stärken und Tugenden stark macht. Die Positive Psychologie ist vor allem als ein Appell zu verstehen, sich verstärkt Merkmalen zuzuwenden, die Wohlbefinden zum Ausdruck bringen, sowie den personalen und situativen Bedingungen, die Wohlbefinden fördern.

Possible selves Auf die Zukunft bezogene Projektionen der eigenen Person, visualisierte Zukunftsentwürfe der eigenen Person sowohl im Hinblick auf erwünschte oder erhoffte als auch gefürchtete Aspekte. *Possible selves* entfalten nach Markus und Nurius eine unmittelbar motivierende Wirkung auf das aktuelle Verhalten.

Primäre Bedürfnisse Es handelt sich um Bedürfnisse, deren Befriedigung notwendig ist, um das Überleben des Organismus sicherzustellen (z. B. Bedürfnis nach Sauerstoff, Nahrung oder Flüssigkeit).

Primäre Verstärkung Ein Verstärker ist in der Lage, ein primäres Bedürfnis direkt zu befriedigen und so eine Reiz-Reaktions-Verknüpfung zu festigen.

Psychoanalyse Sie bezeichnet nach Freud nicht nur die Wissenschaft vom Unbewussten, sondern stellt für ihn gleichzeitig auch eine diagnostische Methode zur Erforschung der tieferen Schichten der Seele sowie eine psychologische Behandlungsmethode zur Heilung nervöser Erkrankungen dar.

Psychognostik Vorgehensweise zur Erlangung von Menschenkenntnis mit Hilfe von im weitesten Sinne „psychologischen“ Untersuchungen. Speziell werden hierbei Zusammenhänge zwischen bestimmten wahrnehmbaren körperlichen Merkmalen oder motorischen Bewegungen eines Menschen und seiner individuellen Eigenart untersucht und zur Erfassung seiner Persönlichkeit verwendet. Die drei wichtigsten Ansätze der Psychognostik sind die Physiognomik, die Phrenologie und die Grafologie.

Psycholexikalischer Ansatz Er geht von der Annahme aus, dass sich in allen Kulturen zentrale Unterschiede zwischen Individuen auch in der Alltagssprache niedergeschlagen haben. Deshalb sollte es möglich sein durch die Analyse des Wortschatzes einer Sprache, Informationen über die Struktur der Persönlichkeit zu erhalten.

Psychometrischer Ansatz Grundlegender Ansatz vor allem in der Eigenschaftstheorie, demzufolge die Ausprägung einer Person in einer Eigenschaft (oder allgemein einem Merkmal) gemessen und quantifiziert werden kann.

Q-Sort-Technik Diagnostisches Verfahren zur systematischen Erfassung von Selbstbeschreibungen einer Person. Von Rogers wurde die Q-Sort-Technik eingesetzt, um die Kongruenz von Real- und Ideal-Selbst bei einer Person zu quantifizieren.

Realangst Sie entsteht, wenn sich das Individuum einer Gefahrensituation gegenüber sieht, die eine tatsächliche oder vermeintliche Bedrohung darstellt.

Real-Selbst Selbstkonzept, wie es von der betreffenden Person als ihr tatsächliches Selbst erlebt wird.

Reflected Appraisal Prozess, bei dem Personen aus dem Verhalten der anderen Menschen ihnen gegenüber erschließen, wie sie wahrgenommen werden. Diese vermutete Einschätzung stellt eine Quelle des Selbstkonzeptes dar. Entspricht dem Bild des *„looking-glass self"* des Soziologen Charles Cooley, demzufolge Menschen für sich gegenseitig einen Spiegel darstellen, aus dem sie „ersehen", wie (und wer) sie sind.

Role Construct Repertory (REP)-Test Ein von Kelly entwickeltes Verfahren zur Erfassung persönlicher Konstrukte. In der ursprünglichen Form geben Testpersonen an, in welcher Hinsicht sich jeweils zwei von drei Personen aus einer Liste von relevanten Personen aus ihrer sozialen Umwelt einander ähnlich sind und in welcher Hinsicht sie sich darin von der dritten Person unterscheiden. Damit legen die Testpersonen offen, welche Konstrukte sie zur Beschreibung von anderen Personen nutzen und wie differenziert ihr Konstruktsystem ist.

Sanguiniker Temperamentstyp, der durch sein spontanes, hoffnungsvolles und sorgloses Wesen charakterisiert ist.

Sekundäre Verstärkung Ein Verstärker, der selbst nicht in der Lage ist, ein primäres Bedürfnis direkt zu befriedigen, erlangt erst durch die Assoziation mit einem primären Verstärker die Fähigkeit, die Auftretenswahrscheinlichkeit einer bestimmten Reaktion zu erhöhen. Obwohl beispielsweise Geld nicht in der Lage ist, direkt primäre Bedürfnisse zu befriedigen, ist Geld ein sehr effektiver sekundärer Verstärker, da wir gelernt haben, dass wir mit Hilfe von Geld primäre Bedürfnisse befriedigen können.

Selbstaktualisierungstendenz Ein von Rogers geprägter Begriff. Die Selbstaktualisierungstendenz dient im Zusammenspiel mit der organismischen Bewertung der Aufrechterhaltung und Weiterentwicklung des Selbstkonzepts einer Person, indem positive Selbsterfahrungen angestrebt und negative Selbsterfahrungen möglichst vermieden werden.

Selbstkonzept
Es beinhaltet die kognitive Repräsentation der eigenen Person im Hinblick auf ihre körperliche Erscheinung, ihre Eigenschaften, Ziele, Motive, Bedürfnisse, Fähigkeiten und Beziehungen zu anderen.

Selbstpsychologie
Eine von Heinz Kohut begründete Richtung innerhalb der Psychoanalyse, in der das Selbst als ein von den drei Instanzen des Freud'schen Strukturmodells unabhängiges System eingeführt wird. Das *Selbst* wird als ein innerpsychisches System verstanden, das einer Person das Gefühl der Einheit und Kohärenz verleiht.

Selbstschemata
Bereichsspezifische Facetten des Selbstkonzeptes, die eine kognitive Generalisierung des Erlebens und Verhaltens einer Person in Bezug auf ein abgrenzbares Inhaltsgebiet darstellen.

Selbstverifikation
Nach Swann die generelle Neigung zur Konsistenz und zur Bestätigung bestehender Selbstschemata, selbst um den Preis, dass ein bestehendes negatives Konzept unverändert bleibt.

Selbstwertgefühl *(„self-esteem“)*
Die affektiv-bewertende Komponente des Selbstkonzeptes. Die Selbstbewertung kann sich sowohl auf eine summarische, emotional getönte Einschätzung der eigenen Person als auch auf einzelne Facetten des Selbstkonzeptes beziehen.

Selbstwirksamkeit *(„self-efficacy“)*
Erwartung, ein bestimmtes Verhalten ausüben zu können. Nach Bandura eine zentrale Variable im Prozess der Verhaltensregulation, die Einfluss darauf nimmt, welche Aktivitäten eine Person wählt, wie intensiv sie diese verfolgt, welchen Anspruch sie an ihre Leistungsfähigkeit stellt und mit welchem Erfolg sie vorhandene Kompetenzen umsetzt.

Self-Monitoring
Konzept von Synder, mit dem interindividuelle Unterschiede in der Tendenz beschrieben werden, das eigene expressive Verhalten und die Art der Selbstdarstellung zu kontrollieren und den sozialen Erfordernissen einer Situation anzupassen. Self-Monitoring ist damit eine *Moderatorvariable*, die interindividuelle Unterschiede in der Konsistenz erklären kann.

Somatotype Performance Test
Ein von Sheldon entwickeltes Verfahren zur quantitativen Erfassung der individuellen Ausprägung in den drei Primärkomponenten des Körperbaus. Mit dem Begriff „Somatotyp“ bezeichnet Sheldon die quantifizierte Konstitution eines Individuums.

Soziale Erwünschtheit Neigung, sozial unerwünschtes Verhalten (z. B. in Fragebögen) nicht zuzugeben. Neben einer bewussten Verfälschung der Antworten können auch defensive Strategien eine Rolle spielen, indem Personen unerwünschtes Verhalten bei sich selbst nicht wahrnehmen, also einer Selbsttäuschung unterliegen.

Soziale Lerntheorie (= sozial-kognitive Lerntheorie) Theoretische Richtung innerhalb der Psychologie, in deren Mittelpunkt Prozesse des Verhaltenserwerbs und der Verhaltensregulation stehen sowie personale und situationale Einflussfaktoren auf diese Prozesse.

Stabilität Stabilität von Verhalten und Merkmalen über die Zeit hinweg. Es ist zu unterscheiden zwischen der *intraindividuellen* Stabilität auf der Ebene der einzelnen Person und der Stabilität eines Merkmals auf der Ebene der *Gruppe*, die sich entweder auf Veränderungen des Mittelwertes der Gruppe oder auf die *relative* Position der einzelnen Person innerhalb der Gruppe beziehen kann.

Theorie der Selbstdetermination Eine von Edward Deci und Richard Ryan entwickelte Theorie. Sie geht von drei angeborenen und universellen menschlichen Grundbedürfnissen aus, Autonomie, Kompetenz und Verbundenheit. Deren Befriedigung gilt als Voraussetzung für eine positive Entwicklung der Persönlichkeit, die durch Wachstum und Integration gekennzeichnet ist. In vier „Mini-Theorien" innerhalb der Theorie werden personale und situative Bedingungen spezifiziert, unter denen eine positive Entwicklung gelingen kann.

Temperament Temperament bezeichnet Persönlichkeitsmerkmale, die bereits in der frühen Kindheit vorhanden sind, deren individuelle Ausprägung während Kindheit und Jugend relativ konstant bleibt und eine genetische Verankerung aufweist. Oft wird Temperament auch im Zusammenhang mit einer Disposition zu bestimmten Emotionen oder Stimmungen verwendet.

Triadisch reziproke Verursachung (= reziproker Determinismus) Nach Bandura die gegenseitigen Wechselbeziehungen zwischen Umwelt, Person (ihren Merkmalen) und ihrem Verhalten. Mit diesem Modell bringt Bandura zum Ausdruck, dass Prozesse der Verhaltensproduktion und Verhaltensregulation im Kontext der materiellen und sozialen Umwelt einer Person erfolgen und Menschen zugleich Gestalter und Produkte ihrer sozialen Umwelt sind.

Über-Ich Es repräsentiert nach Freud die traditionellen Werte und Ideale der Gesellschaft und versucht u. a. inakzeptable Impulse aus dem *Es* zu hemmen.

Verhaltenspotenzial Das Verhaltenspotenzial ist ein Maß für die Wahrscheinlichkeit, mit der ein bestimmtes Verhalten in einer gegebenen Situation mit der Aussicht auf eine Verstärkung auftritt. Nach Rotter hängt die Stärke des Verhaltenspotenzials von der Erwartung einer Verstärkung und dem Verstärkungswert ab.

Verhaltenssignatur Interaktionistisches Modell von Mischel, demzufolge sich das Verhalten einer Person in Form von stabilen „Wenn Situation X – dann Verhalten Y“-Beziehungen darstellen lässt. Ihr Verhaltensmuster über unterschiedliche Situationen hinweg erweist sich als eine personspezifische *Verhaltenssignatur*.

Verstärkungswert Nach Rotter gibt der Verstärkungswert den Grad der Präferenz an, den ein bestimmter Verstärker für eine Person besitzt. Der Begriff „Verstärker“ bezeichnet in diesem Zusammenhang das Ergebnis eines bestimmten Verhaltens. Wenig attraktive Verhaltenskonsequenzen haben einen niedrigen, wünschenswerte Verhaltenskonsequenzen dagegen einen hohen Verstärkungswert.

Viszerales Hirn Eine andere Bezeichnung für das limbische System, zu dessen primären Funktionen u. a. die Kontrolle des vegetativen Nervensystems, die neuroendokrine Steuerung sowie die Vermittlung von Emotionen gehören.

Sachregister